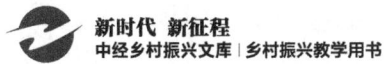

新时代 新征程
中经乡村振兴文库 | 乡村振兴教学用书

乡村振兴
政策解读与案例选编

Policy Interpretation and
Selected Cases of Rural Revitalization

王颂吉 等 | 编著

·北京·

图书在版编目（CIP）数据

乡村振兴政策解读与案例选编/王颂吉等编著．－－
北京：中国经济出版社，2023.1（2025.8重印）
ISBN 978-7-5136-7251-1

Ⅰ.①乡… Ⅱ.①王… Ⅲ.①农村-社会主义建设-
政策-研究-中国 Ⅳ.①F320.3

中国国家版本馆CIP数据核字（2023）第034857号

责任编辑	贺　静
责任印制	马小宾
封面设计	任燕飞设计

出版发行	中国经济出版社
印　刷　者	北京捷迅佳彩印刷有限公司
经　销　者	各地新华书店
开　　　本	710mm×1000mm　1/16
印　　　张	14
字　　　数	201千字
版　　　次	2023年1月第1版
印　　　次	2025年8月第2次
定　　　价	79.00元

广告经营许可证　京西工商广字第8179号

中国经济出版社 网址 www.economyph.com 社址 北京市东城区安定门外大街58号 邮编 100011
本版图书如存在印装质量问题，请与本社销售中心联系调换（联系电话：010-57512564）

版权所有　盗版必究（举报电话：010-57512600）
国家版权局反盗版举报中心（举报电话：12390）　　　服务热线：010-57512564

前言

实施乡村振兴战略是党的十九大作出的重大决策部署，是决胜全面建成小康社会、全面建设社会主义现代化国家的重大历史任务，是新时代"三农"工作的总抓手。党的二十大报告进一步强调要"全国推进乡村振兴"。本书在论证中国实施乡村振兴战略的时代背景与重点任务、梳理发达国家乡村振兴案例的基础上，基于对中央政策文件、学术文献和实践案例的研究，分别阐释了乡村产业振兴、乡村人才振兴、乡村文化振兴、乡村生态振兴、乡村组织振兴、乡村基础设施建设与公共服务供给、乡村振兴的财政与金融支持等问题。

第一章研究中国实施乡村振兴战略的背景与任务。本书认为要科学认识实施乡村振兴战略的时代背景，必须将其置于城乡融合发展的视角之下进行研究。在改革开放以来的快速城镇化进程中，尽管中国乡村发展取得了显著成就，但受城市偏向政策等因素的影响，城乡发展不平衡问题日益突出，乡村发展面临诸多困境，农业农村发展滞后成为中国建设社会主义现代化强国的短板。在此背景下，实施乡村振兴战略就成为破解乡村发展困境、促进城乡融合发展和推动实现农业农村现代化的必由之路。从"产业兴旺、生态宜居、乡风文明、治理有效、生活富裕"的乡村振兴总要求出发，结合中央关于乡村产业振兴、人才振兴、文化振兴、生态振兴、组织振兴"五个振兴"等一系列表述，本书认为乡村振兴的重点任务包括以下七个方面内容：乡村产业振兴、乡村人才振兴、乡村文化振兴、乡村生态振兴、乡村组织振兴、乡村基础设施建设与公共服务供给、乡村振兴的财政与金融支持。

第二章研究发达国家的乡村振兴案例。本书从农业现代化和农村现代化两个方面选取案例，其中农业现代化方面的研究维度与案例包括：一是开展土地整理，选取的案例是德国巴伐利亚州的土地整理与乡村更新；二是推进农业机械化与技术进步，选取的案例是美国金伯利农场的现代农业经营；三是发展品牌农业，选取的案例是日本大分县的"一村一品"运动；四是建立农产品行业协会，选取的案例是美国新奇士橘农协会的百年传承；五是建设田园综合体，选取的案例是日本 Mokumoku 农场的田园综合体建设。农村现代化方面的研究维度和案例包括：一是传承发展乡村文化，选取的案例是韩国甘川文化村的艺术改造；二是治理乡村生态环境，选取的案例是德国欧豪村的生态化建设；三是发展乡村旅游，选取的案例是法国普罗旺斯的薰衣草乡村旅游。

第三章研究乡村产业振兴。本书认为乡村产业振兴的维度包括推进农业现代化、促进农村三次产业融合发展、提升农业对外开放水平，选取的案例分别是陕西泾阳蔬菜产业"研产销一体化"发展、浙江绍兴桃园村打造农旅综合体、湖南株洲"石三门"建设现代农业公园。

第四章研究乡村人才振兴。本书认为乡村人才振兴的维度包括吸引城市人才入乡、建设农村专业人才队伍、支持农民工返乡创业、培育新型职业农民，选取的案例有四川都江堰支持农民工返乡创业、江苏昆山培育新型职业农民。

第五章研究乡村文化振兴。本书认为乡村文化振兴的维度包括传承发展提升农村优秀传统文化、加强农村思想道德建设与开展移风易俗、健全农村公共文化服务体系，选取的案例有陕西安塞冯家营村传承发展腰鼓文化、河南兰考张庄村建设公共文化服务体系。

第六章研究乡村生态振兴。本书认为乡村生态振兴的维度包括推进农业绿色发展、治理农村人居环境、加强乡村生态补偿和生态产品供给，选取的案例分别是黑龙江富锦打造"绿色粮都"、甘肃民勤开展农村"厕所革命"、陕西米脂高西沟村加强生态环境治理。

第七章研究乡村组织振兴。本书认为乡村组织振兴的维度包括加强农村基层党组织建设，以及实现乡村自治、法治、德治有机结合，选取的案例分别是陕西旬阳以党建引领推动乡村"三治融合"、浙江绍兴潘韩村构建特色治理体系。

第八章研究乡村基础设施建设与公共服务供给。本书认为乡村基础设施建设与公共服务供给的维度包括农村基础设施提档升级、发展农村教育和医疗卫生事业、健全农村社会保障体系，选取的案例分别是江西横峰推动农村基础设施提档升级、吉林推进快递下乡、四川名山打通便民服务"最后一公里"。

第九章研究乡村振兴的财政与金融支持。本书认为乡村振兴财政与金融支持的维度包括保持财政投入持续增长、提高农村金融服务水平、引导社会资本入乡，选取的案例分别是江苏丹阳探索家庭农场保证保险贷款、四川郫都战旗村引资共建美丽乡村。

本书由王颂吉组织人员编著，是研究团队集体智慧的结晶。具体分工如下：王颂吉拟定研究大纲和写作思路，明确稿件规范和人员分工，并负责撰写第一章；刘朔撰写第二章；康林鑫撰写第三章和第六章；邰普豪撰写第四章和第八章；吴霞撰写第五章和第七章；张翰文撰写第九章。初稿完成之后，由王颂吉统一修改润色，吴霞和邰普豪协助承担了一些具体工作。本书的四个案例来自西北大学经济管理学院组织的"奋斗百年路，启航新征程，百村千户行"2021年暑期"三下乡"社会实践活动，其中第三章中的陕西泾阳蔬菜产业案例，由张伊凡、李佳成、郑莞尔、张文晔、李芷蔚提供初稿；第三章中的浙江绍兴桃园村案例，由陈奕灵、李雨豪、熊逸可、胡诩梓、袁林、杨雨欢提供初稿；第三章中的湖南株洲"石三门"案例，由曹露露提供初稿；第七章中的浙江绍兴潘韩村案例，由王湘、程雪、焦琪悦、蔡昊宇、郝珮洁、姜尧城提供初稿。

本书得到以下项目的资助：研究阐释党的十九届五中全会精神国家社会科学基金重大项目（批准号：21ZDA063），教育部人文社会科学研究规划基金项目（批准号：22YJA790060），陕西省软科学研究项目（批准号：2022KRM125），陕西省社会科学基金项目（批准号：2022D025），中国人口福利基金会、招商局慈善基金会中国当代社会治理研究项目，西北大学理论经济学一流学科建设项目。

本书对乡村振兴重点任务的各个维度均作了政策梳理、文献综述和案例研究，参考了大量文献资料，各章对参考的文献资料尽可能作了标注，若有疏漏请予谅解。在本书编辑出版过程中，中国经济出版社的贺静编辑做了大量工作，在此表示感谢。因编著者水平有限，书中不足之处在所难免，请读者批评指正。

目 录

第一章　中国实施乡村振兴战略的背景与任务 ………… 1
　　第一节　时代背景 …………………………………………… 1
　　第二节　重点任务 …………………………………………… 13

第二章　发达国家的乡村振兴案例 ……………………… 15
　　第一节　农业现代化案例 …………………………………… 15
　　第二节　农村现代化案例 …………………………………… 41

第三章　乡村产业振兴 …………………………………… 57
　　第一节　维度剖析 …………………………………………… 57
　　第二节　案例研究 …………………………………………… 69

第四章　乡村人才振兴 …………………………………… 85
　　第一节　维度剖析 …………………………………………… 85
　　第二节　案例研究 …………………………………………… 93

第五章　乡村文化振兴 …………………………………… 102
　　第一节　维度剖析 …………………………………………… 102
　　第二节　案例研究 …………………………………………… 111

1

第六章　乡村生态振兴 ································· 119
　　第一节　维度剖析 ································· 119
　　第二节　案例研究 ································· 128

第七章　乡村组织振兴 ································· 144
　　第一节　维度剖析 ································· 144
　　第二节　案例研究 ································· 150

第八章　乡村基础设施建设与公共服务供给 ··············· 160
　　第一节　维度剖析 ································· 160
　　第二节　案例研究 ································· 168

第九章　乡村振兴的财政与金融支持 ····················· 179
　　第一节　维度剖析 ································· 179
　　第二节　案例研究 ································· 188

参考文献 ··· 199

索　引 ··· 213

第一章 中国实施乡村振兴战略的背景与任务

实施乡村振兴战略是党的十九大作出的重大决策部署,是新时代"三农"工作的总抓手。本章分析实施乡村振兴战略的背景,论证乡村振兴的重点任务①。

第一节 时代背景

科学认识实施乡村振兴战略的时代背景,必须将其置于城乡融合发展的视角之下进行研究。改革开放以来的快速城镇化进程中,尽管中国乡村发展取得了显著成就,但受城市偏向政策等因素的影响,城乡发展不平衡问题日益突出,乡村发展面临诸多困境,农业农村发展滞后成为中国建设社会主义现代化强国的短板。在此背景下,实施乡村振兴战略就成为破解乡村发展困境、促进城乡融合发展和推动实现农业农村现代化的必由之路。

一、快速城镇化进程中的乡村发展困境

改革开放以来,城镇化在中国这样一个人口和国土面积双重意义上的大国快速推进,成为影响中国和世界发展进程的一件大事。从统计数据来

---

① 本章第一节主体部分曾以《城乡融合发展视角下的乡村振兴战略:提出背景与内在逻辑》为题,发表于《农村经济》2019 年第 1 期,作者为王颂吉、魏后凯。

看，1978—2017年，中国城镇常住人口由1.72亿人增至8.13亿人，常住人口城镇化率由17.92%提高到58.52%，城市数量增加了2倍多，涌现出若干具有世界影响力的核心城市和城市群。城镇化的快速推进，为中国的工业化和农业劳动力转移就业提供了空间载体，显著改变了中国的经济社会结构和空间发展格局①。快速推进的城镇化不仅为中国经济持续高速增长创造了动力②，而且大幅提高了发展中国家的平均城市化水平，深刻影响了世界城市化进程。但受城市偏向政策等因素的影响，在改革开放以来快速推进的城镇化进程中，中国城乡融合发展的体制机制未得到有效构建，乡村发展面临诸多问题，尤其表现为农业农村现代化滞后。

(一) 农业现代化滞后，阻碍城乡经济协调发展

从世界各国的农业发展历程来看，随着现代农业发展和经济结构变化，农业部门的增加值比重和劳动力就业比重不断下降且逐步趋同，这是城乡二元经济结构转化的必要条件。2015年世界各国农业增加值占比平均为3.78%，美国、日本已降至1%左右。在农业增加值占比下降的同时，农业劳动力就业占比也同步下降。Lagakos & Waugh（2013）研究表明，世界最发达的前10%国家的农业劳动力就业占比平均约为3%，其中2011年美国农业劳动力占比为1.6%③。中国农业现代化水平虽然自改革开放以来有了很大进步，但农业现代化严重滞后于城镇化、工业化进程。改革开放以来，中国农业增加值比重和劳动力就业比重逐步下降，但受户籍制度、农村土地制度等体制机制的影响，下降速度较为缓慢。从中国农业增加值占GDP比重的变动情况来看，2009年中国农业增加值占比首次降至10%以下，但2009年以来该指标年均下降幅度仅为0.15%，中国农业增加值占比按这一速度可能需要30多年的时间才能降至5%。相较而言，韩国在

---

① 魏后凯. 走中国特色的新型城镇化道路[M]. 北京:社会科学文献出版社,2014.
② 王颂吉,黎思灏. 改革开放以来中国城镇化的"规模扩张"到"质量提升"[J]. 江西社会科学,2018(8):55-65.
③ Lagakos D,M E Waugh. Selection, Agriculture, and Cross-Country Productivity Differences [J]. American Economic Review, 2013,103(2):948-980.

不到10年的时间内，农业增加值比重就从1988年的10.18%下降到1997年的5.02%。再从中国农业劳动力就业比重的变动情况来看，改革开放以来该比值从1978年的70.5%大幅下降至2016年的27.7%，中国的就业结构发生了历史性变迁。但从国际横向对比来看，中国农业就业比重远高于世界平均水平。2016年中国农业就业比重超过农业增加值比重19.1个百分点，农业劳动力就业占比过高的症结在于现代农业发展滞后，尤其是农业规模化经营发展缓慢。小规模家庭经营仍是中国农业经营的主要形式，2016年全国有20743万个农业经营户[1]，其中规模农业经营户所占比重仅为1.9%。由此可见，转移农业劳动力、促进农业适度规模经营、推进农业现代化仍任重道远。

中国的非农部门在改革开放以来实现了快速发展，但受农业现代化进程滞后的影响，城乡二元经济结构难以顺利转化。学术界一般使用二元对比系数和二元反差系数来测度城乡二元经济结构强度。其中，二元对比系数是农业与非农部门比较劳动生产率的比值，比较劳动生产率则是某一部门的增加值比重同该部门就业比重的比值，二元对比系数的取值范围是0~1，数值越接近于0，则表明二元经济结构强度越高；二元反差系数是农业与非农部门各自的增加值比重同就业比重之差的绝对值的平均值，二元反差系数的取值范围是0~1，数值越接近于1，则表明二元经济结构强度越高[2]。发展中国家的二元对比系数一般为0.31~0.45，发达国家一般为0.52~0.86[3]，而中国1978—2016年的城乡二元对比系数的波动范围是0.145~0.259，这表明中国的城乡二元经济结构存在明显的"刚性"[4]。党的十六大以来中央大力推进城乡协调发展，近年来城乡二元对比系数波动

---

[1] 原始数据来源于国家统计局《第三次全国农业普查主要数据公报（第二号）》。规模农业经营户是指具有较大农业经营规模、以商品化经营为主的农业经营户。
[2] 马晓强，丁沛文，王颂吉. 中国城乡二元经济结构的转化趋势及其解释[J]. 开发研究,2013(3):1-4.
[3] 李颖. 中国二元经济结构：特征、演进及其调整[J]. 农村经济,2011(9):83-87.
[4] 王颂吉,白永秀. 城乡要素错配与中国二元经济结构转化滞后：理论与实证研究[J]. 中国工业经济,2013(7):31-43.

上升至2016年的0.246,二元反差系数降至0.191,这表明城乡二元经济结构强度有所弱化。总体而言,改革开放以来中国城乡二元经济结构有所弱化,但由于农业现代化发展滞后,城乡经济协调发展仍需要一个较为长期的过程。

(二) 农村环境问题突出,老龄化、空心化日益严重

农村的可持续发展依赖良好的生态环境、居住环境和人力资源储备,但严重的农业面源污染等问题导致农村生态环境面临严峻挑战,农村公共服务投入不足导致农村居住环境欠佳,青壮年持续外流导致农村老龄化、空心化日益严重。从农业面源污染来看,长期以来增产导向的农业生产过程中使用了过量的化肥和农药,这不仅引起大范围的土壤板结和酸化,而且进一步引发了农村较为严重的环境污染问题。尽管近年来在国家政策的推动下,中国每公顷耕地的农药和化肥使用量已开始下降,农业废弃物的资源化利用水平也有所提高,但每公顷耕地的化肥、农药使用量仍远高于世界平均水平,治理农业面源污染依旧不容乐观。从农村人居环境来看,进入21世纪以来,公共财政对农村基础设施建设的投入力度不断增大,在一定程度上改善了农村人居环境,但由于农村基础设施欠账过多,改善农村人居环境仍需付出艰辛努力。第三次全国农业普查数据显示,2016年全国农村仍有48.2%的家庭使用普通旱厕或无厕所,26.1%的村庄的生活垃圾、82.6%的村庄的生活污水未得到集中处理或部分集中处理,38.1%的村庄内部的主要道路没有路灯,52.3%的农户尚未使用经过净化处理的自来水,44.2%的农户仍使用柴草作为主要生活能源[①],这种状况与城镇形成鲜明对照。

在快速的城镇化进程中,人力资本水平高的农村人口进入城市工作和生活,人口选择性迁移对农村人力资源造成了严重冲击,尤其体现为农村人口老龄化、"空心化"、"三留守"等问题[②]。从农村人口老龄化来看,

---

[①] 数据来源于国家统计局. 第三次全国农业普查主要数据公报(第一号)(第四号)。
[②] 魏后凯. 新常态下中国城乡一体化格局及推进策略[J]. 中国农村经济,2016(1):8-9。

转移到城镇就业和生活的农民工以青壮年劳动力为主，2017 年全国农民工平均年龄为 39.7 岁，50 岁以上农民工所占比重为 21.3%，农村呈现出"子女进城务工，父母留村务农"的代际分工模式①，导致农村人口老龄化日趋严重。2005—2016 年，全国农村 60 岁及以上人口所占比重从 13.7% 快速上升至 19.1%（见表 1-1），农村这一指标不仅始终高于全国、城市、镇平均水平，而且乡村高出全国、城市、镇的数值不断增大，2016 年农村 60 岁及以上人口比重高出城镇 4.2 个百分点。农村人口尤其是青壮年人口大量进城还带来了村庄"空心化"问题，集中体现为农村大量住宅长期闲置、宅基地浪费严重。据刘彦随等（2011）研究，全国"空心村"闲置宅基地的综合整治潜力约为 1.14 亿亩②。此外，受户籍制度等因素的影响，城镇化进程中还形成了农村"三留守"问题，2017 年全国农民工的男性占比为 65.6%，其中外出农民工中男性占比高达 68.7%③，大量老人、妇女、儿童留守农村，这对农村老人赡养、妇女身心健康、儿童教育带来了巨大挑战，不利于农村经济社会健康发展。农村发展面临的上述问题，都需要在城乡融合发展的框架下统筹解决。

表 1-1 全国和城乡 60 岁及以上人口比重情况

年份	60 岁及以上人口比重/%				差距/百分点		
	全国	城市	镇	农村	农村—全国	农村—城市	农村—镇
2005	13.0	12.5	11.7	13.7	0.7	1.2	2.0
2010	13.3	11.5	12.0	15.0	1.7	3.5	3.0
2013	14.9	12.8	13.3	17.1	2.2	4.3	3.8
2014	15.5	13.8	14.0	17.6	2.1	3.8	3.6
2015	16.1	14.2	14.5	18.5	2.4	4.3	4.0
2016	16.7	14.9	14.9	19.1	2.4	4.2	4.2

资料来源：根据相关年份《中国人口和就业统计年鉴》计算。

---

① 贺雪峰. 中国农村社会转型及其困境[N]. 学习时报，2015-07-20.
② 刘彦随，等. 中国乡村发展研究报告——农村空心化及其整治策略[M]. 北京：科学出版社，2011.
③ 国家统计局. 2017 年农民工监测调查报告[EB/OL]. http://www.stats.gov.cn/tjsj/zxfb/201804/t20180427_1596389.html.

二、城市偏向是造成乡村发展困境的重要原因

城市偏向是指政府部门为实现特定目标而实施的一系列偏向于发展城市部门的经济社会政策①。城市偏向政策在中国的长期延续,是导致"三农"问题和乡村发展困境的重要原因。中华人民共和国成立之后的计划经济体制时期,为配合重工业优先发展战略的实施,政府制定了包括户籍制度、人民公社制度、农产品统购统销制度等在内的城市偏向政策体系,生产要素配置和公共服务供给均偏向于城市,在经济和社会领域形成了城乡双重二元结构②,严重损害了农业、农村和农民的发展利益。改革开放之后,尽管城市偏向的政策体系逐步弱化,但在"以经济建设为中心"的发展战略下,地方政府把"经济增长"作为第一要务,仍在很大程度上实施城市偏向政策,阻碍了城乡二元结构转化和农业农村现代化进程。

(一)生产要素配置的城市偏向阻碍农业现代化

在现代经济结构中,城市非农产业是经济增长的主要源泉,农业对经济增长的拉动作用较小,地方官员在经济增长压力下倾向于优先发展城市非农产业,即以城市非农产业为中心对生产要素进行配置,这就导致了城乡之间生产要素配置的政策性扭曲。从劳动力要素配置的城市偏向来看,户籍制度仍在很大程度上发挥着城乡"藩篱"作用,限制农村劳动力向城市自由迁移,这导致过多劳动力滞留于农业部门,抑制了农业劳动生产率以及全要素生产率水平的提升。袁志刚、解栋栋(2011)估算了农业部门就业比重过大对全要素生产率的影响,发现劳动力错配对全要素生产率的负效应在 -18% ~ -2%,并且呈扩大趋势③。从资本要素配置的城市偏向来看,农村资金通过金融机构等渠道大量流向城市,并且农户金融抑制现象普遍存在,导致农村产业发展缺乏充足的资金支持。据研究,1978—

---

① 王颂吉,白永秀. 城市偏向理论研究述评[J]. 经济学家,2013(7):95-102.
② 王颂吉. 中国城乡双重二元结构研究[M]. 北京:人民出版社,2016:3.
③ 袁志刚,解栋栋. 中国劳动力错配对 TFP 的影响分析[J]. 经济研究,2011(7):4-17.

2012年农村向城市净流出资金约为26.66万亿元,尽管20世纪90年代末期之后的农村资金净外流速度放缓,但整体规模依然非常庞大①。从土地要素配置的城市偏向来看,改革开放以来土地成为地方政府招商引资和获取预算外收入的重要手段,由于农村土地和城市土地的权益存在很大差别,地方政府能够以低价征购农村集体土地,并以高价卖出或将其作为工业用地,这在加快工业化、城镇化进程的同时,严重损害了农民的合法权益②。总体而言,受城市偏向的生产要素配置政策影响,农村劳动力难以与资本、土地等要素实现优化配置,阻碍了农业现代化和农村经济发展。

(二)公共服务供给的城市偏向阻碍农村现代化

政府以户籍制度为基础,衍生出了城乡有别的教育制度、医疗制度、就业制度、社会保障制度等相关制度安排,财政在城市公共服务供给中发挥着重要作用,税费改革之前农村公共服务在很大程度上采取"制度外筹资"和"制度外供给"形式,导致农村公共服务供给严重不足。公共服务供给的城市偏向既给农民带来沉重的经济负担,又抑制了农村居民的人力资本积累,从而阻碍了农村发展。进入21世纪,农村税费改革在很大程度上改变了农村公共服务的筹资方式和供给体制,财政覆盖农村公共服务的范围不断扩大,农村公共服务供给水平得以提升,但由于农村公共服务欠账过多,实现城乡基本公共服务均等化仍需一个较为长期的过程。以城乡医疗卫生服务为例(见表1-2),2007年以来城乡每千人口拥有的卫生技术人员数、医疗卫生机构床位数都呈上升趋势,但城市始终是农村的两倍以上;城乡居民人均医疗保健支出都有大幅提升,且城乡居民在人均医疗保健支出上的差距趋于收敛,但医疗保健支出占农村居民消费性支出的比重却有较大增加,这表明农村居民的医疗负担有所加重。此外,进城农民工难以享受与市民同等的公共服务,农民工市民化进展缓慢。改革开放以

---

① 周振,伍振军,孔祥智. 中国农村资金净流出的机理、规模与趋势:1978—2012年[J]. 管理世界,2015(1):63-74.
② 王颂吉,白永秀. 分权竞争与地方政府城市偏向[J]. 天津社会科学,2014(1):93-96.

来,大规模涌入城市就业的农民工为城市经济发展做出了巨大贡献,但由于难以获得城市户籍,绝大多数农民工及其家属无法享受附着在城市户籍之上的诸多公共服务,这不仅显著降低了城镇化质量,而且严重损害了农民工群体及其家属的发展权益,阻碍了城乡融合发展。

表1-2 城乡居民享受医疗卫生服务比较

年份	每千人口卫生技术人员数/人		每千人口医疗卫生机构床位数/张		居民人均医疗保健支出/元		居民医疗保健支出占消费性支出比重/%	
	城市	农村	城市	农村	城市	农村	城市	农村
2007	6.44	2.69	4.47	1.89	699.1	210.2	7.0	6.5
2008	6.68	2.80	4.70	2.08	786.2	246.0	7.0	6.7
2009	7.15	2.94	5.00	2.28	856.4	287.5	7.0	7.2
2010	7.62	3.04	5.33	2.44	871.8	326.0	6.5	7.4
2011	7.90	3.19	6.24	2.80	969.0	436.8	6.4	8.4
2012	8.54	3.41	6.88	3.11	1063.7	513.8	6.4	8.7
2013	9.18	3.64	7.36	3.35	1136.1	668.2	6.1	8.9
2014	9.70	3.77	7.84	3.54	1305.6	753.9	6.5	9.0
2015	10.21	3.90	8.27	3.71	1443.4	846.0	6.7	9.2
2016	10.42	4.08	8.41	3.91	1630.8	929.2	7.1	9.2

注:城市包括直辖市区和地级市辖区,农村包括县及县级市。
资料来源:《中国卫生和计划生育统计年鉴》(2017)。

三、由偏向到融合是城乡关系发展的必然逻辑

马克思主义城乡关系理论是中国处理城乡关系问题的重要理论依据,由偏向到融合符合马克思主义城乡关系理论的基本原则。马克思主义城乡关系理论认为,生产力的发展是推动城乡关系演进的内在动力,随着生产力水平的不断提升,城乡关系演进要依次经历城乡依存、城乡分离、城乡融合三个阶段[①]。工业革命之后,工业化推动了城市化的兴起,城乡关系

---

① 白永秀,王颂吉.马克思主义城乡关系理论与中国城乡发展一体化探索[J].当代经济研究,2014(2):22-23.

由依存转向分离和对立,进而形成了"农村从属于城市"①的格局;工业化和城市化发展到较高阶段之后,城乡对立会阻碍生产力的进一步发展,这就要求城乡关系由对立向融合转变。基于此,恩格斯在思想史上最早提出了"城乡融合"的概念,斯大林则在社会主义建设中把"城市和乡村有同等的生活条件"②作为实现城乡融合的重要标志。马克思主义城乡融合理论,为中国在新时代推进城乡融合发展提供了理论指导。

从发达国家的城乡发展实践来看,推动城乡融合发展是发达国家处理城乡关系的共同选择。例如,英国在20世纪中期实现了较高水平的城市化之后,政府不断加大对中小城市的支持力度,大城市周边的中小城市快速发展,农村地区的居住环境不断改善,逐步实现了城乡融合发展。法国在第二次世界大战之后,为改变工业企业和人口过度集中于少数几个大城市的状况,着力实施领土整治计划和工业分散政策,鼓励市镇之间构建"共同体",并制定了一系列扶持农业产业化的政策,推进了城乡融合发展③。发达国家的城乡发展实践为中国处理城乡关系问题提供重要借鉴,中国应从自身国情出发,借鉴国际经验走出一条具有中国特色的城乡融合发展之路。

城乡融合发展是党的十六大以来中国城乡关系政策演进的必然逻辑。城市偏向政策的长期延续阻碍了农业农村现代化,随着改革开放进程的不断推进,城市偏向的政策体系亟须向城乡融合方向转变。党的十六大以来,中央把解决"三农"问题提到更高的高度,中央对城乡关系的认识随着实践发展经历了"统筹城乡经济社会发展—统筹城乡发展—城乡经济社

---

① 中共中央马恩列斯著作编译局,编译. 马克思恩格斯选集:第1卷[M]. 北京:人民出版社,2012:405.

② 中共中央马恩列斯著作编译局,编译. 斯大林选集:下卷[M]. 北京:人民出版社,1979:558.

③ 王颂吉,白永秀. 国外城乡发展一体化模式评述与借鉴[M]//中国社会科学院农村发展研究所、国家统计局农村社会经济调查司. 农村绿皮书:中国农村经济形势分析与预测(2013—2014). 北京:社会科学文献出版社,2014:277-294.

会一体化—城乡发展一体化—城乡融合发展"的演进①。2002年11月,党的十六大在制定全面建设小康社会奋斗目标时,针对"城乡二元经济结构还没有改变"的问题,提出了"统筹城乡经济社会发展"的方针。2003年7月,党中央把"统筹城乡发展"作为"科学发展观"的重要内容,并将其列为五个统筹之首。2007年10月,党的十七大提出"建立以工促农、以城带乡长效机制,形成城乡经济社会发展一体化新格局"。2012年11月,党的十八大指出"城乡发展一体化是解决'三农'问题的根本途径"。2013年11月,党的十八届三中全会提出形成以工促农、以城带乡、工农互惠、城乡一体的新型工农城乡关系。2017年10月,党的十九大进一步提出实施乡村振兴战略,促进城乡融合发展。2018年1月2日,中央发布实施乡村振兴战略的意见,提出坚持城乡融合发展,加快形成工农互促、城乡互补、全面融合、共同繁荣的新型工农城乡关系,这就把城乡融合发展提升到新的战略高度。通过梳理中央关于城乡关系的认识历程可以发现,城乡融合发展是新时代城乡关系政策演进的必然逻辑,符合经济社会发展的内在要求。

四、乡村振兴是城乡融合发展的内在要求

新时代要形成城乡融合发展的新型城乡关系,必须通过实施乡村振兴战略,破解农村经济社会发展中面临的诸多问题。发达国家在城镇化和国民经济发展到一定阶段之后,大多通过一系列政策措施积极推动乡村振兴,进而实现城乡融合发展。例如,西德政府于1954年提出并实施了乡村更新计划,在几十年的时间里积极推动工业企业向农村地区扩散,使农村拥有了完善的基础设施,农村公共服务供给水平也不断提高。韩国在经济发展到一定阶段之后,于20世纪70年代初着手实施"新村运动",推进农村城镇化、农业现代化和农村工业化,加强农村精神文明建设,到20世

---

① 白永秀,王颂吉. 马克思主义城乡关系理论与中国城乡发展一体化探索[J]. 当代经济研究,2014(2):24.

纪末，韩国城乡居民的生活条件已差别不大，实现了城乡融合发展。与上述国家乡村振兴形成鲜明对比的是，一些拉美国家在快速城镇化过程中未能解决好农业、农村和农民的发展问题，成为导致这些国家落入"中等收入陷阱"的重要原因之一[①]。基于其他国家的经验教训，中国要实现"两个一百年"奋斗目标和全体人民共同富裕，必须加快推进乡村振兴。

实施乡村振兴战略是新农村建设的全面升华和城乡融合发展的内在要求。为破解快速城镇化进程中所遇到的乡村发展困境，2005年10月，党的十六届五中全会提出了"生产发展、生活宽裕、乡风文明、村容整洁、管理民主"的新农村建设总要求。新农村建设开展十多年来，尤其是党的十八大以来，农业农村发展取得了历史性成就，但由于城市偏向政策的长期延续，中国城乡发展不平衡和乡村发展不充分问题依然十分突出，农业农村现代化仍然是制约全面建成小康社会和建设现代化强国的短板。与此同时，城乡居民对农产品的需求由"量"向"质"转变，农业发展的主要矛盾由总量不足转变为结构性矛盾；农村居民除了要提高收入水平，还需要便利的基础设施和健全的公共服务；随着经济社会发展水平的提高，乡村对于城乡居民的文化、休闲、生态等价值日益凸显，因此必须通过加快农业农村发展以满足广大人民群众日益增长的美好生活需要。在此背景下，中央提出并实施乡村振兴战略，有助于全面解决农业农村发展面临的诸多问题，实施乡村振兴战略不仅是新农村建设的全面升华，而且是推进城乡融合发展的内在要求。

中国目前具备推进乡村全面振兴的条件。从国家能力来看，改革开放以来中国经济保持了近40年的持续快速增长，1979—2016年GDP年均增长9.6%；2017年全国GDP达到82.71万亿元，一般公共预算收入达17.26万亿元，分别是1978年的224.8倍和152.4倍，人均国民总收入远高于中等收入国家平均水平，已经具备了促进乡村全面振兴的经济基础。从工业化进程来看，第一产业增加值占GDP的比重从1978年的27.7%降

---

① 叶兴庆. 新时代中国乡村振兴战略论纲[J]. 改革,2018(1):67.

至2017年的7.9%，第一产业已成为国民经济中的"少数"，经济发展整体进入工业化后期阶段，非农产业有能力更好地带动现代农业发展。从城镇化进程来看，常住人口城镇化率即将接近60%，以城市群为主体的城镇格局初步形成，农业转移人口市民化有序推进，城市辐射带动农村发展的能力显著增强。此外，党的十八大以来城乡融合发展和新农村建设的推进使农业农村发展取得了历史性成就，为促进乡村全面振兴奠定了坚实基础。由此可见，中国目前已具备实施乡村振兴战略的条件。

从农村经济社会发展面临的现实问题出发，实施乡村振兴战略必须破除城市偏向的制度藩篱，建立健全城乡融合发展的体制机制，在此基础上促进农业农村现代化。一方面，要充分发挥市场在城乡资源配置中的决定性作用，引导劳动力、资本、技术、管理等生产要素在城乡之间自由流动，平等交换，优化配置，加快农业现代化进程。农业现代化是乡村全面振兴的产业基础，良性推进的农业现代化不仅不是经济现代化的拖累，而且应成为经济现代化的助推器。从发达市场国家的发展经验来看，农业现代化的推进有赖于市场机制引导下的城乡部门之间要素重置，即在农业适度规模经营的过程中，逐步向城市非农产业转移农业劳动力，从城市引入农村稀缺的资本、技术和管理要素，从而持续提升农业部门的劳动生产率水平，促进城乡二元经济结构转化。另一方面，要更好地发挥政府在促进城乡基本公共服务均等化过程中的作用，从城乡居民发展机会均等的视角出发，使全国不同地区的城乡居民都能尽可能地享受均等的基本公共服务。当前，中国的城镇化已由高速度推进向高质量发展转变，农业转移人口市民化成为亟待解决的重要问题。在城镇化高质量发展过程中，要进一步理顺中央政府和地方政府之间、人口流出地和人口流入地政府之间的权责及财政关系，有序推进农业转移人口市民化，尽快弥合城市内部因农业转移人口的公共服务供给不足所导致的二元社会结构。此外，地方政府应以新型农村社区和小城镇为基本单位，实行乡村偏向的公共服务增量配置政策，改善农村居民的生产生活条件。在农业农村现代化基础上，城乡之间有望构建共生共荣的生命共同体，最终实现城乡经济社会融合发展。

第二节 重点任务

2017年10月,党的十九大部署实施乡村振兴战略,提出按照"产业兴旺、生态宜居、乡风文明、治理有效、生活富裕"的总要求推进乡村全面振兴,这一表述涉及乡村发展的经济、生态、文化、政治、社会五个层面。2018年3月8日,习近平总书记在参加全国两会山东代表团审议时,要求推动乡村产业振兴、人才振兴、文化振兴、生态振兴、组织振兴,即"五个振兴"。基于中央关于乡村振兴的相关表述,我们认为乡村振兴的重点任务包括以下七个方面的内容。

一是乡村产业振兴。产业振兴是乡村振兴的基础和重点任务。乡村产业振兴的目标是实现乡村产业兴旺,为此必须加快构建现代化的农业产业体系、生产体系和经营体系,促进农村三次产业融合发展,提高农业国际竞争力和全要素生产率,使中国由农业大国转变为农业强国,为建设现代化经济体系奠定坚实基础。

二是乡村人才振兴。人才振兴是乡村振兴的重要条件。乡村人才振兴的任务是破解农业农村发展的人才"瓶颈"制约,形成乡土人才、专业人才、城市人才共同支撑乡村发展的良好局面。为此,必须大力培育新型职业农民,支持有条件的农民工返乡创业,建设农村专业人才、科技人才队伍,吸引更多城市人才投身农业农村建设。

三是乡村文化振兴。文化振兴是乡村振兴的重要保障。乡村文化振兴的核心问题是乡村优秀传统文化如何通过传承发展提升而实现现代化转型,应当在立足乡村本土文明的基础上吸收城市文明及外来文化优秀成果,融合形成符合时代需要的乡村现代文化。与此同时,应加强农村思想道德建设和开展移风易俗行动,健全农村公共文化服务体系,共同营造文明乡风。

四是乡村生态振兴。良好的生态环境是乡村的最大优势和宝贵财富,农业农村作为生态产品的重要供给者和生态涵养的主体区,必须加强生态环境建设。乡村生态振兴的目标是实现乡村生态宜居，为此应把山水林田湖草作为生命共同体进行统一保护和修复，推动农业绿色发展，治理农村突出环境问题，把乡村的"绿水青山"转变为"金山银山"。

五是乡村组织振兴。组织振兴是乡村振兴的重要基础。乡村组织振兴的任务是建立健全党委领导、政府负责、社会协同、公众参与、法治保障的现代乡村治理体制，强化农村基层党组织在乡村振兴中的领导核心地位，促进乡村自治、法治、德治有机结合，使乡村社会既充满活力又和谐有序。

六是乡村基础设施建设与公共服务供给。加强乡村基础设施建设和公共服务供给，是提高农村民生保障水平、推动乡村全面振兴、实现共同富裕的内在要求。应当顺应城乡人口流动和乡村空间布局调整趋势，在兼顾公平和效率的逻辑下推进城乡基础设施互联互通，健全农村社会保障体系，促进城乡基本公共服务均等化。

七是乡村振兴的财政与金融支持。拓宽投融资渠道是乡村振兴的重要条件。乡村振兴的顺利推进要求形成财政优先保障、金融重点倾斜、社会资本积极参与的多元投入格局，为此必须通过公共财政向"三农"倾斜来确保财政投入持续增长，通过提高农村金融服务水平来更好地满足乡村振兴的多样化金融需求，通过引导社会资本下乡来加快实现农业农村现代化。

第二章 发达国家的乡村振兴案例

发达国家实现农业农村现代化的经验，值得中国在实施乡村振兴战略的过程中予以借鉴。本章选取发达国家农业农村发展的案例，分析各个案例的背景、做法与成效，研究其对中国推进乡村振兴的启示。

第一节 农业现代化案例

本节从开展土地整理、推进农业机械化与技术进步、发展品牌农业、建立农产品行业协会、建设田园综合体等方面选取案例，对发达国家实现农业现代化的典型做法进行研究。

一、开展土地整理——德国巴伐利亚州的土地整理与乡村更新

土地整理是指将高低不平、零碎不全的不规整的土地加以整理，或者对被破坏的土地进行修复，从而实现人们对土地的更新与重新配置的过程。在这个过程中，乡村中的土地得以重新规划、环境得以不断改善、经济得以不断发展，实现了各个方面的整体提升，即完成乡村更新过程。由此可见，土地整理不仅为农业生产提供了良好条件，还通过推动乡村更新为农村建设奠定了坚实基础，从而有效促进了农业农村发展。

（一）案例概况

德国的土地整理起源于中世纪，是农业结构调整的主要途径。20 世纪

80年代以来，德国土地整理的职能不断扩大，在合理利用资源、保护生态环境等方面发挥了重要作用，越来越多的乡村通过土地整理实现了自己的发展目标。作为德国最大的农业州——巴伐利亚州，也曾面临土地零散破碎、城乡发展不均、整理缺乏成效等问题，从而导致人口的大量流失。为了改变这种情况，巴伐利亚州积极推进土地整理与乡村更新，对土地进行合理的划分与利用，并体现出明显的城乡等值性，从而推动了巴伐利亚州的城乡一体化发展，具有一定的代表性。

从昔日落后于北部各州的农业区，到如今成为德国经济实力最为雄厚、购买能力最为强大、产业发展最有活力的地区之一，巴伐利亚州的发展令人瞩目，尤其是它在土地整理方面的探索，有效解决了本地的农业、农村、农民问题。因此，巴伐利亚州的土地整理与乡村更新不仅被欧盟当作农村现代化建设的一个典范[1]，还为中国的基层土地规划提供了宝贵的经验。

(二) 背景分析

巴伐利亚州地处德国东南部，境内与巴符州、黑森州、萨克森州和图林根州毗邻，境外与捷克、奥地利和瑞士接壤，是欧洲的地理位置中心，也是欧洲贸易的主要连接点。巴伐利亚州面积70550平方公里[2]，其中80%的土地用于发展农林业，巴伐利亚州不仅是德国最大的联邦州，也是德国主要的农牧区。

第二次世界大战以后，大批人员涌入德国。为了维持生计，这些新移民开始在境内进行土地开荒，以图能够进行相应的农业生产。一直到20世纪中后期，巴伐利亚依然是一个落后的农业州，乡村发展较为落后，面临许多问题。首先，在人为因素的影响下，德国的土地开始变得零乱、破碎，且因各地区土地条件不同，很难进行统一整理。其次，农村人口老龄

---

① 中央党校访德代表团. 德国土地整理和乡村革新的经验及其启示[J]. 科学社会主义, 2006 (1): 112-114.
② 巴伐利亚州概况[EB/OL]. 中华人民共和国驻慕尼黑总领事馆网, http://munich.china-consulate.org/lqgk/bayern/202110/t20211030_10405917.htm, 2020-03-20.

化导致人们对生活的要求提高，但现实中的公共服务却难以满足人们的需求，城乡发展不平衡使得大量农村人口涌入城市，破坏了原有的人口结构。最后，受到土地私有制的限制，巴伐利亚州早先的土地规划只是在简单调查的基础上对土地进行合理利用，并未改变其土地琐碎的实质。在这样的背景下，1950年，德国赛德尔基金会提出了城乡等值化理念，即通过土地整理、乡村更新等方式，来达到"城市与农村生活不同类但等值"的目的。1982年，巴伐利亚州政府制定了《巴伐利亚州乡村更新纲要》，强调了乡村土地整理尤其是产权调整、地块合并以及土地规划的重要性[1]。1988年，巴伐利亚州政府制定了《巴伐利亚州通过土地整理与村庄更新促进农村发展的纲要》，针对农业结构的变化，提出了土地整理的目标和任务。由此可见，德国巴伐利亚州的土地整理与乡村更新是针对经济和社会的变化而采取的一种适应性调整，具有被动性的特征[2]。

（三）做法与成效

为了实现《巴伐利亚州通过土地整理与村庄更新促进农村发展的纲要》中设定的目标及任务，巴伐利亚州采取了以下三点措施，推动了本地的土地整理与村庄更新进程。

第一，对症下药，实行分类式土地整理。根据《土地整理法》，此次土地整理共分为五种类型。第一种是常规性的土地整理，即通过兴修水利、保护土壤、修建道路、维护景观等措施来改善农业生产的自然环境和作业条件，提升村民的生活质量，其范围可以只涉及一个村庄，也可以横跨多个乡镇。第二种是简化的土地整理。这种土地整理适用于已经完成土地的初步合并但还需进行进一步合并的地区，包括部分村庄、乡镇、独立居民点等。通过进一步规划，改善农业的生产条件和工作条件，有利于缩短整理时间、降低整理成本。第三种是项目土地整理，即通过土地整理将水利、交通等基础设施建设中征用的土地分配给地产所有者，同时弥补农

---

[1] Erich Wei. 联邦德国的乡村土地整理[M]. 贾生华,译. 北京:中国农业出版社,1999.
[2] 曲卫东,斯宾德勒. 德国村庄更新规划对中国的借鉴[J]. 中国土地科学,2012(3):91-96.

业用地存在的缺陷,并对建设用地实施征用计划,以避免强制性占地的发生。第四种是快速土地整理,它的目标是尽快改善农业生产环境,从而为保护生态和自然景观提供条件,其范围通常只涉及地产所有者的部分地产,不包括居民点的建筑物。第五种是自愿性土地交换,适用于地产所有者之间为消除零碎地块而自愿进行土地交换的情况,也是唯一一种不需要纳入农村发展管理局工作计划的土地整理方式。自愿土地交换一般不涉及建设项目,且其所需的测量工作较少,因而具有简单、快速合并农用土地的特点[①]。

第二,不偏不倚,重视城市农村等值性。《巴伐利亚州通过土地整理与村庄更新促进农村发展的纲要》中明确指出了农村地区发展的主要原则,即确定不同阶段的中心地点,使之尽量为居民获得统一的商品和服务提供保障。基于此,巴伐利亚州开启了对土地规划发展政策的重新规划。此次规划既包括城市地区,又包括乡村地区。它的目标是通过资源的重新配置,为不同的农村地区和城市周围为数众多的小村庄、小村落以及单独的农庄提供与城市地区基本均等的商品供给和公共服务,从而实现各个地区生活条件的等值。此外,为了更好地为农村创造与城市等值的条件,巴伐利亚州将"开发"与"保护"相结合,开展了乡村更新。所谓开发,就是指各村庄根据自身生活和发展的需要,为本地区建设基础设施,包括公路交通、电力供应、农田水利以及排污系统等硬性基础设施以及教育文化、运动健身、公共医疗、社会保障等软性基础设施。所谓保护,就是要对乡村原本的社会环境和自然环境进行有效保护。为保护乡村文化底蕴,各地方政府在进行土地整理和乡村更新的过程中,重视民众参与,充分调动了村民对乡村文化的认同感,强化了人们的乡土观念;为保护生态环境,巴伐利亚州政府先后规划了两个国家公园、528个自然保护区和510

---

① 徐雪林,杨红,肖光强,等. 德国巴伐利亚州土地整理与村庄革新对我国的启示[J]. 资源·产业,2002(5):36-40.

个风景保护区,保护面积占全州总面积的29.8%[①]。

第三,协商处理,实现多元化主体参与。在进行土地整理与村庄更新的过程中,巴伐利亚州表现出诸多协调性市场经济的特征。首先是协商式征地。虽然德国实行土地私有制,但各级政府在土地流转过程中发挥了比其他发达国家更具有干预性的作用。由于政府在征地过程中所受到的限制更少,地方政府可以为了公共利益而征用私有土地,因此国家通过政府干预社会的特征就会更加明显,德国私有土地的"私有性"就会相对较弱。当然,这种干预性征地模式并不意味着政府拥有无限的权力,它同样受到议会、法院以及基层间制衡的制约。其次是协商式置换土地。巴伐利亚州政府十分重视土地的利用价值问题,包括如何评估未整理土地的利用价值以及如何最大限度地发挥不同土地的作用。为解决这两个问题,巴伐利亚州政府建立了一种多元多向的解决方案,以加强政府和村民之间的互动,即通过土地置换来实现对本地的土地整理。也就是说,在掌握了不同土地的特征和功能后,由政府根据实际情况带头进行土地之间的置换,从而起到一个协调者的作用。最后是加强民众参与。巴伐利亚州相关法律规定,所有的土地整理项目都必须有民众的参与。由于村民是土地产权的所有者,对自己的土地状况及特征十分了解,这项措施既可以调动人们参与土地整理的积极性,又可以提高土地整理的效率。同时,民众的参与意味着政府所需投入的人力资本和其他资源减少,因而可以避免资源的浪费,从而降低土地整理的成本。此外,土地产权所有者可以根据实际情况随时对土地整理方案提出建议,确保整理后的土地更加适应周边的自然、社会环境,从而提高土地整理的可持续性[②]。

通过采取以上三种措施,巴伐利亚州实现了对不同土地的分类整理,提高了土地整理效率。在充分发挥土地利用价值的基础上,真正解决了土

---

① 中央党校访德代表团. 德国土地整理和乡村革新的经验及其启示[J]. 科学社会主义,2006(1):112-114.

② 冉昊. 资本主义多样性背景下的"国家—社会协作"模式——以德国巴伐利亚州土地整理为例[J]. 科学社会主义,2015(6):142-145.

地零乱、破碎的问题,为促进乡村发展、缩小城乡差距打下了良好的基础。

（四）总结评价

通过分类式土地整理、重视城乡等值性以及多元主体参与等途径,德国巴伐利亚州实现了从传统农业向综合性农业的转变,体现了土地整理及村庄更新在促进土地合理利用、改善农业生产条件及保护乡村生态环境等多个方面的重要作用。在这个过程中,巴伐利亚州同样体现出解决"三农"问题的核心理念,即农村与城市的等值性生活条件。这样,农村地区与城市地区就具有了同等的吸引力,人们在农村居住是因为环境,而当农民则是一种职业选择,从而促进了巴伐利亚州的城乡融合发展。

当前,中国农村发展正面临部分地区土地零碎分散、农村发展滞后、城镇化水平低等问题。虽然与德国巴伐利亚州在面积、人口等方面的可比性较低,但巴伐利亚州的土地整理和乡村更新也为中国提供了诸多经验借鉴。同时,中国城乡发展依旧存在较大差距,学习巴伐利亚州在土地整理和乡村更新过程中所体现的"农村城市等值化"观念,对于打破中国城乡二元结构、缩小城乡收入差距、实现乡村振兴具有十分重要的意义。

二、推进农业机械化与技术进步——美国金伯利农场的现代农业经营

农业机械化即"农业中广泛应用机械设备以代替手工和畜力农具的农业生产方式"[1]。它的应用不仅可以降低农民劳动强度,有效减少生产的人力成本,而且有利于农业实现规模化大生产,提高农业生产效率,是农业现代化的重要内容之一。与机械化同样重要的还有技术进步,它是指"技术不断发展、完善和新技术不断代替旧技术的过程"[2]。农业技术进步则是技术进步在农业生产中的具体体现,它有利于降低生产成本、提高经济效

---

[1] 胡代光,高鸿业. 西方经济学大辞典[M]. 北京:经济科学出版社,2000:1022-1023.
[2] 何盛明. 财经大辞典:上卷[M]. 北京:中国财政经济出版社,1990:943.

率、保护自然环境。当前，许多发达国家都已从要素投入型农业成功转型为技术引导型农业，技术进步能否在现代农业中发挥作用已然成为发达国家与发展中国家的一个重要区别。

（一）案例概况

金伯利农场位于美国艾奥瓦州首府得梅因附近，始建于1850年，距今已有近200年的历史。该农场经营的耕地面积为3500英亩，其中包括接近2000英亩的自家耕种面积和1500英亩的租赁耕种面积。金伯利农场的兼业化特征十分明显，除农场主本人专职务农外，这个家庭农场的其他成员都有着自己的工作，只有在农忙时才会参加一定的农业生产活动[①]。农场占地面积宽广，而工作人员稀少，原因就在于其采用了高机械化、高技术化的农业经营方式。在金伯利农场，清一色的约翰迪尔农机装备提高了农业生产效率，大型的金属粮仓实现了对农作物储存的精准控制，先进的耕作技术促进了农业的可持续发展，完备的农业管理体系则保证了农场的稳定生产。如今，金伯利农场不仅是一所典型的高度现代化农场，还是艾奥瓦州重要的对外农业展示窗口。每年有大批国内外游客到农场参观，农场主瑞克·金伯利也因此于2017年荣获艾奥瓦杰出农民奖[②]。

（二）背景分析

美国国土面积为983.2万平方公里，拥有1.5亿公顷耕地面积和3亿左右人口，人口密度为35.6人/平方公里[③]，幅员辽阔，地广人稀，非常适合进行农业规模经营。美国所实行的资本主义土地私有制度，使得美国农场呈现出以下两方面特征：一方面，由于土地可以被自由流转、租赁和买卖，美国多为大农场经营模式，且其规模具有不断扩大的趋势；另一方面，家庭对土地的所有权使得其成员成为农场的主要劳动力来源，因此美

---

① 李社潮. 美国机械化支撑下的兼营兼业家庭农场[J]. 农机市场,2020(2):57-59.
② 朱旌. 中国智库代表团探访美国现代农庄 高科技带动现代农业集约发展[EB/OL]. 中国经济网,http://www.ce.cn/xwzx/gnsz/gdxw/201706/15/t20170615_23635238.shtml,2017-06-15.
③ 数据来源于《国际统计年鉴2018》.

国家庭农场的性质十分明显。据美国农业部统计，2017年，美国共拥有农场205万个，其中小型农场数量占比为90%，农业收入却只占23%；中型、大型农场数量占比仅为10%，但其农业收入占比却高达77%。由此可见，美国农场主要凭借规模化取胜，规模大小是决定农场盈利水平的关键因素[①]。凭借大型家庭农场，美国更好地实现了机械化生产，更快地应用了先进技术，生产效率不断提高，成为世界上农业最发达的国家。

金伯利农场是美国现代农场的典型代表。该农场以种植大豆和玉米为主，其播种面积由当年芝加哥农产品期货价格走势决定[②]。虽然金伯利农场占地辽阔，但却只有四人在此工作，原因就在于金伯利农场所应用的现代化装备机械和先进农业技术。2012年，时任中华人民共和国副主席的习近平在访美期间对金伯利农场进行了参观，指出"中美加强农业合作，不仅对两国人民都有利，也可为保障世界粮食安全做出积极贡献"。受此鼓舞，2013年金伯利农场总裁瑞克·金伯利来到中国农业重镇黑龙江省肇东市，对金伯利农场的运营模式进行了详细介绍。在结合实际的基础上，金伯利农场高机械化、高技术化的农业经营方式也逐渐应用到中国黑龙江省肇东市、内蒙古自治区巴彦淖尔市等地，形成了新型农业发展模式[③]。

（三）做法与成效

金伯利农场机械化、技术化的农业生产方式主要体现在以下几个方面。

第一，配备精准机械，实现农场高效运行。从20世纪70年代到2017年，金伯利农场的耕地面积几乎扩大到了原来的17倍，超过了3500英亩。而如此大规模农场的日常管理只需要3~4个人负责，只有在农忙时期才会再雇用3个临时工，这些都离不开农业装备机械的助力。整个农场配备了清一色的约翰迪尔农机装备，其中包括2台9520T大型拖拉机、2台S680

---

① 箫竹虔. 国外农场3种典型经营模式分析[J]. 农业工程,2018(9):6-7.
② 李社潮. 美国农场的不同保护性耕作模式[J]. 农业机械,2017(7):36-38.
③ 刘佳妮. 迪尔推进金伯利现代农场建设[J]. 农机质量与监督,2014(3):37.

收割机、若干台250马力及小马力多功能拖拉机。除小型拖拉机外，所有设备均配备了迪尔自动导航系统，这样不仅可以降低农业经营成本，提高农业生产效率，还可以为农业产量和施肥数量提供参考依据，有利于实现精准农业[1]。此外，农场里还设置了多座高大的金属粮仓，依靠先进的农业科学技术，实现了粮食的烘干储存一体化，使收获的粮食被及时烘干并得到妥善保管。粮仓外配备有完善的电子控制系统，工人可以通过手机对控制系统进行远程操作。因此，粮食进仓后，即使工人不在农场内，也能通过手机精确地控制粮仓达到适宜的温度及湿度[2]。

第二，创新耕作方式，促进农业可持续发展。金伯利农场在以保护性耕作为核心的可持续农业方面进行了较为深入的探索，且成效显著。除传统的条耕方式外，金伯利农场还积极推行四种秸秆管理保护性耕作技术模式。第一种是免耕保护性耕作模式，每年用这种耕作方式的耕种面积约占总耕种面积的20%。它是指在施用液体肥的基础上，直接对前一年种植大豆的地块进行免耕播种机的播种作业，而无须提前进行任何的耕地、整地措施。第二种是覆盖保护性耕作模式，即使用深松联合整地机在全面覆盖秸秆的田面上进行耕作的方式。在疏松土壤的过程中，部分秸秆耙被混入18厘米以上的土壤耕层，剩余秸秆则仍然留在土壤表面，有利于实现第二年的免耕播种。第三种是部分秸秆打捆离田的保护性耕作模式。这种模式是指用打捆机将约1/3的秸秆打捆离田，卖给得梅因市的秸秆乙醇加工企业，从而获得报酬的一种处理方式。农场无须购买打捆机、装卸车等装备机械，也无须提供秸秆打捆和田间运输等服务，只需要出售、存放秸秆，就能获得相应收入，盈利方式较为简单。第四种是播种覆盖作物的保护性耕作模式。它是指在秋季玉米收割前，不仅不对覆盖农田的秸秆进行任何处理，还由飞机专门撒播覆盖物的一种方式，供农场里的200英亩玉米地使用。撒播的作物名为黑麦草，是保护性耕作体系的一年生作物，它不仅

---

[1] 李鑫. 约翰迪尔重视推广现代农业新体验[J]. 农机科技推广, 2018(9):64-65.
[2] 朱旌. 中国智库代表团探访美国现代农庄 高科技带动现代农业集约发展[EB/OL]. 中国经济网, http://www.ce.cn/xwzx/gnsz/gdxw/201706/15/t20170615_23635238.shtml, 2017-06-15.

可以疏松土壤、抵抗侵蚀，还能增加土壤有机质，降低大气中二氧化碳的含量，有利于提高种植作物的产量。黑麦草由带有楞条的滚压机碾压，从而逐渐死亡并成为种植作物理想的覆盖物。金伯利农场采用的这种播种覆盖作物的保护性耕作模式是美国政府支持推广的新技术，已经成为美国提高保护性耕作系统效果的重要组成部分①。

第三，多重保障并举，科学管理农业生产。现代农业的发展离不开人才的培养，大型现代化农场的经营更是需要具备种植、机械、金融、管理、营销等多方面技能的复合型人才，金伯利农场的管理者便是这样一个学识丰富的人。因此，金伯利农场的耕作方法和运作模式都极具科学性。同时，农场所应用的技术都处于不断地更新换代中，这既得益于美国先进的科技产业，又取决于人们对技术的不同认知。例如，中国对转基因技术有明显的抵触情绪，而美国92%的农作物都采用了除草剂耐受等转基因技术，从而在一定程度上降低了管理成本，提高了作物产量。在此基础上，农业技术在金伯利农场的成功应用离不开第三方的帮助。为保证农场的技术支持，农场在和艾奥瓦州立大学保持着良好合作关系的同时，还在种子公司和农业协会参与相应培训，从而实现农场技术的快速更新②。最后是全面的农业保护政策。2013年，美国政府对农业的保险补贴达到70亿美元，2014年新农业法案的颁布进一步促进了这一趋势的发展。当农产品市场的平均价格低于法案预设值时，政府就会启动价格损失保障计划；当农作物收入低于农场近5年收入水平的86%时，政府就会开展收入风险补助计划。这些政策为农场主的收益提供了有效保障，从而促进了包括金伯利在内的许多农场的农业生产③。

如今，金伯利农场已经成为艾奥瓦州重要的对外农业展示窗口，将它成熟的农业经营模式推广到了世界各地。农场主瑞克·金伯利被评价为

---

① 李社潮. 美国农场的不同保护性耕作模式[J]. 农业机械, 2017(7):36-38.
② 朱旌. 中国智库代表团探访美国现代农庄 高科技带动现代农业集约发展[EB/OL]. 中国经济网, http://www.ce.cn/xwzx/gnsz/gdxw/201706/15/t20170615_23635238.shtml, 2017-06-15.
③ 段运红. 借鉴:国外农场3种典型经营模式[J]. 农业机械, 2018(10):50-52.

"一个好的企业家,才能在农场中成功"①。

(四) 总结评价

通过配备精准机械、采用先进技术及多重保障并举等措施,金伯利已然从一个家族农场发展成为一座远近闻名的高度现代化农场,在农业耕作方式、农业机械管理、现代农场经营以及可持续农业发展等方面都进行了卓有成效的实践探索。此外,美国金伯利农场高机械化、高技术化的农业经营方式也逐渐在世界范围内推广开来,黑龙江省肇东市金伯利现代农机合作社、内蒙古自治区巴彦淖尔市中美友谊金伯利农庄都是在借鉴其农业发展模式的基础上建成的。

当前,中国正处于由传统农业向现代农业转变的关键阶段,而农业机械化和技术进步正是实现这一转变的重要途径。与美国地广人稀的自然条件不同,中国的地理环境较为复杂。因此,即使是面对高度现代化的金伯利农场,中国也不能对其农业发展方式"照抄照搬",而是要按照因地制宜的原则,针对不同地区的自然条件和农业特色,发展不同类型的机械化耕作②。同时,在中国倡导发展绿色农业的背景下,美国金伯利农场所应用的秸秆管理保护性耕作技术模式也为中国的秸秆处理计划③提供了宝贵经验。

三、发展品牌农业——日本大分县的"一村一品"运动

品牌农业代表了一个国家和地区的优势农产品,其市场认知度较高,带来的经济效益较好。发展品牌农业可以充分发挥比较优势,加大品牌宣传,从而为农业发展提供强有力的品牌支撑。

(一) 案例概况

所谓"一村一品"运动,就是指日本倡导每个村庄都能按照市场需

---

① 李社潮. 美国农场的不同保护性耕作模式[J]. 农业机械,2017(7):36-38.
② 朱丽娟. 农业机械化发展的国际经验及启示[J]. 世界农业,2013(8):23-25.
③ 李社潮. 美国农场的不同保护性耕作模式[J]. 农业机械,2017(7):36-38.

求,充分发挥自身的资源优势、技术优势、人力资本、区域优势等,在全日本甚至世界范围内生产出至少一种具有本地特色的优势产品,自立自强发展经济。由于符合当时的社会状况和农民的实际需求,"一村一品"运动一经提出便受到人们的大力支持,激发了人们建设家乡的热情。在政府引导下,大分县的农村居民通过充分发挥比较优势、发展1.5次产业、培养专业人才等方法,重振了经济活力。随着"一村一品"运动的推广,"一村"和"一品"的规模都有所扩展。其中"一村"从以村庄为基础,扩展到了乡镇、县域等范围更广的地区。"一品"则从农产品的范畴,扩展到了文化、旅游等产业,打造本地特色品牌。"一村一品"运动是日本实现乡村振兴的一项重要举措,它不仅有效改善了日本农村地区的落后面貌,极大地提高了日本农业农村经济的竞争力,还为世界其他国家提供了经验借鉴,成为许多国家振兴农村经济的重要途径[①]。

(二) 背景分析

大分县位于日本九州岛的东北部,总面积达6337平方公里,其中可居住面积占比仅为28%,森林面积占比则达到71%。由于耕地面积较少、地理位置偏远、交通运输不便,大分县的经济曾一度十分落后。1979年,时任大分县知事的平松守彦发起"一村一品"运动,有效地改善了大分县穷乡僻壤的面貌。具体而言,这场运动是基于以下几方面背景发起的。

第一,农村人口流失严重。20世纪60年代,日本经济得到高速增长,城市的发展吸引了大量农村劳动力向城市聚集,留守在农村的人口多为老弱妇孺,农村地区失去活力。劳动力外流阻碍了农村的基础设施建设,降低了农村的财政力量,抑制了农村的产业发展,进而又加快了农村的人口流失。这种封闭的恶性循环使得城乡差距日益扩大,振兴乡村经济、平衡城乡发展刻不容缓[②]。

第二,各村优势产业不同。大分县地形复杂,山地面积占总面积的

---

① 秦富,钟钰,张敏,等.我国"一村一品"发展的若干思考[J].农业经济问题,2009(8):4-8.
② 李乾文.日本的"一村一品"运动及其启示[J].世界农业,2005(1):32-35.

70%，除少数几个盆地外，没有较大规模的平原。各村气候条件不同、地理条件不同，再加上受到之前长期小藩割据历史的影响，大分县生产出的农特产品虽产量较少但种类繁多，且逐渐形成了特征鲜明、各不相同的风俗和文化。因此，要振兴大分县经济，就必须发展具有本地优势的产业，充分发挥县域内不同村庄的经济潜力。

第三，成功先例的激励作用。在大分县，平均每户农民拥有0.3公顷耕地，农业规模较小，人们通过种植水稻仅仅能解决温饱问题。在生活水平与城市甚至周边农村都存在巨大差异的情况下，部分地区自发开始了因地制宜的新尝试。20世纪50年代末，原大分县最贫穷的地区大山町放弃种植成熟周期长的水稻，转而种植单位产值更高的梅子和板栗，通过产品加工等方法，实现了农业增值与农民增收[1]。1961年，欧亚马村也开始了摆脱贫困的尝试，依次推进特色产品种植运动、新人格组合运动以及新天堂设施运动，有效地提升了土地生产效率[2]。这些成功先例为大分县民众提供了新的思路，极大地激发了人们建设家乡的热情。

在这样的背景下，1979年，大分县知事平松守彦开始在全县范围内推行"一村一品"运动。

（三）做法与成效

日本大分县的"一村一品"运动主要是从以下四个方面开展的。

第一，因地制宜，充分发挥比较优势。大分县林地多，除少数几个盆地外，几乎没有大的平原。这样复杂的地理环境使其拥有种类众多但产量较少的农特产品，因此大分县的比较优势就是发展农特产品，打造自己的特色品牌。"一村一品"并不意味着一个村子只能生产一种产品，而是指每个村庄都能充分发挥自己的比较优势，结合本地资源、交通、技术等实际，因地制宜发展特色产业。并且随着开发的逐渐深入，各地区会不断产

---

[1] 李清泽. 日本大分县的"一村一品"运动发展情况[J]. 世界农业,2006(3):35-36.
[2] 李玉恒,阎佳玉,宋传垚. 乡村振兴与可持续发展——国际典型案例剖析及其启示[J]. 地理研究,2019(3):595-604.

生新的"一品",从而有效维持了各村庄的经济活力①。在打造特色品牌的过程中,大分县充分发挥比较优势,按照因地制宜的原则,建设产业基地,最终建成了以朝地町、九重町、玖珠町、前津江村、上津江村、之光村等为代表的丰后牛产业基地;以大田村、国见町、野津原町、潼町等为代表的香菇产业基地;以佐伯市、庄内町、挟间町为代表的草莓产业基地;以姬岛村、鹤见町、蒲江町等为代表的水产品产业基地②。

第二,政府支持,保障运动顺利进行。在"一村一品"运动的各个环节中,政府都起到了重要作用。一是加强对农村基础设施的建设。基础设施是社会先行资本,决定着农业生产的成本。因此,以政府为主导,加强农村基础设施尤其是农田水利建设,不仅可以为农业生产者和经营者提供良好的工作环境,而且可以为特色品牌建设吸引外来投资。二是加强对农业生产的补贴。为保证农民的产品都能够销售出去,政府通过财政手段,针对不同的产品实施了不同的价格支持制度。例如,对土豆实行最低价格保证制度,对大米实行成本与收入补偿制度,对牛奶实行差额补贴制度,对水果实行价格平准基金制度,对肉类实行稳定价格制度等。这些制度保证了农业生产的盈利性,从而有助于农业生产的正常进行。三是使用经济手段调节市场。除通过财政手段补贴农业外,日本还建立了农产品价格风险基金,其中农民出资30%,政府出资70%③。在农产品供过于求、市场价格下降时,基金会收购剩余产品促进价格回升;在农产品供不应求、市场价格上升时,基金则会放开储备产品,促进价格回落④,从而保证农产品市场的稳定。

第三,发展"1.5次产业",增加产品附加值。1.5次产业是指针对农林牧渔产品及其加工品进行的工业生产活动,以增加产品的附加值。将农产品从第一产业直接调整到第二产业比较困难,而通过产品加工增加农产

---

① 王昊. 日本"一村一品"运动的精髓与启示[J]. 北京行政学院学报,2006(2):9-11.
② 李乾文. 日本的"一村一品"运动及其启示[J]. 世界农业,2005(1):32-35.
③ 陈磊,曲文俏. 解读日本的造村运动[J]. 当代亚太,2006(6):29-35.
④ 刘慧明. 日本农村社会保障制度及其对中国的启示[J]. 市场周刊(研究版),2005,(9):70-71.

品附加值则相对容易，因此，大分县在推进"一村一品"运动的过程中非常重视1.5次产业的发展。1.5次产业有利于发展农业产业化、增加产品价值以及满足消费者最终需求，还能将剩余农产品和残次农产品进行就地加工，极大地减少了农民的损失，消除了农民生产过剩的顾虑。此外，大分县还设立了许多研究指导中心，包括农水产加工综合指导中心、菇类研究指导中心、海洋水产研究中心等。每年日本政府及地方政府都会为这些科研机构提供大量的农业科研经费。它们与大学、民间组织一起，共同构成了农业科研体系，为大分县的农业生产活动提供专业指导[1]。

第四，加强教育，积极培养专业人才。平松守彦认为，造村的最终目的是"造人"，培养出综合素质较高的专业人才，是使一个地区获得新生的关键。因此，大分县采用多种途径，加强对专业人员的培训，培养了一批能力较强又能为本地做出贡献的人才。综合管理人员和专业技术人员是"一村一品"运动能够顺利进行的前提，也是部分村庄的制约条件。为解决这一问题，大分县政府专门开设了12个培训班，聘请县内开发人员、专业技术人员等来为每个班30余名学员授课，并且积极把他们送去县内外学习，以提高他们的综合素质和专业能力[2]。

自开展"一村一品"运动以来的20多年里，大分县共培育出306种特色产品，总价值超过10亿美元，其中有15项产品产值突破1000万美元，创造出了香菇、麦烧酒、丰后牛肉等多个著名品牌[3]。各国纷纷效仿，着手开展类似日本的"一村一品"运动。

（四）总结评价

大分县的"一村一品"运动是日本边远地区进行农村产业发展的一次尝试，与日本经济发展和产业布局紧密联系在一起。它的意义不限于一个产品的成败盈亏，更推动了农业的深层次发展。从第一产业的原材料到

---

[1] 陈磊，曲文俏. 解读日本的造村运动[J]. 当代亚太，2006(6):29-35.
[2] 王昊. 日本"一村一品"运动的精髓与启示[J]. 北京行政学院学报，2006(2):9-11.
[3] 李乾文. 日本的"一村一品"运动及其启示[J]. 世界农业，2005(1):32-35.

1.5次产业的加工品,从缺乏经济活力的农产品到建成自己的品牌农业,"一村一品"运动不仅使得大分县的风貌发生了巨大变化,还引发了世界各地的广泛关注。

当然,在取得巨大成效的同时,"一村一品"运动还存在某些问题。首先,人口问题依旧突出。即使通过"一村一品"运动,地方经济得以振兴,但大分县依然存在着农业从业人员减少和人口老龄化问题,人口流失严重。其次,耕地面积不足。1960—2000年,日本的耕地面积从607万公顷减少到490万公顷,粮食自给率不断下降,因此不得不大量进口。最后,生态环境遭到破坏。为了大量生产农作物,日本不断修建农田水利等基础设施,这使得自然环境被破坏,经济不能持续发展①。

1983年8月,平松守彦先生在上海发表关于"一村一品"运动的演讲,中国各地也由此尝试开展"一村一品"运动②。虽然大分县"一村一品"运动是在其客观的社会背景下开展的,但它对中国农村地区的发展具有一定的启示作用。一方面,落后的农村地区要善于发现并发展自己的比较优势。虽然农村地区在经济、社会、科技、人才等方面处于落后地位,但它们也不同程度地拥有自己的优势资源。合理利用这些资源,发挥本地比较优势,打造属于自己的品牌农业,是农村经济发展的重要依托。另一方面,采用差异化的产品策略。"一村一品"运动得以顺利开展的根源在于地区之间经济结构和产业结构的不同,因此中国在推动乡村振兴的过程中也要依据地区差异实行不同的农业发展政策,从而实现乡村经济的持续健康发展。

四、建立农产品行业协会——美国新奇士橘农协会的百年传承

行业协会是指"以同行业企业为主体,包括科研、设计等单位,按照

---

① 陈磊,曲文俏. 解读日本的造村运动[J]. 当代亚太,2006(6):29-35.
② 秦富,钟钰,张敏,等. 我国"一村一品"发展的若干思考[J]. 农业经济问题,2009(8):4-8.

自愿的原则，自下而上组织起来的实行民主管理的民间社会经济团体"[①]。这种协会能够联合同行业的参与者，实现规模效益。中国是世界上最大的水果生产国，水果产量连续多年位列世界第一，是中国具有比较优势的产业。但近年来，随着水果国际贸易规模的不断扩大，中国的水果产业表现出国际竞争力差、果农收益率低等问题。在此背景下，中国应该改变传统的销售方式，尝试建立全国性的农产品行业协会，通过联合行业参与者，提高农民组织性，增强市场竞争力。

（一）案例概况

新奇士橘农协会成立于1893年，是由美国加利福尼亚州和亚利桑那州的柑橘生产者组成的农产品行业协会。新奇士橘农协会生产的产品不仅有柑橘，还有柠檬、橙子、葡萄柚等。这种协会与中国曾出现的人民公社性质有所不同，它能够实现完全的供销一体化，但它的成员同时可以独立参与生产经营。从化肥、农药的购买到柑橘加工、产品销售，协会都会进行统一调度，这就实现了在保持农民土地私有权和生产独立性的基础上各个参与者的联合[②]。在生产上，建立产品监控体系，严格把控质量；在销售上，以消费者需求为导向，精确营销策略；在宣传上，重视产品宣传推广，提升品牌价值；在策略上，实施商标授权计划，坐享品牌价值。通过建立这一套完整的水果产销体系，新奇士橘农协会切实打造出了"Sunkist"品牌，并将其推广到全球各地。通过联合，协会成员体会到了规模经济的益处，并增强了"新奇士"系列产品在国际市场中的竞争力。新奇士橘农协会成立已有超过百年的历史，至今仍保持着生命力。

（二）背景分析

100多年前，美国加利福尼亚州和亚利桑那州凭借阳光充足、土壤肥沃、温差较大等适宜水果生长的自然环境，建造了大面积的柑橘种植园。

---

① 何盛明. 财经大辞典：上卷[M]. 北京：中国财政经济出版社,1990:976.
② 梁小民."新奇士"柑橘的启示[J]. 改革与理论,2001(9):34-35.

但因受到当时外部市场和内部竞争等因素的影响,加利福尼亚州的柑橘行业发展并不理想。一方面,在 1893 年以前,柑橘都是由中间代理商收购与销售。这些代理商通过压低价格的方式来实现自己的利润最大化,有的还通过寄售途径将风险转移到橘农身上,极大地增加了橘农的风险和损失。由于信息不对称,橘农只能被动接受代理商的支配,因而在柑橘交易中处于不利地位[1]。另一方面,由于当地生产的产品具有相似性,每到丰收之年,就会出现供过于求、产品积压的现象。为了争夺市场,果农们开始竞相压价,结果"果贱伤农",谁也没能得到多少好处[2]。为了抵御市场风险、减少内部争斗,个体橘农开始自发在南加利福尼亚州成立了几个规模较小的柑橘协会,1983 年 8 月,100 多名橘农带头,又在洛杉矶成立了南加利福尼亚水果销售协会。协会负责制定柑橘标准,把控柑橘质量,并为区域内 60 户橘农的产品提供运输服务。第一年,协会以每箱高于代理商 75 美分的价格,为橘农卖出 600 万箱柑橘。之后,随着协会规模的不断壮大,每年为橘农卖出的柑橘数量上升到 1400 万箱,约占加利福尼亚州柑橘总产量的 45%。1905 年,协会更名为加利福尼亚果农销售协会。1908 年,协会确定商标为"Sunkist",意为"太阳亲吻它",以表明这里的水果都经历了充足的光照[3],从此每年有 600 万箱柑橘和 100 万箱柠檬贴上了"Sunkist Orange"的商标。1914 年,协会进军加工领域,开始生产橘子汁、橘子酱等产品。1952 年,协会正式更名为新奇士橘农协会(Sunkist Grower)。20 世纪 60 年代,新奇士橘农协会开始开拓海外市场,1966 年出口柑橘达 1240 万箱[4]。

(三) 做法与成效

通过建立一套完备的水果产销体系,新奇士橘农协会真正打造出了"Sunkist"品牌,其具体做法主要体现在以下四个方面。

---

[1] 陈汉能. 美国新奇士橘农协会运作模式[J]. 中国果树,2007(1):69-70.
[2] 刘爱成. 美国的新奇士协会[J]. 中国改革(农村版),2003(5):17-18.
[3] 沈国华. 美国"新奇士"给我们的启示[J]. 浙江林业,2004(5):34-37.
[4] 作者不详. 新奇士:一个农产品世界品牌的诞生[J]. 农经,2011(3):17.

第一，建立产品监控体系，严格把控质量。新奇士橘农协会建立起了一套完整的产品质量监控体系，在各个环节保障水果质量。在果品生产的源头，也就是柑橘种植阶段，协会为所有会员以及种植的果树建立信息档案。档案详细记录果树的品种、特征和成熟期，并通过对成熟期的精准测算将柑橘均匀分布在各个时期出产，从而大大缩短了水果的收购时间，从收到订单到装箱运输仅需两天到三天。在果品生产的中后期，也就是柑橘采摘阶段，协会会组织成员进行统一采摘。为保证新鲜水果在全年都能有效供应，在柑橘成熟后，协会下属的包装厂会为果农提供全套的采摘服务，包括采摘、挑选、包装等。在采摘过程中，柑橘会经历人工和机器两次挑选，并按照质量及大小分为72只/袋、88只/袋、100只/袋三种包装。每箱柑橘在出厂前都会由专业的质量检测人员做好标记，以便在出现问题时能迅速追溯到产品来源。

第二，以消费者需求为导向，制订精准营销策略。新奇士橘农协会牢记"顾客就是上帝"的原则，始终把消费者的需求放在首位。通过对消费者的消费偏好、消费需求、消费水平等方面进行分析，划分出不同的消费群体，并针对不同群体的市场需求，实施不同的营销策略。协会认真分析了各个国家的人们对柑橘的偏好，根据地区特质的不同，对市场进行了细分，以实施有针对性的出口战略。例如，日本人喜欢吃鱼，经常使用柠檬去腥，协会就将针对日本的销售重点放在柠檬上。中国作为橙子的发源地，更偏爱甜味，协会就将针对中国的销售重点放在柑橘和脐橙上。为了赢得中国消费者的好感，协会还将非常具有代表性的"龙"图案印在了柑橘上，受到中国消费者的追捧。此外，针对高端消费者的需求，协会还推出了有机柑橘，这种柑橘的种植者和包装厂都得到了美国农业部的有机认证，销售额不断上升[①]。"新奇士"对各个地区消费需求的深入研究是其制定营销策略的关键，而有针对性的出口也为其带来了丰厚的销售额。这种

---

① 陈冬生. 国外特色水果品牌营销经验与启示——以美国"新奇士"柑橘和新西兰"佳沛"奇异果为例[J]. 世界农业, 2017(10): 15-21.

以消费者需求为导向的销售策略不仅提高了各地区消费者的接受程度，而且有助于指导果农因需种植，从而不断扩大市场规模①。

第三，重视产品宣传推广，提升品牌价值。强有力的广告宣传是"新奇士"获得成功的关键环节，它有利于进一步开拓海外市场，扩大产品知名度，增强国际竞争力，从而成功树立起品牌形象，不断提升品牌价值。早在1907年，"Sunkist"这一商标还未正式建立之时，新奇士橘农协会的前身加利福尼亚果农销售协会就进行了史上第一次针对生鲜水果的广告宣传。而这次的宣传效果也十分显著，当年的脐橙销售就因此增长了20%。1908年，在著名广告公司Lord & Thomas的策划下，协会确定了自己的商标名称"Sunkist"及图形。自此，协会便一直坚持投放广告，从未中断，并且广告的内容也随着社会的发展而不断调整。1916年，协会的广告语"Drink an orange"（喝个橙子），不仅细分出了橙汁这一风行世界的产品，还使得"新奇士"成为橙子的代名词，"Sunkist"的品牌内涵和情感价值在很大程度上得以体现②。除了投放广告外，新奇士橘农协会还通过积极参加社会活动等途径来提升品牌的知名度。例如，将水果放在花车上参加每年的玫瑰花花车游行，为美国橄榄球冠军锦标赛提供赞助，参加不同地区的公益活动，坚持举办一年一度的"柑橘小姐"评选等，"新奇士"由此扩大了自己的影响力，树立起了良好的品牌形象③。

第四，实施商标授权计划，坐享品牌价值。作为世界知名度最高的品牌之一，"新奇士"的商标几乎遍布全球，这主要得益于协会的商标授权计划。2003年，新奇士橘农协会推出了商标授权计划，允许全世界范围内符合条件的生产者使用"Sunkist"商标，并在协会的监督下进行生产。通过商标授权，协会与50多个国家和地区的果农达成了合作，并以严格的筛选标准将其纳入自身品牌体系④，许多有能力的合作伙伴如美国通用磨坊

---

① 汤雪静. 美国加州柑橘"新奇士"的市场营销策略[J]. 世界农业,2014(11):31-33.
② 聂有兵. 区域农产品公共品牌传播的三种模式——以新奇士、大佛龙井和荔浦芋为例[J]. 湖北经济学院学报(人文社会科学版),2013(3):70-71.
③ 刘爱成. 协会帮忙,橙子卖得好[N]. 环球时报,2002-07-25(012).
④ 汤雪静. 美国加州柑橘"新奇士"的市场营销策略[J]. 世界农业,2014(11):31-33.

食品公司、英国吉百利史威士股份有限公司、中国香港屈臣氏集团有限公司等也纷纷加入其中，生产了包括果干、饮品甚至书籍等多种多样的产品，最大限度地拓宽了消费者对"新奇士"品牌的认知。商标授权计划不仅使得"新奇士"获得了合作伙伴为之提供的免费广告，得到了更为广泛的宣传效果，还为协会带来了一笔丰厚的专利收入，使得会员们的收益得以增加。在为会员创造了更为广泛的品牌利润共享空间的同时，这些获得授权的合作者还是新奇士橘农协会海外加工产品的大宗购买者，无形中增加了"新奇士"在全球市场的销售额，并培养了忠实的客户群体①。

此外，协会还鼓励橘农、果园、包装厂等参与者以股东身份加入协会，以合同制为基础在柑橘生产的前期、中期和后期各个环节形成利益分配机制，这样既提高了会员们的生产积极性，又有效增加了它们的经济效益。各参与者既是独立的柑橘生产经营者，拥有土地所有权，又都是协会会员，听从协会的调度，从而实现了从原材料购买到果品加工的一体化生产②。

（四）总结评价

从最初由果农自发形成的小规模柑橘协会，发展到现在闻名世界的新奇士橘农协会，"新奇士"通过建立一套完备的水果产销体系，认真打造出了"Sunkist"品牌，真正做到了传承百年。当然，新奇士橘农协会在发展过程中也面临许多问题。一方面是来自销售市场的挑战。在经济全球化的大背景下，澳大利亚、中国、巴西等国家水果产业的兴起给"新奇士"带来了许多压力。国内市场受到冲击，国外市场受到瓜分，长此以往，必然会威胁到"新奇士"的市场份额。另一方面是来自协会内部的危机和挑战。协会发展至今，虽然取得了巨大的成就，但也产生了一些信任危机。由于生产成本和营销成本不断增加，协会成员的利润空间不断缩小，这就

---

① 陈冬生. 国外特色水果品牌营销经验与启示——以美国"新奇士"柑橘和新西兰"佳沛"奇异果为例[J]. 世界农业,2017(10):15-21.

② 秦利. 美国食用农产品协会产品质量安全治理的做法和经验[J]. 世界农业,2012(7):45-47.

使得协会内部的忠诚度开始降低①。这些成功经验和存在的问题都对中国的行业协会建设具有很强的启示作用。

中国的农产品行业协会真正发展于20世纪八九十年代,并随着各地农业产业化进程逐渐呈现出勃勃生机。但总体来看,中国农产品行业协会的发展相比发达国家还相对滞后,具体表现为协会发挥的作用较小、许多重要产品还未建立起全国性行业协会等,这表明中国农民的组织化程度较低②,农产品在市场尤其是国际市场中缺乏竞争力。因此,中国的农产品要想在国际上站稳脚跟,就要建立起像新奇士橘农协会一样的行业协会,而不是靠农民的单打独斗。在世界经济一体化的新形势下,建立农产品行业协会,对于推进农业产业化进程、增强农民组织程度以及提高农产品竞争力等都具有重要意义。

五、建设田园综合体——日本 Mokumoku 农场的田园综合体建设

田园综合体是一种新的乡村空间形式。它以农业产业集聚为主导,同时具备乡村旅游等多项功能,是集循环农业、创意农业、农事体验于一体的第一、第二、第三产业融合的新业态,描绘出一幅恬淡浪漫的田园图景③。2017年中央一号文件明确指出要"支持有条件的乡村建设以农民合作社为主要载体、让农民充分参与和受益,集循环农业、创意农业、农事体验于一体的田园综合体"。同年5月,财政部发布《关于开展田园综合体建设试点工作的通知》,在河北、山西等18个省份开展田园综合体建设试点工作。由此可见,建设田园综合体是中国实施乡村振兴战略、提升乡村发展新动能的重要措施,也是促进三次产业融合的全新途径,对农业农村发展具有重大意义。

---

① 汤雪静. 美国加州柑橘"新奇士"的市场营销策略[J]. 世界农业,2014(11):31-33.
② 沈国华. 美国"新奇士"给我们的启示[J]. 浙江林业,2004(5):34-37.
③ 庞玮,白凯. 田园综合体的内涵与建设模式[J]. 陕西师范大学学报(自然科学版),2018(6):20-27.

（一）案例概况

Mokumoku 农场位于日本三重县伊贺市青山镇，由多个生猪养殖户联合建立，是以"自然、农业和猪"为主题的田园综合体。农场主要包括农业区、购物区、休闲区、餐饮区和住宿区五部分，为游客提供生产、销售、饮食、住宿以及娱乐等多重体验。其中农业区设置在农场外围，核心区则设置在农场中间，游览路线十分明确全面。Mokumoku 农场的主要客户群体是儿童及家长，它通过提供农产品生产、农产品加工、农事体验、农事教育和农村休闲等多项服务，打造出了集"食、住、行、游、购、娱"于一体的综合性农旅场所，吸引了国内外众多游客前往。通过三次产业融合，Mokumoku 农场充分发挥了农业的多功能性，形成了良性循环的生态商业模式，发展成为一个成熟的田园综合体[①]。

（二）背景分析

20 世纪 90 年代初期，日本泡沫经济崩盘，许多度假村随之破产，农村经济一度陷入低迷。1992 年，在总结归纳农村发展经验教训的基础上，日本农林水产省发布《新食品、农业、农村政策方向报告》，首次在政府文件中提出绿色农业的概念，鼓励发扬乡村文化，建设田园综合体。1994 年，日本政府制定《农山渔村余暇法》，从软件、硬件两方面支持绿色农业发展。1995 年日本政府又颁布《农山渔村旅宿型休闲活动促进法》，开始有计划地建立绿色农业体系。这些政策法规为日本田园综合体的建设提供了有力的支持，也为日本乡村经济的振兴指明了正确的方向。与此同时，"一村一品"运动正在全日本范围内如火如荼地进行，"自立自强""自力更生"成为农村发展的新特点。因此，日本政府实施了"乡村创生"的地域振兴政策，通过刺激内生力量的方法，吸引外来投资开发乡村文化。这些文化的发扬提高了当地田园综合体的价值，促进了日本田园综合

---

① 刘建芳,王伟新,肖建中,等. 田园综合体商业模式创新的国际经验及启示[J]. 世界农业，2018(9):34-38.

体建设的效率化、一体化和品牌化①。

　　Mokumoku 农场位于日本三重县伊贺市青山镇,该镇人口数量较少,仅有 8000 人。由于地理位置偏远,农场虽然盛产肉质鲜美的伊贺猪,但销量却不容乐观,人们生活较为贫困。1995 年,当地居民意外发现周边百姓对伊贺猪香肠的制作有着浓厚的兴趣。在日本倡导建设田园综合体的背景下,他们决定以"猪"为主题,联合周边啤酒作坊、牛奶作坊和麦芽作坊,面向亲子旅游,着手打造一个集三次产业于一体的综合性农场,即后来的日本知名农场"Mokumoku"②。

(三) 做法与成效

　　作为一个典型的田园综合体,Mokumoku 农场立足农业,与第二、第三产业有机融合,成功延长了农业产业链,充分发挥了农业的多功能性,形成了良性循环的生态商业模式。

　　第一,以农为重,积极促进三次产业融合。在第一产业方面,Mokumoku 农场既发展养殖业又发展种植业。其中,养殖业以伊贺猪最为知名。伊贺猪是农场建立的基础,也是农场养殖业的主要特产,其肉质软嫩、肉腥味小,深受消费者喜爱。种植业则以采摘农业为主,大米、小麦、番茄、草莓和蓝莓都是农场种植业的主要农产品,用于观赏的花卉也是农场种植业的产物③。这些产品会被直接供应到超市、餐厅和菜市场,真正实现"从农田到餐桌"的点对点供应。在第二产业方面,Mokumoku 农场主要发展食品加工业。这里不仅设置了以伊贺猪肉为主要原料的养殖业加工体验馆,还设置了以农场作物为主要原料的麦芽作坊、啤酒作坊和糕点作坊等种植业加工休闲区,从而提高了产品附加值,促进了当地农民增收。在第三产业方面,Mokumoku 农场主要发展旅游业。在这里,人们既可以欣赏果树苗圃、绿植花卉等田园景观,又可以亲身体验蔬菜采摘、蛋糕烘

---

① 王敬尧,段雪珊. 乡村振兴:日本田园综合体建设理路考察[J]. 江汉论坛,2018(5):133-140.
② 曹煜. 基于产旅融合的乡村旅游发展研究[D]. 杭州:浙江大学,2021.
③ 曹煜. 基于产旅融合的乡村旅游发展研究[D]. 杭州:浙江大学,2021.

培和啤酒酿造，极大地丰富了个人体验感。在打造旅游景观的同时，农场还对外出售自己生产的农产品及加工品，最大限度地实现了农业功能经济化[1]。

第二，以"猪"为题，充分凸显农场主体特色。Mokumoku农场十分注重人文体验感，因此农场的主题"猪"的相关元素在农场里随处可见，其代言人卡通小猪形象深入人心。从场地设计、园林景观，到周边产品、活动安排，无一不紧扣"猪"的主题。在农场入口处的小广场，设置了各式各样带有"猪"元素的景观小品，使得游客们一进入农场就将农场主题铭记于心。在农场核心区，设计师充分考虑了儿童的体验感和视觉感，准确把握建筑高度，并辅以"猪"元素的房屋配饰，大大提高了游客们的游玩欲望，打造出具有Mokumoku农场特色的建筑风格[2]。在饲养生猪的小猪训练园，饲养员每天都会准时将小猪放出园外活动，游客们可以学习喂养小猪，实现与小猪的零距离接触，从而增强了游客观赏的趣味性[3]。在猪主题馆、叉烧肉主题馆和香肠主题馆，售卖以农场特产伊贺猪肉为原料制作的各种加工食品，游客们可以参观这些产品的加工过程，也可以亲身体验其中，从而提高了游客与农场的互动性。

第三，以人为本，合理打造农场功能格局。Mokumoku农场的占地面积约为1500亩，场内共分为五个区域。其中，养殖场和种植场所需要的场地较为宽广，对自然条件的要求较为严格，因而设置在农场的边缘地带。购物区、休闲区、餐饮区和住宿区则满足了游客的基本需求，是整个农场的核心功能区，因而集中设立在农场的中心位置。农场入口处，场地开阔、景观丰富，有利于开阔游客们的视野，广场旁边设有咨询中心、超市和料理店，供游客在游玩一段时间后进行短暂的休憩。购物区即为设立在各个加工厂内的主题商店，商店售卖的商品都标有产品来源、农户名称和

---

[1] 刘建芳,王伟新,肖建中,等.田园综合体商业模式创新的国际经验及启示[J].世界农业,2018(9):34-38.

[2] 张雨.基于层次分析法的"田园综合体"核心区设计研究[D].邯郸:河北工程大学,2021.

[3] 宋朗.基于儿童体验的田园综合体景观设计研究[D].哈尔滨:哈尔滨工业大学,2019.

生产时间等信息,这样既提高了农户提供优质货源的自觉性,又增强了游客们对农场的信任度。休闲区主要以提供体验项目为主,同时穿插着零售店,在吸引游客游玩的同时还为他们提供了购物的方便。餐饮区设置在整个农场游览路线的最后,它的旁边即住宿区,供有需要的游客使用,大大提高了游客们的出行体验。整个农场全部采用的是日本传统木质建筑,这样不仅增加了农场的亲切感,还更好地展现出了农场的田园风光,使得游客更加流连忘返[1]。

通过以上三种措施,Mokumoku农场将第一、第二、第三产业有机结合在一起,形成了良性循环的生态商业模式,成功发展为一个功能齐全的田园综合体。在日本经济低迷的背景下[2],Mokumoku是为数不多的处于持续盈利状态的农场之一,其年产值高达54亿日元[3],成为日本建设田园综合体的典范。

(四) 总结评价

从贫穷偏远的小山村到远近闻名的休闲农场,Mokumoku农场通过促进三次产业融合、凸显农场主体特色、打造农场功能格局等措施,将六次产业化的质量水平提升到了新的高度。Mokumoku农场特色鲜明、定位准确,积极发扬"自然、农业和猪"的农场主题,着力打造体验感极强的亲子互动项目,真正实现了规模效应和聚集效应[4],发展成为一个成熟的田园综合体。

当前,中国的田园综合体建设还处于初期探索阶段,虽然已经较为成功地打造出了四川都江堰市国家农业综合开发田园综合体、江苏无锡田园东方和台湾地区宜兰生态田园[5]等田园综合体实践,但个别地区在建设过程中还存在着风格刻意西洋化、重旅游而轻农业和外来资本变相侵占农村

---

[1] 张雨. 基于层次分析法的"田园综合体"核心区设计研究[D]. 邯郸:河北工程大学,2021.
[2] 宋朗. 基于儿童体验的田园综合体景观设计研究[D]. 哈尔滨:哈尔滨工业大学,2019.
[3] 尤泽凯,桂琳. 日本休闲农场六次产业化模式研究和启示[J]. 农业展望,2020(1):82-88.
[4] 尤泽凯,桂琳. 日本休闲农场六次产业化模式研究和启示[J]. 农业展望,2020(1):82-88.
[5] 肖如斐,李碧珍. 田园综合体的实践探索与借鉴[J]. 福建江夏学院学报,2018(6):51-58.

土地等一系列问题。因此,在建设田园综合体的过程中,中国要根据国情,适当借鉴国外田园综合体的建设经验。一是促进三产融合,延长农业产业链。虽然 Mokumoku 农场是一个集"食、住、行、游、购、娱"于一体的综合性农场,但它的发展基础仍然是发达的农业。因此,在建设田园综合体的过程中,中国要秉持"基在农业、惠在农村、利在农民"的基本原则,在保持农业基础地位不动摇的前提下延长农业产业链,促进三次产业融合,真正实现农业农村现代化①。二是找准市场定位,打造特色休闲项目。Mokumoku 农场获得成功的原因之一就是以孩子和家长作为目标客户群体,着力打造亲子项目。中国在建设田园综合体的过程中,也要对其目标群体进行深入思考,在周边居民和远方游客、家庭出游和情侣度假、国内市场和国际市场等方面进行抉择,并设置相关的特色休闲项目,从而吸引游客前来观赏。

第二节 农村现代化案例

本节从传承发展乡村文化、治理乡村生态环境、发展乡村旅游等方面选取案例,对发达国家实现农村现代化的典型做法进行研究。

一、传承发展乡村文化——韩国甘川文化村的艺术改造之路

乡村文化是人类与乡村自然相互作用过程中所创造出来的所有事物和现象的总和②,是传统文化中不可或缺的一部分。传承发展乡村文化是维护乡村社会秩序、提高村民归属感的重要举措。

(一) 案例概况

2009 年,为克服经济不景气问题,韩国政府开始对人行道、空地和山

---

① 刘建芳,王伟新,肖建中,等. 田园综合体商业模式创新的国际经验及启示[J]. 世界农业,2018(9):34-38.

② 张艳,张勇. 乡村文化与乡村旅游开发[J]. 经济地理,2007(3):509-512.

村等地区进行文化艺术改造,实施"村落艺术"项目,其中以釜山甘川洞文化村项目最为出彩。在推进"村落艺术"项目的过程中,当地居民与艺术家及地方自治团体一起,在不破坏传统建筑、保留村庄原始形象的前提下,对甘川村进行艺术改造。他们对胡同墙壁进行涂鸦,利用空闲房屋作为展览空间,建造商店、咖啡馆、博物馆等休闲场所,将甘川村建设成为特色鲜明的文化村,公共艺术创作也成为艺术文化与公众需求之间的纽带。经过"村落艺术"项目改造,曾经的贫困村变成了五颜六色的文化村,给乡村注入了新的发展活力,甘川村也因此被国内外媒体评选为"釜山市沙下区中最希望居住的场所""釜山市的地标""亚洲最美丽的村落"[1]。

(二) 背景分析

甘川文化村位于韩国釜山市沙下区,是20世纪50年代由太极道宗教群体和躲避朝鲜战争的难民聚集而成的。他们平整山坡作为宅基地,选用不同的棚子构建棚户房,利用5年时间把甘川村建造成为釜山最具有代表性的贫民区。20世纪六七十年代,韩国经济迅速发展,许多地区的空间面貌和自然景观在推进城市化的进程中遭到破坏,而甘川村却没有受到波及,其自然风貌和文化特色整体上被保留下来。但同时,废弃的破旧房屋、恶劣的居住环境和长期的社会矛盾也被一并留存[2],居民大多使用公共厕所,巷子大多只能通过一人,人们生活条件十分恶劣。因为厌弃这样的生活,甘川村的人口开始外流,中青年人口数量急剧减少,只留下留守家乡的老年人,村庄日益衰退。2008年,因甘川村与其所属的韩国第二大城市釜山的形象严重不符,舆论提出了改造甘川村的建议。2009年,为改善"城市艺术"项目存在的不足,同时克服经济危机带来的经济不景气,韩国政府开始推进"村落艺术"项目。整体来看,"村落艺术"项目是指以村庄社区为单位,以公共艺术为手段,在全国范围内对各地区进行的环

---

[1] 李多惠.没有房顶的美术馆:韩国的村庄艺术项目[J].公共艺术,2016(3):98-101.
[2] 孟丹.文化创意产业推动下的北京老城更新研究[D].北京:中央美术学院,2018.

境改造①,甘川村便是被选拔出的"村落艺术"项目展示地区之一。自此,该村2500多户人家的9600余名居民,与政府安排的艺术家、地方自治团体一起,开始了对甘川村的改造之路②,并最终将其建设成为艺术氛围浓厚的文化村。

(三) 做法与成效

从"贫民窟"到"文化村",甘川文化村主要通过以下两种措施实现艺术文化改造之路。

第一,加强全程管理,保障项目持续推进。甘川村"村落艺术"项目会在每年确定相应的主题和目标,并通过评估上一年的项目推进状况来为本年项目的开展积攒经验。总体来看,甘川村"村落艺术"各个项目的推进有以下三个阶段。首先,政府主导,开展项目招标投标。由官方组织"村落艺术促进委员会"面向全国征集项目,并召开说明会介绍本次项目的开展背景、中心主题和注意事项,主要涉及建设艺术氛围浓厚的公共空间、加强本地居民对文化的认同感等方面。在项目计划提交前,投标人需要提供"场所使用许可证"与"当地居民同意书",以保证项目的后期管理和正常进行。在项目计划提交后,艺术家代表和地方自治团体会在内容与合规性两方面对项目进行严格审核,并在项目正式实施前对计划书进行适当完善和补充。其次,因地制宜,推动项目落地执行。充分贯彻"一村一策、因地制宜"的原则,是保证项目成功推进的关键。深入研究村落的自然要素和人文要素,分析村落固有特征,充分挖掘具有代表性的文化符号。在得到调查结果的基础上,对原方案进行修改,并确定最终的项目主题。艺术家针对最终主题开展"村民说明会",在项目内容、主要活动、开展形式等方面进行设计。在当地居民的协助下,艺术家根据上述方案进行艺术创作,并将作品合理安置。最后,专业评审,积极维持项目活力。

---

① 魏寒宾,唐燕,金世镛."文化艺术"手段下的城乡居住环境改善策略——以韩国釜山甘川洞文化村为例[J].规划师,2016(2):130-134.

② 李多惠.没有房顶的美术馆:韩国的村庄艺术项目[J].公共艺术,2016(3):98-101.

项目结束后,会有专业评审团对项目开展状况进行绩效评价,包括对资金使用状况进行核算、对相关员工和当地居民进行满意度调查等。根据评估结果,评审团会出具一份绩效报告书,并通过召开成果研讨会对项目开展过程中所存在的问题进行总结,从而为下一次项目的推进积累经验。项目的事后管理在项目结束的2年后进行,委员会会对效果显著的项目追加投资,从而通过艺术手段实现该地区的乡村振兴①。

第二,落实新颖创意,打造丰富主题活动。按照上述项目推进程序,甘川文化村共成功举办过三次主题活动,且这三次活动创意新颖,偏重各有不同。第一个主题活动是"梦想中的马丘比丘",旨在通过艺术创作的方式,来增强人们的归属感和认同感。起初,因当地居民更希望将改造的重点放在房屋漏雨、道路脏乱、停车困难等社会物质层面而非艺术作品上,项目的开展遇到了较大的阻力。但在政府的协调和资金支持下,项目还是有条不紊地进行了,在以山路为中心的12个区域植入了不同的艺术作品,包括主要由当地居民完成的"彩虹之树""蒲公英的悄悄话"等。此次活动成为甘川村以文化创意推进"村落艺术"项目的第一次成功实践,为后续项目的开展拉开了序幕②。第二个主题活动是"美好迷路",旨在由艺术家和当地居民相互配合,完成对胡同和空房的改造。为提高当地居民的参与度,地方政府、艺术家和居民一起,共同创建了"甘川文化村运营协会"来配合项目的实施。他们在6处空房内进行文化艺术创作,同时对胡同进行了艺术化改造,在墙面上绘制了箭头和路标。这样不仅提高了胡同的活力,还增加了趣味性,并为游客提供了便利。经过2年的发展,甘川村尝试开发了与旅游产业相配套的文化产业,同时也让人们更加深刻地意识到了文化对地区发展的重要性。第三个主题项目是"幸福翻番:马丘比丘胡同",旨在趁热打铁,延续前两个项目所带来的巨大收益。政府深入地区进行调研,加强与当地居民的沟通交流,再次使用艺术手段改造了

---

① 王经绫. 文化艺术创新与传统村落的振兴——以韩国釜山甘川洞特色文化村为个案的研究[J]. 世界民族,2021(2):59-70.

② 孟丹. 文化创意产业推动下的北京老城更新研究[D]. 北京:中央美术学院,2018.

村中的 4 所空房，为胡同增设了 4 处新作品，并在村口设立了具有代表性的雕像。此次活动改善了人们的生活环境，甘川村的面貌也随之焕然一新。同时，起初只有 11 名成员的"甘川文化村运营协会"也在这一时期发展壮大为 105 人[①]。

经过这一系列艺术改造，甘川文化村在各个方面都取得了巨大成效。人居环境方面，甘川文化村的风貌焕然一新。整个村庄在原有色调的基础上，搭配粉蓝色进行改造，衬托出了童话色彩。壁画、涂鸦和装饰随处可见，"小王子""沙漠狐狸"更是成为首选打卡地。产业方面，甘川文化村的旅游产业快速发展。经过改造，甘川文化村不仅成为韩国最热门的新兴景区之一，还被评选为亚洲最美的文化艺术村落。每年有超过 30 万人被甘川村独特的文化艺术和历史气息所吸引，前往甘川村观光。生活文化方面，甘川文化村的村庄活力得到提升。通过举办各项活动，居民们有了更多参与艺术创作的机会，日常生活得以丰富。新的建筑格局保持了原有的空间结构，增强了人们的归属感。甘川村的文化得以广泛传播，居民们的凝聚力不断增强，真正实现了村庄的善治[②]。

（四）总结评价

2009 年以前，甘川村是釜山市著名的贫民区，人们生活十分艰苦。2009 年以后，经过"梦想中的马丘比丘"等一系列项目改造，甘川村一举成为远近闻名的文化村，其转变的速度令人震惊。与纽约 SOHO、北京宋庄等地区不同，甘川文化村不是由艺术家牵头而自发形成的文化聚集村落，而是在政府指导下对其恶劣居住环境进行的一场文化创新和艺术改造。它的成功经验，对于中国推进传统村落振兴有着重要的借鉴意义。

当前，在城市化与现代化的背景下，世界各国村落都面临着改造甚至重建的命运。中国历史文化悠久，传统村落众多，它们在建筑特色、村容

---

① 魏寒宾,唐燕,金世镛."文化艺术"手段下的城乡居住环境改善策略——以韩国釜山甘川洞文化村为例[J]. 规划师,2016(2):130-134.

② 王经绫. 文化艺术创新与传统村落的振兴——以韩国釜山甘川洞特色文化村为个案的研究[J]. 世界民族,2021(2):59-70.

村貌、空间规划和风俗习惯等方面都承载着民族发展的记忆,是珍贵的文化遗产,也是传统文化中不可或缺的一部分。然而,以粗放型乡村发展方式来经营传统村落,既会破坏原有的生态环境,又有可能对传统文化造成不可挽回的损失。因此,中国在改造传统村落的过程中,可以借鉴韩国甘川文化村的发展经验,在保留乡村特色文化的基础上完成对乡村的现代化改造,通过合理挖掘文化资本实现一定的经济价值①。一是充分挖掘地区特色,保护传统文化村落,实现在传承发展乡村文化前提下的村庄改造;二是政府持续跟踪引导,提供全面的政策支持,为各类项目的实施提供重要的推动力;三是倡导多元主体参与,充分发扬村落文化,提高村民的参与感和归属感。

二、治理乡村生态环境——德国欧豪村的生态化建设

20世纪下半叶以来,人们逐渐认识到生态环境的重要性,全球范围内掀起了环境保护的浪潮。生态环境是开展各类经济活动的基础,只有保护好生态环境,才能实现"绿水青山"向"金山银山"的价值转化;只有重视乡村生态治理,才能有效推进乡村振兴。

(一) 案例概况

欧豪村是德国北莱茵西伐利亚邦最早建成的生态村②。生态村是指运用生态经济学原理和系统工程的方法,从当地自然环境和资源条件实际出发,按生态规律进行生态产业的总体设计,合理安排农林牧副渔及工、商、服务等各业的比例,促进社会、经济、环境效益协调发展,从而建设和形成的一种高产、优质、低耗,结构合理,综合效益最佳的村级社会、

---

① 王经绫. 文化艺术创新与传统村落的振兴——以韩国釜山甘川洞特色文化村为个案的研究[J]. 世界民族,2021(2):59-70.

② 刘树英,米斯担·纳吉,安得烈·R. 杰姆斯,等. 德国生态村可持续实践发展趋势(一)[J]. 资源与人居环境,2018(7):51-55.

经济和自然环境的复合生态系统或新型人居环境的城郊乡镇居民点[①]。从1990年起，由于无法忍受恶劣的生存环境，欧豪村的580名村民决定对片面追求现代化的欧豪村进行生态化改造。他们通过改善排水系统实现雨水循环，建设生态绿带打造自然风貌，重视垃圾分类减少环境污染，重新规划空间、盘活乡村资源等方法，实现了"生态化"与"现代化"的统一，最终成为集生态建设、生活质量以及经济发展于一体的村庄建设典范。

（二）背景分析

欧豪村位于德国北莱茵西伐利亚邦，是一个占地面积约为400公顷、人口仅有580人的小村庄，拥有1000多年的历史。第二次世界大战之后，德国的城市化和工业化都受到了较大程度的冲击。为了实现经济的复苏和工业的重振，德国积极推进城市化和工业化进程，加大对城市的建设力度，使得城乡之间的差距日渐显著，乡村逐渐衰败。20世纪六七十年代，欧豪村采取了一系列现代化措施，试图通过改善乡村面貌来实现与城市的接轨，例如，不断拓宽硬化的路面、加快建设金属围栏和混凝土围栏等。这些措施虽然有效改善了乡村的原始风貌，使其实现了现代化改造，但也给欧豪村的生态环境带来了一系列问题：排水系统不适用于当地环境，导致洪涝灾害时常发生；一味地建造现代化设施，自然环境和生物多样性都遭到破坏；产业实现转型，传统的房屋农舍被闲置；等等。这些现象引发了村民对乡村建设的思考，他们试图寻找新的途径，来兼顾实现乡村的生态化和现代化。

（三）做法与成效

作为德国北莱茵西伐利亚邦最早建成的生态村，欧豪村的生态化建设既注重景观的整体融合，又严格把控各种细节。从对乡村空间的重新规划，到各色垃圾桶的使用方法，欧豪村逐渐改善了村庄的生态面貌，完成

---

① 《环境科学大辞典》编委会. 环境科学大辞典（修订版）[M]. 北京：中国环境科学出版社，2008.

了对整个乡村的生态化改造。欧豪村能够成为德国典型的生态村,是通过以下四个方面做法实现的。

第一,改善排水系统,实现雨水循环。在改造之前,欧豪村采用的是地下排水系统,雨水和生活废水被冲刷至地下后直接流入污水处理厂,这就使得原本可以循环利用的雨水被完全浪费掉。同时,巨大的排水量使得地下水位降低,落在柏油马路上的雨水很难渗入地下,这就使得路面上的雨水既不能回收又不能利用,造成了路面积水。因此,欧豪村开始对柏油路面进行改造,重建当地土壤,整理街边砾石,并使用草地、透水砖等透水性强的材料替代水泥、沥青等不透水材料,提高路面渗透度,建造出天然的集水、排水系统。同时,清除街道中非必要的硬质铺装,甚至将两侧的人行道缩减为一侧,在整理出的土地中种植植物,扩大绿地面积,从而加强对雨水的搜集。通过一系列生态改造,欧豪村重塑了地表的水循环系统。相比原本的排水系统,这些天然排水系统有助于雨水直接快速地返回地面,既实现了水循环,提高了资源利用率,又涵养了水源,保护了植物生长[①]。

第二,建设生态绿带,打造自然风貌。德国农村在发展过程中曾过分注重向城市靠拢的现代化建设,这些建设在为村民们提供便利的同时,也渐渐抹去了农村最真实的自然风貌。过多的人工化建设使得村庄缺乏生气,人们的生活也变得生硬。因此,在村子中建设绿带,不仅可以优化欧豪村的生态环境,还能为人们的生活增添一抹生机。在欧豪村的车道、步道之间,到处可见穿插的草丛和树木,路边种满了绿篱,围墙也被绿植覆盖。这样的绿带不仅发挥了道路景观的功能,还在涵养地下水源、维持土壤湿润等方面发挥了重要的生态作用。同时,在车辆经过时,道路两旁的绿带还能在很大程度上隔绝噪声,从而有效地减少了村子里的噪声污染[②]。

---

① 曾森.基于"三生"共赢理念的乡村景观规划设计研究[D].南昌:江西农业大学,2019.
② 刘蓉芳.基于"美丽乡村"建设背景下的关中地区乡村住宅设计与改造方法研究[D].西安:长安大学,2017.

这些绿带与路边的卵石融合在一起，呈现出浑然天成、天人合一的美丽景象①。

第三，重视垃圾分类，减少环境污染。欧豪村里有许多五颜六色的垃圾桶，这些垃圾桶不仅仅是为了给人们的生活增添一份色彩，更是为了引导村民进行垃圾分类。在一户普通农家的厨房里，就会有至少三种颜色如黄、绿、黑的垃圾桶，每种颜色代表投放不同种类的垃圾，如纸张、金属、布料、玻璃等。每周，承包全村垃圾回收的公司都会来到欧豪村，将垃圾分类后运输到垃圾处理场进行二次处理，可回收的垃圾经过加工后被循环利用，不可回收的垃圾则被用来焚烧发电，最大限度地减少了垃圾对环境的污染。此外，很多家庭还会自己处理垃圾，例如，将生物垃圾制成肥料后用于花卉种植，在自家庭院里搭建循环系统，以循环利用的布袋竹篮代替塑料袋，利用太阳能发电，使用沼气作为燃料等。如果村民自己能够用环保的方式发电，政府还会按照发电量给予他们相应的资金奖励②。

第四，重新规划空间，盘活乡村资源。欧豪村拥有 1000 多年的历史，村子中的住宅多为传统的木质结构，由于产业转型，在村庄发展过程中有许多传统的房屋农舍被闲置。想要盘活乡村资源，一个重要的途径就是开发闲置的住房资源。诺特市长认为："我们不想让这个小镇看起来像一座死城，所以我们正在考虑如何重新利用旧建筑，而不是建造新房子。"③ 这种思想使得欧豪村村民提升了空间重新规划的能力：受限越多的地区，就越要善于利用它的空间。因此，在德国的乡村更新计划执行后，村民们开始了对闲置房舍的重新规制，他们把畜舍改造成农场咖啡馆，把废弃的学校改造成矿业博物馆，这样不仅不需要重新修建新的房屋，减少了资源的浪费，还丰富了人们的生活，保护了文化遗产。1993 年，欧豪村在生态建设取得杰出成果后，获得了德国联邦政府颁发的更新金牌奖；1996 年，欧豪村被欧盟评选为"欧洲生态示范村"；2000 年，在汉诺威举行的世界博

---

① 赖彩丝. 北京休闲农业游客特质与景观环境满意度研究[D]. 北京:北京交通大学,2011.
② 周文姬. 在德国当个农民不简单[J]. 农民文摘,2012(3):52–55.
③ 段巧涵. 设计振兴乡村创新实践路径研究[D]. 济南:山东师范大学,2021.

览会上，它又被展示为集生态建设、生活质量以及经济发展于一体的典范①。

（四）总结评价

德国欧豪村通过改善排水系统、建设生态绿带、重视垃圾分类、重新规划空间等方法，在最大化维持乡村原始风貌的前提下对乡村的基础设施进行了优化，真正实现了"生态化"和"现代化"的统一。同时，在进行生态化建设的进程中，欧豪村采用了自下而上的公众参与方式，尊重村民意见，保障村民利益，大幅提高了村民参与村庄治理的积极性，为世界范围内的乡村发展提供了重要借鉴。

当前，中国正处于城市化的快速发展阶段，乡村地区的现代化建设与德国欧豪村曾经的发展模式十分相似，但照搬照抄城市建设模式对于乡村建设而言是不可取的。因此，在乡村建设过程中，我们应该总结欧豪村的经验教训，以便更好地实施乡村振兴战略。首先，要因地制宜地开展乡村建设，杜绝对城市化的盲目崇拜。欧豪村的生态化建设是在乡村生态环境被严重破坏的背景下进行的，而造成这一后果的原因就是欧豪村对城市化的盲目跟风。在发现盲目跟风所带来的负面影响之后，欧豪村村民开始对自己错误的行为进行反思，这才开始探索适合当地发展的生态化建设道路，最终将欧豪村改造成世界闻名的生态示范村。其次，要减少对生态环境的人为干预，维护生态系统的稳定。在对乡村进行改造的过程中，不仅要注重细节，还要重视对整个生态系统的维护。乡村生态系统的稳定离不开各个环节的参与，在不影响人们生活水平的基础上最大限度地尊重自然才是可持续发展的关键。因此，减少人为干预、增加植被种植，既能维护生态环境，又能保留乡村风貌。最后，合理规划空间布局，减少对资源的浪费。针对村中闲置、荒废的房屋农舍，尤其是具有本地历史文化特色的建筑，可以通过清洁修葺、旧房改造、功能更新等方法满足现代生活的需

---

① 刘树英,米斯担·纳吉,安得烈·R.杰姆斯,等.德国生态村可持续实践发展趋势（一）[J].资源与人居环境,2018(7):51-55.

要,从而实现资源的循环利用。这样既可以降低成本,避免因一味建造新房而导致的空间浪费,又可以保护本地文化,以经过时间洗礼的形象展现村庄独特的魅力。

三、发展乡村旅游——法国普罗旺斯的薰衣草乡村旅游

乡村旅游是指以农业为基础,以旅游为目的,以服务为手段,以城市居民为服务对象,第一产业和第三产业相结合的新型产业。乡村旅游最早起源于欧洲,迄今已有100多年的历史。中国的乡村旅游始于20世纪90年代,是在农业的休闲性功能日益凸显和城市化进程不断加快的背景下产生的[①]。在日益紧张的生活环境中,越来越多的人选择前往乡村观赏自然景观、体验乡村生活、了解民俗文化,从而实现精神的放松和身心的满足。当前,乡村旅游已成为乡村经济发展的新的增长点,在有效缩小城乡差距、推动乡村产业转型和积极发扬乡村文化等方面发挥了重要作用。

(一) 案例概况

普罗旺斯位于法国东南部的地中海沿岸,西与伦格多克河毗邻,东与意大利接壤。其土质多为石质土,阳光明媚、气候干燥,非常适合薰衣草的种植。20世纪50年代,为解决经济发展不平衡问题,法国开始实施乡村振兴战略,其中以普罗旺斯的乡村旅游产业最为典型。在推进乡村旅游发展的过程中,普罗旺斯凭借其自然优势大力开发薰衣草主题项目,薰衣草也因此成为普罗旺斯的代名词。在这里,游客们不仅可以欣赏到美丽的薰衣草花海,还能体验薰衣草精油、薰衣草香皂等产品的制作过程。通过提供多元旅游体验、发展不同特色项目、打造美丽特色小镇等途径,普罗旺斯已经建成了完善的乡村旅游体系,既带动了经济增长,又提升了国际形象,成功发展为享誉世界的乡村旅游之乡。

---

① 郭焕成,韩非. 中国乡村旅游发展综述[J]. 地理科学进展,2010(12):1597-1605.

(二) 背景分析

第二次世界大战以后，法国面临着许多经济社会问题，包括工农经济发展不平衡、城乡收入差距扩大、农村人口大规模转移等。在此背景下，法国政府开始实施"领土政策"，即通过购买零散农户的土地将其集中起来，实现农业的规模化经营，以达到振兴乡村经济的目的。在"领土政策"推进的过程中，法国农村地区的基础设施得以完善，这也为其发展乡村旅游奠定了基础[①]。20世纪50年代，法国南部议员欧贝尔首次提出了乡村旅游的概念，即在政府的支持下改善乡村住宿条件，并为农民提供适当补贴，从而实现农业和旅游业的共同发展。1955年，法国开始实施乡村振兴战略，吸引转移劳动力重返乡村开展家庭式服务。1962年，法国政府颁布《马尔罗法》，要求对具有历史价值的区域进行有效维护。于是地方政府开始在贫困地区修建公园，以保护这些地区的生态环境。1972年，法国又颁布了《质量宪章》，对乡村居住规模、基础设施建设、经营服务方式等方面作出了规定，统一了民宿民居的改造标准，从而为乡村旅游的发展提供了有效支持。

普罗旺斯位于法国东南部，是从地中海沿岸延伸到内陆的丘陵地带，与意大利接壤，其独特的地形和干燥的气候为薰衣草的种植提供了良好的自然条件。起初，农民仅靠种植薰衣草难以维系生存，于是薰衣草种植农场接二连三地倒闭。自"领土政策"实施以来，普罗旺斯便充分发挥地理优势，接受国家土地规划，大力发展乡村旅游，成功吸引了一批外出务工人员返乡种植薰衣草。在当地人眼中，薰衣草不仅仅是一种农作物，更是提高乡村经济水平的保障。在法国《马尔罗法》《质量宪章》等法律的指导下，普罗旺斯于20世纪70年代出台了地方性政策"乡村整治规划"，对本地区的基础设施建设进行了升级优化，促进了农业、工业、旅游业等多个产业的融合发展，一些有条件的村庄还开始发挥比较优势，打造地区

[①] 张建强,陈梦薇,黄学彬.法国乡村旅游发展经验对我国乡村振兴的启示[J].中国商论, 2021(12):36-39.

特色鲜明的乡村环境①。在政府政策和资金的支持下,普罗旺斯的住房、交通和服务都得到了有效改善,吸引了越来越多的城市居民或外国游客来到这里休闲或定居②。

(三) 做法与成效

乡村旅游起源于欧洲,普罗旺斯是其中的典型。从人口流失严重的乡村到享誉世界的乡村旅游示范地,普罗旺斯以薰衣草资源为基础,通过以下三种途径实现了自身身份的转换。

第一,主题鲜明,提供多元旅游体验。法国的乡村旅游紧扣"乡村性"原则,其旅游模式、项目以及产品都具有浓厚的乡村特色。旅游产业本土化明显,具有多元化、体验性和原真性特征。在多元化方面,法国开发出了一套完整的乡村旅游体系,以满足不同游客的不同需求。在体验性方面,法国设置了产品采摘、美食烹饪、品酒酿酒等多种项目,加强游客的体验感。在原真性方面,法国对乡村旅游产品的原材料、加工程序、制作方法等方面都进行了详尽的规定,以保证产品具有乡土特色③。普罗旺斯就是一个集多元化、体验性和原真性于一体的乡村旅游代表性地区④,而薰衣草便是这个地区的代名词。在这里,人们可以观赏到各个时期的不同建筑,不仅可以入住民宿、旅馆,还可以选择乡村别墅;不仅可以品尝到纯正的葡萄酒和奶酪,还可以亲身体验它们的制作过程;不仅可以感受到薰衣草花海带来的浪漫,还能购买到以薰衣草为原料制作的精油、香料和香水等一系列商品⑤。整个普罗旺斯的乡村旅游主题鲜明,却又形式多

---

① 潘琦. 新型城镇化背景下枣庄乡村旅游发展探讨——基于法国普罗旺斯地区乡村旅游发展的启示[J]. 当代经济,2020(4):75-77.

② 熊芳芳. 重返乡村:法国普罗旺斯地区休闲旅游业的发展[J]. 经济社会史评论,2018(2):81-87.

③ 陈雪钧. 国外乡村旅游创新发展的成功经验与借鉴[J]. 重庆交通大学学报(社会科学版),2012(5):56-59.

④ 张建强,陈梦薇,黄学彬. 法国乡村旅游发展经验对我国乡村振兴的启示[J]. 中国商论,2021(12):36-39.

⑤ 潘琦. 新型城镇化背景下枣庄乡村旅游发展探讨——基于法国普罗旺斯地区乡村旅游发展的启示[J]. 当代经济,2020(4):75-77.

样,为人们带来了良好的旅游体验。

第二,因地制宜,发展不同特色项目。普罗旺斯地理环境复杂,人文景观丰富,各地区可以从本地资源禀赋出发,因地制宜地发展各具特色的乡村旅游。其中,沿海地区利用地理优势,发展海滨休闲。海滨娱乐活动自19世纪下半叶便被中产阶级所钟爱,20世纪50年代更是盛行开来。因此,普罗旺斯的三个沿海地区所吸引的游客便占了普罗旺斯游客总数的75%以上。除沿海城市,分布于马赛—尼斯一线的聚集村落也着力于发展海滨休闲,人们通过建造海水浴场、改善乡村风貌等方式吸引众多城市居民前来游览或定居。东北部的阿尔卑斯山区则主要发展运动与探奇活动,包括滑雪、攀岩、狩猎、探险等,其中以滑雪运动最为著名。20世纪70年代后期,小型乡村滑雪场开始兴起。当地居民将冰雪旅游与农业种植相结合,以独特的旅游体验发展经济。截至2000年年底,所属普罗旺斯的阿尔卑斯山区已经建成了超过50家乡村滑雪场,其中15家滑雪场在国际上享有盛名。位于山谷中的不具备建造滑雪场地的村庄则以发展夏季旅游为主。这些村镇海拔较高,气候宜人,适宜登山和远足。它们结合地理位置,兴建旅馆、别墅和露营地,并配以餐厅、球场等设施,从而提高了对登山爱好者的吸引力[①]。

第三,风格独特,打造美丽特色小镇。普罗旺斯气候舒适、景色宜人,优越的地理位置决定了其鲜花盛开的乡村风貌,许多美丽的小镇也应运而生。普罗旺斯拥有众多特色小镇,其中以建在半山腰的石头城最为奇特。它位于沃克吕兹山脊南部,海拔370米,面向吕贝隆山区,常驻居民约2000人。小镇里的房屋大多建于中世纪,房屋都是由山上的花岗岩堆砌而成,它们盘踞成梯形,从远处望去就像建在空中一样,因而得名"石头城"。石头城小镇独特的建筑风格和特殊的地理位置使其呈现出一种特殊的魅力,吸引了众多游客前来观光[②]。很多旅游机构或网站还特别推出了

---

① 熊芳芳. 重返乡村:法国普罗旺斯地区休闲旅游业的发展[J]. 经济社会史评论,2018(2):81-87.
② 沈安娜. 花海中的普罗旺斯[J]. 中国地名,2018(1):68-71.

石头城—塞南克修道院—红土城—泉水小镇等普罗旺斯美丽小镇系列游,这些小镇规模较小,互相临近且交通便利,不仅可以让游客充分体验不同小镇的特色景观,还大大节省了游客们的出行时间①。

通过以上措施,普罗旺斯的乡村旅游迅速兴起,自20世纪60年代以来,便凭借独特的乡村风貌吸引了众多城市居民前来定居。越来越多的农村外出劳动力回到普罗旺斯,重新开始薰衣草的种植,人们生活水平显著提高,也为经济发展注入了新的活力。2017年,普罗旺斯共有18个村镇被评选为"法兰西最美村庄"②,普罗旺斯已然成为世界闻名的乡村旅游胜地。

(四) 总结评价

自20世纪50年代开始,法国便开始了对乡村旅游的探索。当前,在国家与地方政府的共同努力下,法国普罗旺斯已成为以薰衣草为代表、多条产业链融合发展的乡村旅游胜地,在世界上享有盛名。

中国的乡村旅游是在农业的休闲性功能日益凸显和城市化进程不断加快的背景下产生的。随着城市化进程的加快,中国城乡收入差距日益扩大,农村人口大量涌入城市,导致大量"空心村"出现。为有效解决"三农"问题,重振乡村经济,政府相继出台政策新规,鼓励乡村旅游发展。法国与中国虽然在体制、国情等方面存在差异,但作为同样有着深厚乡土文化的国家,法国乡村旅游发展仍然可以为中国发展乡村旅游提供宝贵的经验借鉴③。其一,突出创意主题,打造乡村旅游品牌。薰衣草是普罗旺斯的特色作物,也是普罗旺斯的代名词。同样,中国也已经建成了诸如"江南水乡""安徽古村"等特色鲜明的乡村旅游品牌④。因此,在发展乡

---

① 林主添. 法国乡村旅游的成功经验对福州乡村旅游的启示[J]. 现代农业研究,2019(10):34-36.

② 熊芳芳. 重返乡村:法国普罗旺斯地区休闲旅游业的发展[J]. 经济社会史评论,2018(2):81-87.

③ 潘琦. 新型城镇化背景下枣庄乡村旅游发展探讨——基于法国普罗旺斯地区乡村旅游发展的启示[J]. 当代经济,2020(4):75-77.

④ 沈世伟. 法国旅游村落联合体的经验与启示[J]. 资源开发与市场,2010(9):845-848.

村旅游的过程中,各地区可以根据本地特色,延长产业链,打造属于自己的文旅主题。其二,加强政府支持,促进资源整合。普罗旺斯的乡村旅游是在法国实施乡村振兴战略的背景下进行的,其在打造特色项目、完善基础设施等方面也受到了地方政府的支持。因此,国家层面应在鼓励乡村旅游发展的基础上,建立健全法律法规,设立优惠财政政策,继续加大对乡村旅游的支持和引导,以实现对各地区资源要素的整合。

第三章　乡村产业振兴

产业振兴是乡村振兴的基础和重点任务。乡村产业振兴的目标是实现乡村产业兴旺，为此必须加快构建现代化的农业产业体系、生产体系和经营体系，促进农村三次产业融合发展，提高农业国际竞争力和全要素生产率，使中国由农业大国转变为农业强国，为建设现代化经济体系奠定坚实基础。

第一节　维度剖析

乡村产业振兴包括三个维度，分别是推进农业现代化、促进农村三次产业融合发展、提升农业对外开放水平。

一、推进农业现代化

（一）文献综述

学术界关于中国农业现代化的研究，主要聚焦在农业现代化的现状、问题、重要性以及如何实现四个方面。

1. 农业现代化现状的相关研究

近年来中国农业现代化发展成效显著，农业现代化水平得到大幅提升，具体表现在以下几个方面：一是农业综合生产能力进一步增强，粮食连年丰产，粮食和重要农产品供给有保障[①]；二是农业物质技术装备条件

---

① 董翀. 产业兴旺:乡村振兴的核心动力[J]. 华南师范大学学报(社会科学版),2021(5):137-150.

显著提高,农业科技进步对农业贡献率不断上升①;三是农民持续增收,农业现代化的发展为农民增收创造了良好条件②,新产业、新业态提高了农业效益,农民收益也得以增加。但同时,中国农业发展存在"大而不强"的显著特征,包括农产品供给压力、农业可持续发展压力等。另外,中国农业现代化水平具有明显的空间集聚特征③,总体上呈现出"东高西低"的空间格局④,且地域间农业现代化水平差异化明显⑤。总体而言,近年来中国的农业现代化发展水平有了很大提升,农业发展取得了显著成就,但农业现代化总体发展水平较为滞后,且呈现出区域间不平衡的特征。

2. 农业现代化问题的相关研究

一是农业产业发展的问题,包括基础农业以及特色农业的发展问题。在中国农业发展中,存在产业布局与区域资源禀赋不匹配的问题⑥,具体表现为农业大省的农产品功能分区不突出,且存在明显的区域结构雷同化现象⑦。另外,中国的传统特色农业集群还是以"资源优势"为导向,集群发展缓慢,市场竞争力不强⑧。

二是中国现阶段农业生产仍然以分散化的小农经济为主,农业生产方式落后、生产效率低,这也就造成了中国农业发展面临资源环境双约束、农业生产技术要素投入不足、农产品结构失衡三大问题。粗放、落后的生

---

① 孙中华. 我国现代农业发展面临的形势和任务[J]. 东岳论丛,2016(2):17-23.
② 张红宇. 乡村振兴背景下的现代农业发展[J]. 求索,2020(1):124-131.
③ 陈江涛,张巧惠,吕建秋. 中国省域农业现代化水平评价及其影响因素的空间计量分析[J]. 中国农业资源与区划,2018(2):205-213.
④ 周迪,程慧平. 中国农业现代化发展水平时空格局及趋同演变[J]. 华南农业大学学报(社会科学版),2015(1):25-35.
⑤ 杜宇能,潘驰宇,宋淑芳. 中国分地区农业现代化发展程度评价——基于各省份农业统计数据[J]. 农业技术经济,2018(3):79-89.
⑥ 刘依杭. 新时代构建我国现代农业产业体系的若干思考[J]. 中州学刊,2018(5):45-49.
⑦ 张克俊,张泽梅. 农业大省加快构建现代农业产业体系的研究[J]. 华中农业大学学报(社会科学版),2015(2):25-32.
⑧ 俞燕,李艳军. 我国传统特色农业集群区域品牌形成机理研究:理论构建与实证分析——以新疆吐鲁番葡萄集群为例[J]. 财经论丛,2015(4):11-18.

产方式对农业资源和环境造成了极大的危害,农业生产面临耕地面积不断减少、农业面源污染严重的严峻考验①,解决这些问题的农业支持保护体系也有待完善②。落后的农业生产方式主要表现为农业机械、生物技术等推广及应用不到位,农业科研体制机制僵化,导致农业科技支撑不足③。最终导致农产品结构失衡问题,表现为现有供给端无法适应消费需求的转变,供给端不仅要适应消费端绝对量的增长,而且要求大幅提高供给质量④,此外,还要解决日益突出的农产品质量安全问题,确保"舌尖上的安全"⑤。

三是农业经营方式单一的问题。尽管中国农业的经营主体已经转变为多类型经营主体并存的格局,但仍然以小规模、分散经营为主,表现为土地流转规模比例不小,土地规模经营水平却不够高⑥。中国的"小农经营"存在兼业化的普遍现象,且应对风险能力较低⑦。另外,钟真(2018)⑧研究发现,中国农业的土地规模化经营还存在过度规模化的现象。

四是有部分学者从产业发展与政府关系的角度讨论农业现代化发展存在的问题,认为在农业现代化发展过程中存在地方政府干预过多的问题,从而扭曲了农业自身发展规律⑨,因此政府应当适当干预农业发展,引导扶持农业现代化发展。

---

① 和龙,葛新权,刘延平. 我国农业供给侧结构性改革:机遇、挑战及对策[J]. 农村经济,2016(7):29-33.
② 蒋和平. 改革开放四十年来我国农业农村现代化发展与未来发展思路[J]. 农业经济问题,2018(8):51-59.
③ 江维国,李立清. 我国农业供给侧问题及改革[J]. 广东财经大学学报,2016(5):84-91.
④ 翁鸣. 中国农业转型升级与现代农业发展——新常态下农业转型升级研讨会综述[J]. 中国农村经济,2017(4):88-95.
⑤ 孙中华. 我国现代农业发展面临的形势和任务[J]. 东岳论丛,2016(2):17-23.
⑥ 孔祥智,穆娜娜. 实现小农户与现代农业发展的有机衔接[J]. 农村经济,2018(2):1-7.
⑦ 徐旭初,吴彬. 合作社是小农户和现代农业发展有机衔接的理想载体吗?[J]. 中国农村经济,2018(11):80-95.
⑧ 钟真. 改革开放以来中国新型农业经营主体:成长、演化与走向[J]. 中国人民大学学报,2018(4):43-55.
⑨ 韩鹏云. 农业现代化的实现路径及优化策略[J]. 现代经济探讨,2021(6):111-118.

3. 农业现代化重要性的相关研究

一是从中国国情以及农情出发，论述实现农业现代化的重要性。中国是一个人口众多且农业人口比重较高的农业大国①，农业本身具有其弱质性②，随着工业化、城市化的发展，与工业、服务业相比，农业越发成为"四化"的短板，成为制约现代化强国建设的"瓶颈"③，因此一定要发展好农业，实现农业振兴，通过农业现代化的发展促进整个中国现代化稳步向前推进。

二是从国家战略角度讨论农业现代化的重要性。当前中国的农业现代化处于两个"百年奋斗目标"交汇、精准脱贫与乡村振兴衔接、农业供给侧结构性改革深化的重要历史节点④，探索农业农村优先发展、加快农业农村现代化是实现现代化强国建设目标的关键。

4. 农业现代化实现路径的相关研究

针对农业发展的现状及存在问题，学者们从构建现代农业产业体系、生产体系、经营体系以及政府引导等角度，回答新时代实现农业现代化的路径。

第一，构建现代农业产业体系，实现农业资源的充分有效利用。一是利用好农业资源，使农林牧渔协调发展，形成合理的农业产业结构⑤；二是集种养殖、产供销于一体，不断向前、向后延伸农业产业链，提高农业效益和竞争力⑥；三是依据地域特色农业产业资源，大力发展特色农业产

---

① 陈锡文．实施乡村振兴战略，推进农业农村现代化[J]．中国农业大学学报(社会科学版)，2018(1)：5-12．
② 陈学云，程长明．乡村振兴战略的三产融合路径：逻辑必然与实证判定[J]．农业经济问题，2018(11)：91-100．
③ 韩鹏云．农业现代化的实现路径及优化策略[J]．现代经济探讨，2021(6)：111-118．
④ 彭超，刘合光．"十四五"时期的农业农村现代化：形势、问题与对策[J]．改革，2020(2)：20-29．
⑤ 陈锡文．实施乡村振兴战略，推进农业农村现代化[J]．中国农业大学学报(社会科学版)，2018(1)：5-12．
⑥ 成德宁，汪浩，黄杨．"互联网+农业"背景下我国农业产业链的改造与升级[J]．农村经济，2017(5)：52-57．

业，促进其规模化发展，实现农业产业的聚集①。

第二，构建现代农业生产体系，运用现代化的手段从事农业生产。一是要明确数量和质量两大目标，在满足中国农产品需求的刚性增长、保证粮食安全的前提下，统筹考虑主要农产品的总量平衡和结构平衡，实现农产品的有效供给②；二是发挥科技创新的引领和驱动作用，用现代农业设施和技术武装农业，提高农业基础设施和物质装备水平，增强农业技术转化率，提高农业科技进步贡献率③。

第三，构建现代农业经营体系，实现要素间的优化组合。一是鼓励发展多种形式适度规模经营，引领农地流转的"适度性"，并支持创新多形式适度规模经营，推动农业规模化、集约化经营和现代农业发展④；二是要健全农业社会化服务体系，加快发展贯穿农业生产作业链条的农业生产性服务业，为小农户以及新型经营主体提供社会化服务，解决对接大市场、融合社会化大生产的问题⑤。

第四，实现制度创新和政策突破。加强顶层设计和谋划布局，要以解决问题为导向，探索中国特色农业农村现代化的发展道路，发挥好总揽全局的作用；同时对政府与市场在农业农村现代化中的作用进行准确定位，正确处理好政府与市场之间的关系，互补完善、相互配合⑥。

（二）政策梳理

推进农业现代化，要求构建现代农业产业体系、生产体系、经营体

---

① 任玉霜,王禹杰. 东部6省特色农业产业集聚度分析[J]. 中国农业资源与区划,2021(7)：158–164.
② 张红宇,张海阳,李伟毅,等. 中国特色农业现代化:目标定位与改革创新[J]. 中国农村经济,2015(1)：4–13.
③ 蒋和平. 改革开放四十年来我国农业农村现代化发展与未来发展思路[J]. 农业经济问题,2018(8)：51–59.
④ 匡远配,陆钰凤. 我国农地流转"内卷化"陷阱及其出路[J]. 农业经济问题,2018(9)：33–43.
⑤ 冀名峰. 农业生产性服务业:我国农业现代化历史上的第三次动能[J]. 农业经济问题,2018(3)：9–15.
⑥ 蒋和平. 改革开放四十年来我国农业农村现代化发展与未来发展思路[J]. 农业经济问题,2018(8)：51–59.

系。基于中央文件,我们从以下方面梳理推进农业现代化的政策。

从构建现代农业产业体系来看,一是要优化农业生产力布局,以全国主体功能区划确定的农产品主产区为主体,立足各地农业资源禀赋和比较优势,构建优势区域布局和专业化生产格局,打造农业优化发展区和农业现代化先行区;二是推进农业结构调整,加快发展粮经饲统筹、种养加一体、农牧渔结合的现代农业,促进农业结构不断优化升级;三是壮大特色优势产业,以各地资源禀赋和独特的历史文化为基础,有序开发优势特色资源,做大做强优势特色农业产业①。

从构建现代农业生产体系来看,一是健全粮食安全保障机制,提升粮食和重要农产品供给保障能力,保障农产品质量安全;二是严守18亿亩耕地红线,加强耕地保护和建设;三是打好种业翻身仗②;四是提升农业装备和信息化水平,推进农机装备和农业机械化转型升级,强化现代农业科技支撑③。

从构建现代农业经营体系来看,坚持家庭经营在农业中的基础性地位,构建家庭经营、集体经营、合作经营、企业经营等共同发展的新型农业经营体系,发展多种形式的适度规模经营,发展壮大农村集体经济,提高农业的集约化、专业化、组织化、社会化水平,促进小农户生产同现代农业发展有机衔接④。

二、促进农村三次产业融合发展

(一) 文献综述

随着工业化、城镇化的快速推进,中国农村已经出现一、二、三产业

---

① 乡村振兴战略规划(2018—2022年)[M]. 北京:人民出版社,2018:29-30.
② 中共中央 国务院关于全面推进乡村振兴加快农业农村现代化的意见[M]. 北京:人民出版社,2021:8.
③ 乡村振兴战略规划(2018—2022年)[M]. 北京:人民出版社,2018:26-28.
④ 乡村振兴战略规划(2018—2022年)[M]. 北京:人民出版社,2018:33-36.

融合发展的倾向①。从农村三次产业融合（以下简称"三产融合"）发展的实践来看，目前有四种主要的发展模式，包括农业产业内部整合型融合、农业产业链延伸型融合、农业与其他产业交叉型融合、先进技术要素对农业的渗透型融合②。尤其是近年来，农业与信息、旅游、文化、教育、康养、餐饮等融合越来越明显，农业链条延长与农产品加工互动程度显著提升，催生了大量新产业、新业态，为中国农业发展提供了新动能③。尽管农村三产融合发展水平不断提升④，但仍存在融合水平不高、层次低、发展缓慢、区域差异显著等问题⑤。

基于学术界已有研究，农村一、二、三产业融合主要存在以下三个问题。第一，农业一、二、三产业融合度不高，发展层次较低。梁瑞华（2018）⑥、万宝瑞（2019）⑦研究认为，农村三产融合链条短，大多停留在生产阶段，而加工、物流、销售则涉及过少，且没有根据区域资源特点开展差异化经营，导致农业与第二产业、第三产业的融合程度不高。另外，农村产业融合较为注重开发农业的生产功能，而对文化、生态、休闲、风土等多功能的开发和挖掘程度较低⑧。第二，三产融合的软硬基础设施滞后，农村基础设施是农村三产融合的条件保障，农村基础设施存在区域不平衡、信息化设施建设落后、维修和养护不到位等问题，从而制约了农村三产融合的发展⑨。第三，主体间利益联结机制不健全，农村三产融合主体对产业融合的价值增值分享机制存在问题，经营主体的参与能力

---

① 苏毅清,游玉婷,王志刚. 农村一二三产业融合发展:理论探讨、现状分析与对策建议[J]. 中国软科学,2016(8):17-28.
② 赵霞,韩一军,姜楠. 农村三产融合:内涵界定、现实意义及驱动因素分析[J]. 农业经济问题,2017(4):49-57.
③ 万宝瑞. 我国农业三产融合沿革及其现实意义[J]. 农业经济问题,2019(8):4-8.
④ 余涛. 农村一二三产业融合发展的评价及分析[J]. 宏观经济研究,2020(11):76-85.
⑤ 陈学云,程长明. 乡村振兴战略的三产融合路径:逻辑必然与实证判定[J]. 农业经济问题,2018(11):91-100.
⑥ 梁瑞华. 我国农村三产融合发展的实践探索与推进建议[J]. 中州学刊,2018(3):51-55.
⑦ 万宝瑞. 我国农业三产融合沿革及其现实意义[J]. 农业经济问题,2019(8):4-8.
⑧ 杨涛. 农村产业融合的实践特征与提升路径[J]. 中州学刊,2019(5):37-42.
⑨ 姜天龙,舒坤良. 农村"三产融合"的模式、困境及对策[J]. 税务与经济,2020(5):57-61.

和机会得不到扩大①。

  推动农村三产融合发展具有重要意义。一方面,居民消费结构升级推动农村三产融合。随着城乡居民可支配收入的不断提高,居民的消费结构由温饱型向健康休闲型转变,新的消费需求对农产品加工业、休闲农业等提出了更高的要求②。因此,为满足居民多样化、高质量的消费需求,必须推进农村三产融合发展。另一方面,农村三产融合发展中的产业链延伸、利益链延展对农业转型升级、农村发展和农民增收起着重要作用。把工业和服务业引入农业,拓展农业功能,是推动农业现代化的必然逻辑③。农村三产融合发展,有利于引导企业和农户更好地融入市场,从而获得更多收益,提升农业产业竞争力,推动产业结构调整和城乡一体化发展④。

  对于如何更好地推动农村三产融合发展,相关研究认为,农村三产融合发展需要从开发农业的多功能性、加强基础设施建设、深化利益链、打造平台载体、强化政策支持五个方面着手。第一,推动农业多元价值体系下的农村三产融合发展。根据农业的多功能属性,深入挖掘、开发利用农业的文化、科技、教育、研学、旅游观光、休闲度假、运动康养等价值,加快推进农业功能拓展型融合⑤。第二,强化基础设施支撑。一方面,统筹城镇与农村基础设施建设,加快城镇基础设施向农村延伸;另一方面,加强信息化服务平台建设,引入现代物流体系、电子商务等,实现农村农业公共信息资源互联、互通和共享,实现农产品增值⑥。第三,价值链与利益链协同是农村产业融合的重要支撑,要防止农民利益边缘化⑦。农村三产融合应当多采取

---

① 李治,王东阳. 交易成本视角下农村一二三产业融合发展问题研究[J]. 中州学刊,2017(9):54-59.
② 汤洪俊,朱宗友. 农村一二三产业融合发展的若干思考[J]. 宏观经济管理,2017(8):48-52.
③ 陈学云,程长明. 乡村振兴战略的三产融合路径:逻辑必然与实证判定[J]. 农业经济问题,2018(11):91-100.
④ 陈俊红,陈慈,陈玛琳. 关于农村一二三产业融合发展的几点思考[J]. 农业经济,2017(1):3-5.
⑤ 肖卫东,杜志雄. 农村一二三产业融合:内涵要解、发展现状与未来思路[J]. 西北农林科技大学学报(社会科学版),2019(6):120-129.
⑥ 胡海,庄天慧. 共生理论视域下农村产业融合发展:共生机制、现实困境与推进策略[J]. 农业经济问题,2020(8):68-76.
⑦ 江泽林. 农村一二三产业融合发展再探索[J]. 农业经济问题,2021(6):8-18.

股份合作制和股份制的形式,在企业和农户之间建立更为紧密的利益联结机制,打造风险共担、利益共享的产业融合发展利益共同体①。第四,通过顶层设计、政策落地,为农村三产融合提供保障。政策和资金支持对于促进农村三产融合发展具有重要作用②,一方面,中央的顶层设计为地方实践提供了政策导向,另一方面,地方需要结合本地资源要素禀赋,出台具体的实践计划及实践方案,推进支农资源的有效、高效使用③。第五,构建"三产融合"发展体系,平台载体是支撑。引导农村地区的非农产业向城镇驻地、产业园区、科技园区、创业园区等集聚集中,以现代农业"三园"(产业园、科技园、创业园)建设为抓手和平台,形成农村一、二、三产业深度融合、竞争力强的多样化农业集聚格局④。

(二) 政策梳理

基于中央文件,我们从以下三个方面梳理农村三产融合发展的政策。

第一,促进农业与第三产业融合。顺应城乡居民消费拓展升级趋势,结合各地资源禀赋,深入发掘农业农村的生态涵养、休闲观光、文化体验、健康养老等多种功能和多重价值⑤。实施休闲农业和乡村旅游精品工程,发展乡村共享经济等新业态,推动科技、人文等元素融入农业⑥。

第二,促进农业与第二产业融合。实施农产品加工业提升行动,鼓励企业兼并重组,淘汰落后产能,支持主产区农产品就地加工转化增值。加强农产品的产后分级、包装、营销,建设现代化农产品冷链仓储物流体系⑦。

第三,依托现代农业产业园、农业科技园区、农产品加工园、农村产

---

① 万宝瑞. 我国农业三产融合沿革及其现实意义[J]. 农业经济问题,2019(8):4-8.
② 陈学云,程长明. 乡村振兴战略的三产融合路径:逻辑必然与实证判定[J]. 农业经济问题,2018(11):91-100.
③ 孔祥利,夏金梅. 乡村振兴战略与农村三产融合发展的价值逻辑关联及协同路径选择[J]. 西北大学学报(哲学社会科学版),2019(2):10-18.
④ 肖卫东,杜志雄. 农村一二三产业融合:内涵要解、发展现状与未来思路[J]. 西北农林科技大学学报(社会科学版),2019(6):120-129.
⑤ 乡村振兴战略规划(2018—2022年)[M]. 北京:人民出版社,2018:41.
⑥ 乡村振兴战略规划(2018—2022年)[M]. 北京:人民出版社,2018:42.
⑦ 中共中央 国务院关于实施乡村振兴战略的意见[M]. 北京:人民出版社,2018:11.

业融合发展示范园等,打造农村产业融合发展的平台载体,促进农业内部融合、延伸农业产业链、拓展农业多种功能、发展农业新型业态等多模式融合发展①。始终坚持把农民更多分享增值收益作为基本出发点,着力增强农民参与融合能力,创新收益分享模式,健全联动带农有效激励机制,让农民更多分享产业融合发展的增值收益②。

三、提升农业对外开放水平

(一) 文献综述

改革开放40多年来,中国农产品贸易尽管历经艰难曲折,但成就卓著③。一是农产品贸易规模逐步扩大,农业贸易依存度不断提高;二是农产品贸易由顺差转向逆差,开始通过进口补充国内农产品供给,形成了开放型农业体系;三是贸易产品结构持续优化,尤其是进口结构转向非口粮的资源性农产品。上述成就,体现了中国农业对外开放程度不断提高,且与世界市场的融合程度显著增强④。尽管中国农业对外开放取得了显著成就,但农业对外开放水平仍然较低,中国农业在全球价值链分工中的地位较低⑤。

从国际视角看,中国农业与世界农业强国相比尚有明显差距。第一,中国农产品缺乏国际竞争力,农业生产成本不断攀升,土地和劳动力等要素的隐性成本开始显露,导致中国农产品出口逐步丧失比较优势⑥。第二,随着中国农业与世界市场的关联程度不断增强,农业产业的安全问题逐渐显现,包括粮食安全、种子安全、转基因、外来物种入侵、农业恐怖主义

---

① 乡村振兴战略规划(2018—2022年)[M]. 北京:人民出版社,2018:42-43.
② 乡村振兴战略规划(2018—2022年)[M]. 北京:人民出版社,2018:43-45.
③ 李新兴,蔡海龙. 中国农产品贸易角色变迁:1949—2019年[J]. 中国农业资源与区划,2021(1):160-167.
④ 朱晶,李天祥,林大燕. 开放进程中的中国农产品贸易:发展历程、问题挑战与政策选择[J]. 农业经济问题,2018(12):19-32.
⑤ 周南南,于文洁. 新发展格局下中国农业全球价值链位置测度与提升研究[J]. 世界农业,2021(12):58-71.
⑥ 彭超,刘合光. "十四五"时期的农业农村现代化:形势、问题与对策[J]. 改革,2020(2):20-29.

等[①]。第三,农业对外开放程度不够。中国农业"走出去"侧重于生产环节,出口产品附加值低[②];在"引进来"的过程中,存在农业技术引进效率低下且国内自主创新不足的问题,在引进农业技术人才方面存在数量不足、结构不合理的问题[③]。

在经济全球化的时代背景下,中国进一步推进农业对外开放的重要性体现在以下三个方面。第一,粮食安全问题。国际粮食市场日益成为保障国内粮食供应的重要组成部分,世界市场风险与贸易动荡会加剧中国粮食安全的不稳定性。另外,中国在全球粮食安全治理体系中的作用也有待加强[④]。第二,农业对外开放有利于缓解国内环境资源的压力。中国农产品进口结构以土地密集型农产品为主,出口则以劳动密集型为主,这种贸易结构与中国人多地少的农业资源禀赋相适应,积极利用国际农业资源有助于减轻国内的农业资源环境压力[⑤]。第三,中国农业发展与世界的关联度不断提高,国际国内两个市场相互作用不断加深,中国农业发展必须在全球视野下谋划、在国际竞争中求发展、在统筹两个市场中保稳定保增长[⑥]。

实施全球农业战略的目的是为建立"立足国内,适度进口"的国家粮食安全保障体系提供基础支撑。第一,立足国内,提高国内农产品竞争力。在均质化、可贸易性强的农产品之外,对于其他农产品,要把品质和特色作为发展目标,增强中国农业的国际竞争力[⑦]。第二,拓展农业国际合作,实施农产品进口多元化战略。一方面,加强对发展中国家的农业援助;另一方面,加深与农业资源丰裕的发达国家合作,以此拓宽农产品进

---

① 崔卫杰. 开放形势下的中国农业产业安全[J]. 国际经济合作,2015(1):46-50.
② 陈秧分,钱静斐."十四五"中国农业对外开放:形势、问题与对策[J]. 华中农业大学学报(社会科学版),2021(1):49-56.
③ 李奋生,李娜. 我国农业技术引进中政府行为优化对策研究[J]. 科技管理研究,2015(10):26-31.
④ 朱晶,李天祥,臧星月. 高水平开放下我国粮食安全的非传统挑战及政策转型[J]. 农业经济问题,2021(1):27-40.
⑤ 叶兴庆. 加入WTO以来中国农业的发展态势与战略性调整[J]. 改革,2020(5):5-24.
⑥ 倪洪兴. 开放视角下的我国农业供给侧结构性改革[J]. 农业经济问题,2019(2):9-15.
⑦ 叶兴庆. 加入WTO以来中国农业的发展态势与战略性调整[J]. 改革,2020(5):5-24.

口渠道①。第三,坚持"引进来"与"走出去"并重。一是实现高水平的"引进来",坚持引资与引技、引智相结合,不单单是引进外资、农机装备,更要加强对农业先进人才、知识的引进;二是推动涉农企业"集群式""链条式"参与全球农业市场,创新对外农业投资模式和方式,加快培养具有国际竞争力的大型粮商和农业企业集团;三是利用"互联网+"的优势,大力发展农产品国际网络交易平台②。第四,深度参与全球农业治理,不断提升国际影响力话语权。在既有国际农业贸易规则下,中国农业发展遭遇的冲突不可忽视,因此,中国应积极参与全球粮农治理,促进形成更加公平合理的农业国际贸易秩序③,建立更可持续、公正合理的全球农业发展环境。

(二) 政策梳理

基于中央文件,我们从以下五个方面梳理提升农业对外开放水平的政策。

一是提高我国农产品国际竞争力。实施特色优势农产品出口提升行动,扩大高附加值农产品出口④。

二是积极支持农业"走出去",培育具有国际竞争力的大粮商和农业企业集团⑤。

三是优化农产品贸易布局,实施农产品进口多元化战略⑥。

四是积极参与全球粮食安全治理和农业贸易规则制定,促进形成更加公平合理的农业国际贸易秩序⑦。

五是放宽农业外资准入,促进引资引技引智相结合⑧。

---

① 程国强,朱满德. 中国农业实施全球战略的路径选择与政策框架[J]. 改革,2014(1):109-123.
② 肖卫东,詹琳. 新时代中国农业对外开放的战略重点及关键举措[J]. 理论学刊,2018(3):67-76.
③ 李国祥. 中国遵守 WTO 农业规则面临的矛盾及应对建议[J]. 中州学刊,2019(5):24-30.
④ 中共中央 国务院关于实施乡村振兴战略的意见[M]. 北京:人民出版社,2018:12.
⑤ 中共中央 国务院关于实施乡村振兴战略的意见[M]. 北京:人民出版社,2018:12.
⑥ 中共中央 国务院关于全面推进乡村振兴加快农业农村现代化的意见[M]. 北京:人民出版社,2021:8.
⑦ 中共中央 国务院关于实施乡村振兴战略的意见[M]. 北京:人民出版社,2018:12.
⑧ 乡村振兴战略规划(2018—2022 年)[M]. 北京:人民出版社,2018:32.

第二节 案例研究

一、陕西泾阳蔬菜产业"研产销一体化"发展

（一）案例概况

陕西泾阳蔬菜产业"研产销一体化"发展，是指把蔬菜生产的三个关键环节——研发、生产、销售紧密结合起来。其中，"研发"依托强大科技支撑，搭建社企、社校合作研究平台，致力于蔬菜的引种、实验、育苗；"生产"依托当地优越的自然条件，合理利用现代生产技术和装备，使蔬菜在高品质幼苗的基础上产出高质量的蔬菜；"销售"则通过农企合作、电商、宣传推介会等多样化的渠道来进行蔬菜销售，获得最佳收益。泾阳县蔬菜产业"研产销一体化"发展有效地解决了泾阳县分散、落后的传统生产经营模式，促进了向现代农业转变。这一转变不仅提高了生产效率，生产出了更高质量的蔬菜，也缓解了"小农户"与"大市场"的矛盾，使农民获得了合理收益，加快了泾阳县农业现代化进程。[①]

[①] 本案例主要参考以下网页、报刊、文献：周方舟，王怡. 泾阳县蔬菜供应链一体化渠道建设的思考[J]. 辽宁农业科学，2019(5):55-58;李林阳，王秀娟. 蔬菜流通环节成本构成及利润比较——基于泾阳县至西安市蔬菜流通的实证研究[J]. 价格理论与实践，2012(6):79-80;张阳. 陕西泾阳日光温室蔬菜生产现状和问题与对策[D]. 咸阳:西北农林科技大学，2019;张阳，任苗，程智慧. 泾阳蔬菜产业发展现状、存在问题及措施[J]. 农家科技，2019(3):139;邓涵瑜，王秀娟. 泾阳县蔬菜生产现状及发展对策[J]. 农业科技通讯，2013(1):34-36;泾阳四项措施力促乡村全面振兴[N]. 咸阳日报，2021-12-20;泾阳县全产业链打造西红柿产业[EB/OL]. 搜狐网，https://m.sohu.com/a/471510545_100263181?scm=1019.e000a.v1.0&spm=,2019-06-10;县蔬菜中心"十三五"工作总结和"十四五"规划[EB/OL]. 泾阳县人民政府网，http://www.snjingyang.gov.cn/gk/bmwj/85339.htm,2020-11-26;陕西泾阳:打造特色农业 助力乡村振兴[EB/OL]. 泾阳县人民政府网，http://www.snjingyang.gov.cn/gk/bmwj/89238.htm,2021-08-02;2021泾阳要情第二十期[EB/OL]. 泾阳县人民政府网，http://www.snjingyang.gov.cn/gk/zfgb/91250.htm,2021-10-25;泾阳县招商引资投资指南[EB/OL]. 泾阳县人民政府网，http://www.snjingyang.gov.cn/tzjy/zshj/73948.htm,2019-03-14;泾阳:四色产业助推乡村振兴[N]. 咸阳日报，2021-08-02;县蔬菜中心. 蔬菜产业乡村振兴发展规划[EB/OL]. 泾阳县人民政府网，http://www.snjingyang.gov.cn/gk/bmwj/88438.htm,2021-05-18;县乡村振兴局. 陕西泾阳:实施"四大"工程 赋能乡村振兴[EB/OL]. 泾阳县人民政府网，http://www.snjingyang.gov.cn/gk/bmwj/89443.htm,2021-08-16.

(二) 背景分析

农业现代化作为农村经济发展的重要方向，是解决"三农"问题的关键，也是政府关注的重点。农业现代化需要从构建现代农业生产体系、产业体系、经营体系着手，以解决传统农业生产分散、低效、落后等问题。蔬菜产业是农业中的重要支柱行业，随着收入水平的提高，消费者要求供给更多品种、更高质量的蔬菜。与此同时，蔬菜产业中的"小农户"与"大市场"之间的矛盾越发凸显，蔬菜产业如何实现由传统农业向现代农业的转变至关重要。

陕西省泾阳县地处关中平原腹地，土壤肥沃、水源充足、光照条件好，是典型的温带大陆性季风气候，其良好的生态环境十分适合农作物生长，发达的农业为泾阳县赢得了"关中白菜心"之美誉。蔬菜作为人们日常生活中不可或缺的食物，一方面是广大消费者的刚性需求，另一方面是农民重要的收入来源，因此蔬菜产业的发展对于泾阳县农业转型升级、农民增收有着重大意义。陕西泾阳县蔬菜产业的发展始于20世纪八九十年代末，2009年开始快速扩张，成为陕西省重要的蔬菜生产区。然而，在泾阳县发展蔬菜种植业的过程中，其生产经营方式存在诸多问题。一是农业生产技术投入不足。生产过程中的小型作业机械利用率低，灌溉方式大多采用大水漫灌，并且农民缺乏科学的种植知识，种植品种和技术多数凭经验或模仿左邻右舍，另外，农药以及化肥的使用率较高，技术贡献率较低。二是生产经营方式落后。泾阳县蔬菜生产经营模式是以家庭为单位的生产经营模式，农民多为分散种植，产业规模化和专业化程度不够，没有形成规模化经营，导致农业生产效率低下。三是信息不对称问题。农户面临的市场风险大，由于缺乏市场信息，农民无法准确预估蔬菜下一季的市场需求量，因此无法确定农作物种植量，市场农产品供给不足或者产量过剩的现象频发。四是农产品销售模式单一，农业整体经济效益低。陕西省泾阳县蔬菜销售仍遵循传统的以批发商为重心的渠道模式，"农户+龙头企业"模式仍处于起步发展阶段；另外，农户对农村电商的了解程度也偏低，蔬菜交易成本高。近年来,泾阳县着力解决蔬菜产业发展过程中遇到的问题,逐步形成了由政府牵头,农户、农村合作社、企业以及高校等主体共同参与的蔬菜"研产销一体化"发展模式,走出了一条具有泾阳特色、泾阳风格的农业现代化道路。

(三)做法与成效

泾阳蔬菜"研产销一体化"发展模式以政府、农户、企业、高校、农村合作社为参与主体,依托"研产销一体化"模式,逐步形成了蔬菜产业"研发、生产、销售"的全产业链经营模式。

第一,注重蔬菜种苗研发,培育高质量种苗。蔬菜种苗的研发是蔬菜产业链的开端、基础和核心,泾阳县通过搭建企业与高校合作形成的研究平台,从种植源头上加快品种更新换代,以优质的种苗供应,确保增产增收。首先,泾阳县先后建成3个蔬菜现代化育苗工厂、15个专业化蔬菜育苗点,大范围引进推广优质蔬菜品种。其次,泾阳积极引进西安桑农、咸阳绿植农科等蔬菜种子种苗繁育企业,为农户、合作社以及企业输送高质量蔬菜种苗,提升了蔬菜生产的整体品质。最后,泾阳还建成了由杨凌示范区、咸阳市政府、西北农林科技大学根据两地三方合作框架协议共建的集蔬菜新品种、新技术、科技培训等多种功能于一体的蔬菜试验示范站,为泾阳及咸阳蔬菜产业发展提供技术支撑。泾阳县不仅注重对外来优质蔬菜品种的选择,还尤其强调蔬菜种苗的自主研发,为泾阳县蔬菜产业的发展提供强大的技术支撑。

第二,改进蔬菜产业生产方式,实现规模化种植。泾阳县通过现代要素的投入,从分散经营的种植模式转向规模化、集约化经营,实现生产方式的转变。泾阳县非常注重现代农业科技的利用,在建立现代化、高标准温室大棚及拱棚、设置蔬菜冷库的同时,对老旧蔬菜棚、种植基地进行改造,而蔬菜产业相关设施的建设及完善,为蔬菜生产和储藏提供了基本保障。先进生产技术包括雄蜂授粉、智能喷水装置、绿色防控等实用技术的推广,也进一步提高了生产基地的装备水平。另外,泾阳县还开展了对菜农的专业培训，加快对蔬菜产业优良品种、先进生产技术的推广及应用。在日趋完备的产业装备以及先进生产技术的大范围推广的基础之上，泾阳县建立蔬菜专业合作社、蔬菜园区、生产基地等，推进泾阳县蔬菜产业规模化种植的发展。

第三，拓宽销售渠道，助力蔬菜销售。泾阳县通过无公害蔬菜面积、无公害产品、有机蔬菜产品的认定，以及注册"原点""泾云""润兴园"等商标，在积极树立蔬菜品牌的同时，蔬菜产品质量也得到了保证。泾阳县采取多种不同的方式，加大品牌宣传力度，从杨凌农高会到西安丝博会，从地铁站台到高速公路口，大力宣传当地的蔬菜品牌，提高品牌影响力。在蔬菜销售方面，泾阳县引入了电商营销，依托"互联网＋"打通蔬菜网上销售渠道，并利用网络热潮，开启蔬菜网络直播销售模式，产生了"奋斗柿""刀马旦""大秦盛柿"等一大批网红产品。此外，泾阳县还大力推行"龙头企业＋合作社＋农户"组织方式，以蔬菜专业合作社为桥梁，与陕西比盈公司、西安万润公司、西安雅荷地产等企业发展蔬菜订单供应，进行合同交易；同时还建立了蔬菜批发市场直销店、大型社区"泾阳县无公害蔬菜社区直销店"等，并与50家超市、26所高校建立了无公害蔬菜长期供应业务。

通过上述做法，泾阳县蔬菜产业逐步形成了从引种、试验、育苗、种植到销售的全产业链经营模式。注重种苗的研发一直是泾阳县发展蔬菜产业的重点，优良品种引进与自主研发工作齐头并进。2021年，泾阳县建立了三大育苗中心、15个专业育苗点，每年育苗达1.5亿株；另外，引进试验蔬菜新品种1785个，包括番茄、黄瓜、辣椒、茄子、西蓝花等新品种，这些蔬菜种苗通过蔬菜产业示范站试种并向农户推广，高质量的种苗为蔬菜品质提供了充足保障；不仅如此，蔬菜产业示范站还帮助农户解决种植过程中遇到的技术难题。截至2021年年底，全县蔬菜种植面积19.65万亩，总产量93.42万吨，其中设施蔬菜种植面积11.98万亩，产量64.10万吨，新建设施蔬菜基地3个，面积300余亩，目前在泾阳县7个蔬菜生产镇已经初步形成了4条蔬菜产业长廊，12个特色蔬菜优势生产区。在蔬菜销售环节，已经完成147座蔬菜冷库的建设，为蔬菜储藏、物流提供了保障；另外，在西安、咸阳建立17家蔬菜批发市场直销店、63家餐饮企业"泾阳县无公害蔬菜直供店"、96家大型社区"泾阳县无公害蔬菜社区直销店"，通过电商直播、蔬菜交易市场等多种营销方式，打通了蔬菜生产供给和市场消费通道。泾阳县蔬菜产业全产业链转型升级进程的推进，也为实现农民增收提供了有效保障。2020年蔬菜收入占全县农民人均纯收入的50%以上，菜农人均收入达到2万元以上，蔬菜产业成为农民增收的重要来源。泾阳县蔬菜全产业链带动2万农户户均年增收3万元，以此助推农民增收致富，助力乡村全面振兴。

（四）总结评价

陕西省泾阳县的蔬菜产业发展以科技为支撑，政府、企业、农户、农村合作社、高校多元参与，将雄厚的科研力量与先进的生产技术相结合，改变传统的农业生产方式，同时在销售环节，创新"龙头企业+合作社+农户"组织方式，拓宽蔬菜营销渠道，最终形成了"研产销一体化"的全产业链发展模式，实现了泾阳县蔬菜产业的转型升级，推动了泾阳县乡村振兴。

泾阳蔬菜产业的发展经验值得借鉴，该模式给相关产业的发展提供了一种全新思路，即产业发展应注重源头，积极调动产业链上下游主体的生产积极性，不断延长产业链，提升产业整体发展水平。当然，泾阳县蔬菜产业"研产销一体化"发展模式并不适用于所有地区。"研产销一体化"模式的形成需要一定基础，包括丰富的高校科研资源、适宜的产业发展环境、丰厚的产业基础、形成统一产业链的能力等。因此，其他地区应当从自身实际出发，因地制宜谋发展，充分发挥当地的生产优势与地区特色，做大做强农业特色产业。

二、浙江绍兴桃园村打造农旅综合体

（一）案例概况

浙江绍兴桃园村在打造农旅综合体的过程中，依据自身资源禀赋发展特色农业，同时兼顾村庄环境治理及优化，并以此为基础充分挖掘农业农村生态涵养、休闲观光、文化体验、健康养老等多种功能和多重价值，发展休闲农业及乡村旅游业，实现了农业与第三产业融合发展。桃园村农旅综合体正是通过创新乡村经济发展模式，将农业的生态效益转化为经济效益，延长了农业产业链及价值链，解决了农业生产低效问题；同时通过积极发动农民参与，完善利益分享联结机制，使农民能够公平、合理地分享经济发展成果，实现了农民增收，促进了乡村全面振兴。①

（二）背景分析

乡村生态旅游一方面注重生态保护，另一方面开发乡村多样的农业资源及旅游资源，吸引城市居民前来休闲、观光，农村居民是乡村生态旅游

---

① 本案例主要参考以下网页、报刊、文献：章江琴. 浙江省上虞市乡村生态旅游资源评价与开发[D]. 长春：吉林农业大学，2014；郭焕成. 发展乡村旅游业，支援新农村建设[J]. 旅游学刊，2006（3）：6-7；长塘镇梯度推进生态旅游品牌建设[N]. 上虞日报，2016-12-07；十里桃园是风光秀美的世外桃源[N]. 绍兴晚报，2017-03-20；上虞：长塘镇桃园村村委主任朱来生带领村民打造笋竹特产业[EB/OL]. 绍兴市农业农村局网站，http://nyj.sx.gov.cn/art/2014/1/22/art_1484517_17586788.html，2014-01-22；高立洪，谢根能，郑盈盈等. 向打造江南水乡典范迈进[N]. 中国水利报，2016-04-28；上虞区：区综合行政执法局2016年工作总结[EB/OL]. 上虞区人民政府网站，http://xxgk.shangyu.gov.cn/art/2017/4/13/art_1229328053_3388929.html，2017-04-13；上虞区：长塘镇桃园村新任班子助力旅游项目开发[EB/OL]. 绍兴市人民政府网站，http://www.shangyu.gov.cn/art/2017/6/15/art_1368537_59005430.html，2017-06-15；2016年工作总结及2017年工作思路[EB/OL]. 上虞区人民政府网站，http://xxgk.shangyu.gov.cn/art/2017/4/14/art_1229328099_3375357.html，2017-04-14；这个"世外桃源"为啥能引来20亿元[N]. 绍兴日报，2018-07-15；一场唤醒沉睡竹林的全新变革[EB/OL]. 绍兴市人民政府网站，http://sxwg.sx.gov.cn/art/2018/1/8/art_164996_34023858.html，2018-01-08；依托高铁门户，打开美丽经济新空[EB/OL]. 上虞新闻网，http://www.shangyu.gov.cn/art/2018/12/24/art_1368537_59011520.html，2018-12-24；周能兵. 上虞区长塘镇桃园村打造康养民宿[N]. 绍兴晚报，2020-06-16；上虞区"量体裁衣"打造农村文化礼堂工作纪实[EB/OL]. 绍兴市人民政府网站，http://sxwg.sx.gov.cn/art/2017/12/14/art_1647000_34024657.html，2017-12-14；长塘世外桃源 展现美丽画卷[N]. 绍兴日报，2019-01-15.

的主要经营者和参与者。发展乡村生态旅游有助于促进乡村经济发展，实现第一产业与第三产业融合发展，达到生态、经济、社会效益的共赢。20世纪90年代以来，随着城市化进程的推进和经济社会发展，城市居民收入不断增加，人们的生活观念和消费观念也随之转变，对乡村旅游的需求日益提升。同时，通过农业与旅游业相融合来发展乡村生态旅游，有助于开发农村旅游资源、调整农业产业结构、促进农民增收致富。在此背景下，中国的乡村旅游业开始得到发展。浙江省绍兴市上虞区的乡村旅游开发始于20世纪90年代初，相继建成了曹娥景区、皂李湖休闲园等大批旅游项目。2004年国家批准203个全国首批农业旅游示范点，2006年国家旅游局确定以"中国乡村游"作为当年的旅游主题。在此背景下，绍兴市桃园村开始了发展乡村生态旅游的探索。

浙江省绍兴市桃园村位于上虞市长塘镇西面，与绍兴市富盛镇毗邻，地域面积6.3平方公里，其中山地面积6403亩，耕地面积1328亩，水面400余亩。桃园村有农户528户，总人口1383人。桃园村的农业生产活动以竹笋种植为主，由于竹笋在春季上市，农民的收益集中在春季，并且存在不稳定性。另外，当地每年的夏季常有台风过境，容易造成洪涝灾害。总体而言，在发展乡村旅游之前，桃园村农业产业单一，经济发展水平较低。

从乡村旅游资源来看，桃园村下辖梅园等13个自然点，生态区位十分优越，且自然景观与人文史迹兼而有之，自然资源与人文资源相互交融。在自然景观方面，桃园村依山带水、植被茂密、物种丰富，有着良好的生态系统，格桑花、马鞭草、百日草等400余亩的各类花草也是桃园村的重要生态资源；在人文资源方面，桃园村拥有"嵇康故居"这一历史文化资源，当地的风俗人情以及民俗文化也是重要的人文资源。丰富的农业资源、生态资源、人文资源为桃园村实现农业与旅游业融合发展、打造农旅综合体提供了基本条件。

（三）做法与成效

桃园村通过聚焦特色农业发展，进一步挖掘农业资源的多重功能与价值,创新了农业与旅游业融合发展的新模式。具体而言,桃园村从以下三个方面打造农旅综合体。

第一,发展特色农业产业。长期以来,桃园村的农业生产以竹笋种植为主,种植柿子、梨子、葡萄等其他农作物为辅。依托桃园村的自然资源禀赋,桃园村将农业生产聚焦在发展竹子产业上,并配套建设桃园、柿园、会篁笋园"三园"。从2012年开始,桃园村积极开展省级林业现代园区建设,通过在园区铺设2000多只喷灌管线,实现了大规模灌溉,同时提高了水资源的利用率,由此园区内鞭笋的产量提高了30%~40%。农副产品的销售历来都是农业发展的难题。桃园村把村道建设放在首位,通过道路拓宽、桥梁修建、沟渠修整等,打通了桃园村农产品从田间到市场的道路。同时,桃园村成立了农副产品展示销售中心,在展销中心经营模式下,以线上线下相结合的方式更好地实现了农副产品的信息收集、发掘和销售。桃园村的农副产品展销中心负责本乡镇范围内的特色农产品分销工作,帮助有意向开网店的村民组建网仓、提供代发,从而实现了桃园产品的附加值提升以及销售市场受众群体的大幅扩大,打通了农副产品销售渠道。

第二,治理村庄生态环境并实施村庄美化。2003年实施新农村建设以来,桃园村不仅集中整治了村道两侧和村庄内部乱堆乱放的垃圾和彩钢棚,还鼓励村民在其房前屋后栽种桃树、樱花,清理河道淤泥、砌岸,以此进行小流域治理,大幅提升了河道的保洁能力。与此同时,桃园村积极开展村庄维护和美化工作。一是将主要街道的环卫工作交给市场化保洁公司,并积极改造村内公厕、美化池塘,还种植了70余亩花海,使村庄内部整洁得以保持。二是稳步推进新三线绿化、康家湖生态河以及湿地公园工程,重点对道路两侧绿化亮化、沿街沿路房屋立面进行设计和改造,村内绿化情况显著改善。三是在推进村庄美化过程中,桃园村鼓励村民就地取材,以竹为材料做成篱笆,对道路两侧、景区范围、村内节点等地方尝试用竹篱笆圈围,栽种竹子、花木等进行美化和绿化。以上措施显著改善了村庄生态环境,实现了村庄绿化美化。

第三,发展休闲农业及生态旅游业。在村内竹林以及秋季柿子树独具特色的自然生态风光基础上,辅以洁净亮丽的村容村貌,桃园村建设了田园景观带、绿林景观带、花海水滨景观带。桃园村充分挖掘当地农业的休闲、观光、体验等价值,专门建设骑行道、游步道,打造了集观光、采摘于一体的生态旅游区,大力发展乡村旅游业。为补齐村庄旅游业发展的短板,桃园村积极推进生态旅游配套产业发展。村委会围绕"竹乡驿站",培育引导农民发展新型农家乐联合体,开发植入式民宿,合理改造农民的闲置房屋,将其打造为植入式的乡村民俗客房,提升了游客在当地的旅居体验感。依托桃园村的生态环境优势,村庄还打造了集远程把脉、远程数字传送等科技于一体的全新康养体验模式,发展康养民宿。在发展休闲观光农业的同时,桃园村为游客提供多样的文化体验,打造高质量文旅。一是挖掘桃园村"嵇康故居"的历史文化资源,完成"嵇小康"文化品牌及其衍生品的开发设计和制作,实现了旅游区文化利益由抽象化向实体化的转变。二是建设农村文化礼堂,开启"礼堂+"模式,在礼堂举办康家湖"开捕大典"、桃园村音乐会、长塘竹笋文化节等活动,辐射包括游客在内的广大人群,丰富体验内容。三是深入挖掘当地的红色文化,桃园村设立了国学课堂、百忠红色主题公园、廉政文化长廊等一系列文化基地。此外,当地的民俗文化、风土人情也成为吸引游客前来的特色之一。

桃园村通过打造农旅综合体,实现了农业与旅游业的有机融合。桃园村选择林业、果业作为农业生产的重点,通过现代手段拓宽销售渠道,使农民四季都可以从农业生产活动中获得收益。现如今,桃园村的4000余亩竹子已经成为其一大特色,另外该村还有柿子树3000多棵。竹笋和柿子不仅为当地农民带来可观的经济收入,也提供了休闲观光功能。桃园村在推进当地特色产业发展的同时,兼顾村容村貌的提升,入选了第一批国家森林乡村、浙江省卫生村,既改善了村庄的生态环境,也为生态旅游业的发展提供了环境支撑。桃园村通过开发林业、果业等农业资源的休闲、观光、采摘多重功能与价值,发展乡村旅游业,打造了集休闲娱乐方式体验区、美好生活形态聚集区、旅居康养综合目的地于一体的综合旅游度假休闲区。2017年桃园村景区接待5万多名游客,村子里建有5家农家乐,为农民增收提供了新的有效途径。桃园村入选2018年度浙江省美丽乡村特色精品村、国家3A级旅游景区等,成为宜乐、宜游、宜居的"世外桃源"。

(四) 总结评价

桃园村在打造农旅综合体的过程中,通过发展特色农业产业、开展乡村生态文明建设、挖掘农业资源多重功能与价值,把自身拥有的自然资源条件相互串联,形成了关联性强且地方特色突出的独特乡村旅游体系,实现了农业与旅游业融合发展。桃园村农旅综合体的形成,解决了当地农业生产的单一性、低效性、不稳定性问题,使得农民收益大幅提高,乡村经济得到长足发展。

桃园村打造农旅综合体的实践,为国内同类地区依托自然风光推进乡村振兴提供了借鉴。第一,因地制宜地发展农业。各地农村应当根据当地农业资源禀赋,发展真正适合的农业产业,优化当地的农业产业结构。第二,以产业为基,挖掘农业资源的多重功能及价值。单纯依靠农业生产很难实现农村产业振兴,通过开发当地农业、生态、人文资源的休闲观光等价值,可以在产业融合发展的过程中为农户提供增收途径。第三,注重生态资源保护及村庄治理。要实现农旅融合发展,优美的自然景观以及村容村貌是关键,在合理开发旅游资源的同时,应当对村庄的生态环境、民俗文化等实施保护,实现可持续发展。第四,提高农民的主体参与性。不仅是在农业生产环节,在农旅融合发展的各环节都要让农民参与进来,只有真正地让农民参与农村产业发展,他们才能切实分享乡村经济发展的效益,乡村振兴才能保持恒久活力。

三、湖南株洲"石三门"建设现代农业公园

(一) 案例概况

作为发展现代农业的一种新形式,现代农业公园是利用城市郊区现有

或可开发的农业用地,在保留农业生产活动的基础上,展示农产品生产过程、提供农业特色休闲项目,把农业生产场所、产品消费场所和休闲旅游场所融于一体的综合农业公园。湖南株洲"石三门"现代农业公园通过大力发展农业特色优势产业、补足农产品加工业短板、挖掘都市休闲观光农业发展潜力,实现农村一、二、三产业融合发展,逐步构建了现代农村产业体系,延长了农业产业链,有效解决了石三门地区产业发展滞后、农民收益低下的问题,创新了农业发展的新业态。①

---

① 本案例主要参考以下网页、报刊、文献:段莉,龙岳林,李轶璇,等. 现代农业公园农业产业规划探析——以株洲市天元区石三门现代农业公园为例[J]. 农村实用技术,2020(10):43-44;大河. 乡村公园:现代农业的生态化探索[J]. 农产品加工,2013(6):71;郑阳,孙明高,辛培刚. 对现代农业公园总体规划设计的探索——以聊城市"凤凰苑"现代农业公园为例[J]. 山东农业大学学报(自然科学版),2004(2):280-283;郭妮莎. 株洲市天元区响水村"田园综合体"规划设计[D]. 株洲:湖南工业大学,2016;冯艺佳,李惊,王向荣. 现代农业公园活动安排与组织模式研究[J]. 中国园林,2015(12):69-74;张媛. 市"看学议"活动观摩团考察石三门现代农业公园[EB/OL]. 天元区政府门户网,http://www.zhuzhou.gov.cn/c15126/20210128/i1655731.html,2021-01-28;叶新福. 加快农业农村现代化 谱写新时代的"山乡巨变"[N]. 株洲日报,2021-05-06;李雯婷,洪军. 市委书记曹慧泉在高新区(天元区)调研乡村振兴工作[EB/OL]. 腾讯新闻,https://xw.qq.com/cmsid/20210504A08HKI00,2021-05-04;文天甲. 天元区:凝聚国企力量,助力乡村振兴[EB/OL]. 时刻新闻,https://zz.rednet.cn/content/2021/12/28/10689592.html,2021-12-28;谭锦屏,方景千,张媛. 株洲天元:从响水园3A景区看石三门打造乡村振兴的"新区样板"[EB/OL]. 红网,https://zz.rednet.cn/content/2021/01/11/8822802.html,2021-01-11;张媛,彭亨颖. 从"游半天"到"留下来",天元区打造城市后花园"美丽名片"[EB/OL]. 红网,https://zz.rednet.cn/content/2021/09/14/10141216.html,2021-08-26;张媛:天元区:乡村建设快马加鞭[EB/OL]. 红网,https://zz.rednet.cn/content/2021/08/24/9845241.html,2021-08-26;旷昆红. 天元区:以文塑旅,以旅彰文,做好文旅融合"大文章"[EB/OL]. 红网,https://zz.rednet.cn/content/2021/05/18/9351071.html,2021-05-18;王军,罗丽斯. 丰收美景惹人醉,三门迎来采摘客[N]. 株洲日报,2020-07-27;邹家虎. 石三门现代农业公园举办首届农民丰收节[N]. 株洲日报,2020-09-23;张媛,贺文祥. 天元区:铺就乡村振兴快车道,推动农村公路网建设[EB/OL]. 红网,https://zz.rednet.cn/content/2021/04/09/9169651.html,2021-05-18;张媛,贺冰莲. 三门镇"鱼菜共生基地"蔬菜上市[N]. 株洲日报,2020-03-19;张媛,朱剑泽. 引进物联网植物工厂项目 推动株洲高新区现代特色农业产业发展[EB/OL]. 红网,https://zz.rednet.cn/content/2021/03/31/9142261.html,2021-03-31;曹缇. 株洲开展新媒体记者和网络大V采风活动,助力乡村振兴[EB/OL]. 红网,https://zz.rednet.cn/content/2021/06/11/9527921.html,2021-06-11;张媛. 引来院士院长建家乡,株洲高新区乡村振兴走上了高端路线[EB/OL]. 红网,https://zz.rednet.cn/content/2021/05/14/9340322.html. 2021-05-14;张媛,胡乐. 鸿雁飞、白鹭栖 石三门里产业兴——走进高新区"健康食品及现代农业产业链"项目见闻[N]. 株洲日报,2020-06-02.

(二) 背景分析

城市化进程的快速推进导致城市建设区不断扩大，进而城市建设区扩张与农田保护的矛盾、人们对农业体验的需求同传统休闲农业局限性的矛盾日益凸显，这决定了建设现代农业公园有着广阔前景。一方面，郊区的农业用地被逐渐蚕食，亟待保护；另一方面，城市边缘区和郊区的居民缺乏休闲游憩的公共空间。农业公园作为休闲农业的一个新的发展方向，为解决上述矛盾及问题提供了有效方案。现代农业公园把农业生产场所、产品消费场所和休闲旅游场所融于一体，既保留了农田的生产功能，又满足了周边居民游憩的需求，因此，发展现代农业公园对农业农村现代化、乡村振兴、城乡融合发展具有重要意义。

1992年12月，国务院批准株洲市高新区成为国家级高新技术产业开发区，株洲市高新区与株洲市天元区于2000年年底整合形成株洲新区。石三门现代农业公园地处株洲市天元区，位于湘江城镇发展轴的节点位置，处于长株潭一小时都市经济圈内，其地域范围包括雷打石镇3个行政村和三门镇14个行政村，总面积约120平方千米，属于典型丘陵地貌区。"石三门片区"属亚热带季风气候，四季分明，其自然条件非常适合发展农业，区内有较大面积的耕地和水田面积，适宜种植多品类农作物。当地村民除了种植水稻、油菜、莲蓬等，还相继发展了红薯、肉冬瓜、黄金贡柚等多种植产业。在特色养殖业方面，黑山羊、生猪、鹊山鸡等已经初具规模。另外，区内山塘众多，大小水塘遍布，不仅可以用于农业灌溉，也为渔业养殖的发展提供了良好条件。除丰富的农林牧渔资源外，"石三门片区"临近湘江，且在两镇辖区内建有航电枢纽工程，水面宽阔，并且具有丰厚的人文历史资源，具有发展旅游业的潜力。

石三门地区丰厚的资源禀赋优势并未被有效利用，该地区的农业农村发展仍旧滞后。一是农业发展未实现现代化，农产品加工业发展欠缺，仍有较大发展空间。尽管石三门地区拥有特色种植业和特色养殖业，农产品种类丰富，但农产品和水产品基本都是本地村民在消费，停留在比较低端的发展阶段且没有流转到其他经济市场中；并且整个地区在农产品加工、物流、产品包装等方面存在较大的空缺。二是未充分挖掘旅游业发展潜力，石三区旅游业的发展没有进行详细规划，且当地的历史文化古迹需要大面积修缮和保护，很多历史文化元素没有被深入挖掘和充分开发，旅游业只停留在观赏的层面。三是产业发展滞后伴随而来的农村发展问题，包括生态环境问题、村民收入低等问题。一方面，当地农业发展存在大量田地荒芜、山塘荒废问题，不仅影响农业发展，还对自然生态环境产生了负面影响；另一方面，农业发展滞后使村民的收入主要源于传统种田，停留在自给自足的阶段，生活水平普遍不高，人均年收入在8000元左右，农业的低效益也使得村内的青壮年劳动力大都外出务工，年轻劳动力大量流失。石三门地区丰富的农业资源、旅游资源及其交通便利的优势，为石三门地区建设现代农业公园提供了契机，建设现代农业公园也有助于解决当地的发展问题。

（三）做法与成效

株洲高新区工委、天元区委为加快推进南部乡村建设，于2017年规划了120平方千米区域建设株洲石三门现代农业公园。株洲市天元区石三门现代农业公园充分挖掘本土资源，丰富相关配套设施，形成了农旅文康融合的现代农业格局。

第一，优化农业产业布局，夯实农业基础。一是石三门地区因地制宜地成立了生态种养殖专业合作社，逐步形成了高精度环境控制、农作物连续产出的高效"鱼菜共生基地"。根据村镇的自然资源禀赋，石三门地区在发展水稻、蔬菜特色优势产业的基础上，在区域内分别建设了株木黄桃种植基地、裕农蔬果生切基地、松柏"三农"辣椒种植基地、"众乐享"鹊山鸡生态养殖基地等生态农业种植基地，形成了太空湘莲、松柏杨梅、伞铺红薯、石三门肉冬瓜等一系列特色农产品品牌，"一村一品"特色鲜明。二是石三门地区大力发展应用农业科技，建设农业工业化物联网植物工厂，开设全天候智能高效农膜温室大棚，实现了农业生产种植无土化、工厂化、规模化，农业生产管理实现信息化、标准化、智能化，从而带动周边地区农业技术进步。石三门还鼓励农业科技专家和科技人员参与农业生产及管理，广泛推广农业研发技术，保证蔬菜产品质量。三是在农产品销售过程中，石三门建立了线下物流与线上销售模式，并且采用"公司+合作社+基地+农户"的产业组织模式，由合作社联系企业与种植户签订生产与收购合同，实行保护价统一收购，使村民的利益得到保障。

第二，布局"前店后厂"，大力发展农产品加工业。便利的交通是工业发展的必要条件，石三门地区注重优化农村公路路网结构，大力推进农村公路建设。天元区一直着力构建"城市公交+城乡客运线+镇村客运线"的城乡交通一体化发展模式，不断优化农村公路路网结构，推进农村公路建设及其完善，从而打通城乡发展循环，服务镇村经济发展。面对农业的单一化发展问题，石三门地区通过构建农产品加工园，补足农业产业短板。株洲高新区根据农产品加工企业的特点和需求，适当放宽高新区科技园区对农产品加工企业的进驻条件，在铁篱村、盘石村、月福村、响水村等建设农产品加工园区，主要进行高端农产品精细化包装、农产品深加工和农产品冷链物流。仓储物流体系建设是农产品加工业发展的重要环节，因此，石三门在苍霞村、松柏村建设蔬菜保鲜库，在月福农产品加工产业园建设蔬菜冷链物流配送中心，从而加强农产品物流的信息化、标准化水平，保障从田间到餐桌的时效性和食品安全。

第三，大力培育现代农村旅游产品及项目，加强农业旅游品牌建设。一是依托特色农业，挖掘农业资源的休闲、观光等多重功能，发展乡村旅游业。石三门在蔬菜产业发展的基础上，推出石三门国家农业公园、土图多肉主题农场、太空香莲基地、黄桃基地、恒盛田园腊味等多个农业特色项目，全力打造"百花园""百果园""百蔬园""百草园"，提供观光、采摘等娱乐项目，建立都市休闲、旅游观光农业，吸引株洲市区乃至湘潭、长沙等地的游客前来体验。二是挖掘当地人文历史资源，将罗哲和罗学瓒烈士墓、空灵寺等建成爱国主义教育基地和景区，还举办农民丰收节、农民歌手大赛和五大子活动，传承农耕文化，实现了文旅高度融合的产业发展态势。为提高当地旅游业提供公共服务的能力，石三门不断完善相关配套设施。一方面，重新整合闲置房屋资源，吸收了十几户村民加入民宿合作社，打造"茵乡里"共享民宿，为游客提供充满民俗气息的住房体验；另一方面，在百花园附近打造石三门房车营地，每台房车配备独立营位，房车内部各区域功能一应俱全，提供大床房车、亲子房车、娱乐房车等各类车型，以满足消费者的便利化、现代化住房需求。

石三门地区因地制宜，重新规划布局石三门现代农业融合示范园，该示范园流转土地225亩，形成了黄金贡柚采摘区、肉冬瓜和特色蔬菜区、球生菜景观区、水果种植示范园四大特色产业板块。同时，该示范园通过规模种植和集中展示效应，带动配套农产品加工产业，形成了生产、加工、展示、销售商业生态链。截至2020年年底，全区有农副产品加工企业52家，其中国家级产业化龙头企业有2家，年加工产值超过100亿元的有1家，超过10亿元的有3家，带动了近千家农户实现家门口就业。2020年，天元区农产品加工业总产值为275.7亿元，增长5.2%，约占全市的近1/4。在乡村旅游发展方面，株洲石三门现代农业公园响水园景区已被评定为国家3A级旅游景区，形成规模约383.48公顷的田园综合体和特色农庄，该景区的旅游品牌价值日益彰显。另外，响水村全村流转土地2300余亩，解决村民就业200余人，2020年，响水园景区内集体经济实现年度纯收入达200万元。农业的功能大幅拓展，形成"蔬菜+"等新业态，延长了富民产业链，产业附加值得到提高，为农业增效、农民增收贡献了力量。

（四）总结评价

湖南株洲"石三门"现代农业公园依托当地蔬菜、水稻、果业等基础农业，补足农产品加工业短板，同时挖掘农业资源的多重功能与价值，发展都市休闲、观光农业，实现了农村一、二、三产业的融合发展。通过农村三产融合发展，石三门地区实现了农业产业链延长，提高了产业附加值，逐步培育了拥有蔬菜种苗培育、规模种植、初深加工、冷链物流、贸易销售、品牌文化的全产业链企业，石三门地区的产业得到了长足发展，与此同时，农户的经济收益得到了大幅提高，村民的生活也得到显著改善。

总体而言，"石三门片区"模式是以打造现代农业公园为载体推进农业农村现代化的一种实践探索，虽然在发展中仍存在不足，但其规划和实施措施能够为全国类似乡镇的发展提供经验借鉴。"石三门片区"发展的关键在于因地制宜，充分利用其自然资源条件调整农业生产布局，注重发展农产品加工业，发挥农业资源除生产功能以外的其他价值，实现农村一、二、三产业融合发展，构建了较为健全的产业体系。"石三门片区"的核心片区发展成效卓著，已逐步辐射雷打石镇和三门镇的其他村落。同时，石三门在现代农业公园发展过程中，也存在一些问题。首先是整体土地流转利用效率不高，仍有大量荒置农田未被合理利用，并且造成一定的资源浪费；其次，农产品外销成本仍然较高，缺乏对物流企业的引入；最后，乡村内部道路仍需完善，石三门现代农业公园缺乏环道建设，各村镇与石三门现代农业公园联结不够紧密。这些问题，有待今后在发展中进一步解决。

第四章 乡村人才振兴

人才振兴是乡村振兴的重要条件。乡村人才振兴的任务是破解农业农村发展的人才"瓶颈"制约，形成乡土人才、专业人才、城市人才共同支撑乡村发展的良好局面。为此，必须吸引更多城市人才投身农业农村建设，建设农村专业人才、科技人才队伍，支持有条件的农民工返乡创业，大力培育新型职业农民。

第一节 维度剖析

乡村人才振兴包括四个维度，分别是吸引城市人才入乡、建设农村专业人才队伍、支持农民工返乡创业、培育新型职业农民。

一、吸引城市人才入乡

（一）文献综述

关于城市人才入乡的必要性，2018 年的中央一号文件指出："实施乡村振兴战略，必须破解人才'瓶颈'制约。要把人力资本开发放在首要位置，畅通智力、技术、管理下乡通道，造就更多乡土人才，聚天下人才而用之。"[1]《乡村振兴战略规划（2018—2022 年）》提出："实行更加积极、更加开放、更加有效的人才政策，推动乡村人才振兴，让各类人才在乡村

---

[1] 中共中央 国务院关于实施乡村振兴战略的意见[M].北京：人民出版社，2018：36.

大施所能、大展才华、大显身手。"① 通过中央对人才入乡返乡的政策规划可以看出,在乡村人才振兴中加快推动城市人才入乡是十分重要的一环。

关于城市人才入乡的现状,相关研究观点如下:一是目前入乡的人群主要是高校毕业生以及乡村能人。在"大学生村官""三支一扶"等鼓励大学生入乡的政策推动下,有170万名大学生返回了乡村,为乡村振兴做出了自己的贡献②。二是人才返乡入乡存在着地区差异,经济相对发达、地理位置相对优越的地区对人才的吸引力比较大③。三是入乡的人才队伍专业性薄弱,尤其是第一产业专业技术人才缺乏④。三是人才入乡从业领域多元化,除了第一产业外,还涉及科技、教育、医疗等领域⑤。

关于城市人才入乡的问题与困境,学者们对于问题与困境的研究主要集中于以下四个方面:一是乡村的基础设施以及公共服务相对落后,吸引力差、留住人才难⑥⑦。二是激励与奖励政策不够完善,这样会严重影响城市人才入乡的意愿⑧⑨。三是入乡人才队伍不强不全,入乡的人才多集中在教育与卫生领域,而乡村振兴中需要的人才涉及的领域很广,如经营管理、电子商务、科技农业以及乡土开发等方面的人才就比较缺乏⑩。四是

---

① 乡村振兴战略规划(2018—2022年)[M]. 北京:人民出版社,2018:32.
② 人力资源和社会保障部. 人力资源和社会保障部对十三届全国人大一次会议第2717号建议的答复[EB/OL]. 人力资源和社会保障部网站, http://wwwmohrss. Gov. cn/gkml/zhgl/jytabl/jydf/201811/t20181129_305941,2018 - 08 - 12.
③ 刘洪银. 构建人才返乡下乡的有效机制论析[J]. 中州学刊,2021(4):35.
④ 涂华锦,邱远,赖星华. 科技人才下乡助力乡村振兴的困境与实践——基于广东省河源市的田野调查[J]. 中国高校科技,2020(4):84.
⑤ 刘洪银. 构建人才返乡下乡的有效机制论析[J]. 中州学刊,2021(4):35.
⑥ 涂华锦,邱远,赖星华. 科技人才下乡助力乡村振兴的困境与实践——基于广东省河源市的田野调查[J]. 中国高校科技,2020(4):84.
⑦ 刘洪银. 构建人才返乡下乡的有效机制论析[J]. 中州学刊,2021(4):35 - 36.
⑧ 涂华锦,邱远,赖星华. 科技人才下乡助力乡村振兴的困境与实践——基于广东省河源市的田野调查[J]. 中国高校科技,2020(4):84 - 85.
⑨ 蔡陆宏. 河源市高层次人才引进政策分析[D]. 武汉:华中师范大学硕士学位论文,2018:20 - 21.
⑩ 涂华锦,邱远,赖星华. 科技人才下乡助力乡村振兴的困境与实践——基于广东省河源市的田野调查[J]. 中国高校科技,2020(4):85.

乡村岗位的吸引力不足，尤其是教师岗位空缺严重①。

关于引导城市人才入乡的对策，相关研究观点如下：一是在乡村创造出良好的环境，以便吸引人才。包括加强乡村的基础设施建设、提升乡村的公共服务水平；弘扬乡村文化，以乡土情怀来吸引人才；营造公平竞争的环境；等等②。二是完善对人才入乡的激励与奖励机制，包括对入乡人才的困难帮扶机制③。三是设置组织岗位机制平台，加强信息交流，建立岗位培训机构④。

（二）政策梳理

基于中央文件，我们从以下两个方面梳理城市人才入乡的政策。

一是以乡情乡愁为纽带，吸引和支持企业家、党政干部、专家学者、医生教师、规划师、建筑师、律师、技能人才等，通过下乡担任志愿者、投资兴业、包村包项目、行医办学、捐资捐物、法律服务等方式服务乡村振兴事业。允许符合要求的公职人员回乡任职⑤。

二是继续实施"三区"（边远贫困地区、边疆民族地区和革命老区）人才支持计划，深入推进大学生村干部工作，因地制宜地实施"三支一扶"、高校毕业生基层成长等计划，开展乡村振兴"巾帼行动"、青春建功行动⑥。

二、建设农村专业人才队伍

（一）文献综述

关于农村专业人才队伍建设的重要性，相关研究认为，加强乡村人才

---

① 陈星. 全国1022个行政村没有卫生室,6903个卫生室没有合格村医！国家卫健委:年底前全面消除这类"空白点"[EB/OL]. 每日经济新闻网,http://www.nbd.com.cn/rss/toutiao/articles/1352314. Html,2019－07－09.

② 刘洪银. 构建人才返乡下乡的有效机制论析[J]. 中州学刊,2021(4):38.

③ 钱再见,汪家焰."人才下乡":新乡贤助力乡村振兴的人才流入机制研究——基于江苏省L市G区的调研分析[J]. 中国行政管理,2019(2):95.

④ 刘洪银. 构建人才返乡下乡的有效机制论析[J]. 中州学刊,2021(4):39－40.

⑤ 中共中央 国务院关于实施乡村振兴战略的意见[M]. 北京:人民出版社,2018:37.

⑥ 乡村振兴战略规划(2018—2022年)[M]. 北京:人民出版社,2018:92.

队伍建设与培育力度，有利于促进农业农村现代化进程①。乡村振兴对农村人才队伍建设提出了新的要求，"产业兴旺、生态宜居、乡风文明、治理有效、生活富裕"的乡村振兴战略总目标为人才队伍建设指明了方向②。学术界对于农村专业人才队伍建设的意义进行了讨论，认为只有农村有了专业性人才队伍，才能提升农村地区的教育以及医疗等服务水平，才能为乡村人才振兴奠定基础。

关于农村专业人才队伍建设的现状与困境，从实践层面来看，人才振兴在乡村振兴中被重视的程度越来越高，全国各地都在结合实际情况探索农村专业人才队伍建设的路径，在这个过程中不免会遇到一些困境。一是乡村振兴涉及的领域很多，需要的人才也比较多样，但是现阶段人才资源储备还不能满足需求③。二是在乡村人才队伍建设过程中，引才、激励、发展与支持缺乏有效机制④。三是对乡村人才队伍的教育与再教育相对缺乏⑤。四是政府在乡村人才队伍建设方面的资金投入不能满足需求，尤其是针对引进人才的资金补贴力度不大⑥。

关于农村专业人才队伍建设的对策，学术界提出以下观点：一是通过就地培养专业人才队伍、创造优良的乡村环境吸引人才以及完善市场竞争来磨炼人才，打破乡村人才振兴的"瓶颈"⑦。二是完善奖励与激励机制，加强乡村对人才的吸引力，广泛动员医疗、教育与农技人员入驻乡村，扩大和完善乡村人才队伍⑧。三是在乡村人才队伍建设与培训方面，要通过

---

① 高小民. 乡村振兴背景下的乡村人才队伍建设[J]. 商业文化，2021(30)：122.

② 蒲实，孙文营. 实施乡村振兴战略背景下乡村人才建设政策研究[J]. 中国行政管理，2018(11)：91.

③ 李晓南，王磊，闫琳琳. 乡村振兴背景下人才队伍建设的策略研究——以辽宁省为例[J]. 商贸人才，2019(3)：244-245.

④ 关兴国. 破除乡村振兴中人才发展的"紧箍咒"[J]. 人民论坛，2019(6)：66-67.

⑤ 赵秀玲. 乡村振兴下的人才发展战略构想[J]. 江汉论坛，2018(4)：10-14.

⑥ 容慧. 县级财政人才专项资金投入机制分析——以江苏海门为例[J]. 地方财政研究，2019(1)：70-71.

⑦ 蒲实，孙文营. 实施乡村振兴战略背景下乡村人才建设政策研究[J]. 中国行政管理，2018(11)：92.

⑧ 莫广刚. 以乡村人才振兴促进乡村全面振兴[J]. 农学学报，2019(12)：87-91.

农业技术专门学校、职业学校等助力人才队伍建设[①]。四是政府应针对农村人才队伍建设加强投入,引导提供税收优惠以及贷款降息等方面的资金优惠[②]。

(二) 政策梳理

基于中央文件,我们从以下五个方面梳理推进农村专业人才队伍建设的政策。

一是建立县域专业人才统筹使用制度,提高农村专业人才服务保障能力[③]。

二是加强农技推广人才队伍建设,探索公益性和经营性农技推广融合发展机制,允许农技人员通过提供增值服务合理取酬,全面实施农技推广服务特聘计划[④]。

三是支持地方高等学校、职业院校综合利用教育培训资源,灵活设置专业(方向),创新人才培养模式,为乡村振兴培养专业化人才。扶持培养一批农业职业经理人、经纪人、乡村工匠、文化能人、非遗传承人等[⑤]。

四是全面建立高等院校、科研院所等事业单位专业技术人员到乡村和企业挂职、兼职和离岗创新创业制度,保障其在职称评定、工资福利、社会保障等方面的权益[⑥]。

五是建立城乡、区域、校地之间人才培养合作与交流机制,全面建立城市医生教师、科技文化人员等定期服务乡村机制[⑦]。

---

① 赵秀玲. 乡村振兴下的人才发展战略构想[J]. 江汉论坛,2018(4):10-14.
② 容惹. 县级财政人才专项资金投入机制分析——以江苏海门为例[J]. 地方财政研究,2019(1):70-71.
③ 中共中央 国务院关于实施乡村振兴战略的意见[M]. 北京:人民出版社,2018:36.
④ 乡村振兴战略规划(2018—2022年)[M]. 北京:人民出版社,2018:91.
⑤ 中共中央 国务院关于实施乡村振兴战略的意见[M]. 北京:人民出版社,2018:36.
⑥ 中共中央 国务院关于实施乡村振兴战略的意见[M]. 北京:人民出版社,2018:36.
⑦ 乡村振兴战略规划(2018—2022年)[M]. 北京:人民出版社,2018:92.

三、支持农民工返乡创业

(一) 文献综述

关于农民工返乡创业的必要性,相关研究认为农民工返乡创业可以从五个方面促进乡村振兴:返乡创业的资源要素为乡村振兴战略提供动力,人才要素提供智力,网络要素提供重要依托,创业精神提供网络来源,制度要素提供保障①。从个人发展方面来看,农民工返乡创业不仅能够帮助农民解决就业压力而且还能提高他们的收入②。

关于农民工返乡创业的现状与问题,相关研究提出以下观点:一是创业者的相关专业能力不足,没有创业的经验,技术培训的需求量很大③。二是资金缺口比较大,创业需要一定的启动资金。农民工虽然在城市打工积累了一些资金,但是相比之下远远达不到创业所需要的资金数量④。三是创业的领域比较集中,创业风险大⑤。四是缺乏配套设施与服务。农民工返乡创业会涉及工商、税务、银行等部门,这些部门尽管开启了一些扶持工作,但相应配套服务比较落后⑥。

关于农民工返乡创业的对策,相关研究提出以下观点:一是对农民工进行具有针对性的培训与教育,结合具有返乡创业意识的农民工的实际情况,引导他们选择适合自己的项目。此外,对返乡创业的农民工进行教育,有利于增强农民工的基本创业能力⑦。二是加大财政资金的扶持力度,

---

① 王轶,熊文. 返乡创业:实施乡村振兴战略的重要抓手[J]. 中国高校社会科学,2018(6):43-44.
② 方鸣,张婷婷,刘美玲. 农民工返乡创业扶持政策绩效评价与政策取向——基于全国返乡创业企业的调查数据[J]. 安徽大学学报(哲学社会科学版),2021(6):122-132.
③ 冯心悦,熊丽婷. 农民工返乡创业助推乡村振兴的机理与对策研究[J]. 现代商贸工业,2021(36):11.
④ 李敏. 大众创业背景下农民工返乡创业问题探究[J]. 中州学刊,2015(10):80-81.
⑤ 冯心悦,熊丽婷. 农民工返乡创业助推乡村振兴的机理与对策研究[J]. 现代商贸工业,2021(36):11.
⑥ 李敏. 大众创业背景下农民工返乡创业问题探究[J]. 中州学刊,2015(10):81.
⑦ 杨燕. 乡村振兴背景下基于返乡创业农民工的新型职业农民培训[J]. 成人教育,2020(4):34-36.

对农民工返乡的创业项目进行资金帮扶，比如加大政府以及金融机构的资金投入力度、税收优惠、贷款降息等①。三是创建信息服务平台、信息交流平台，帮助返乡创业的农民工找到适合自己的项目②。四是扩展农民工返乡创业的信息获取渠道，优化农村创新创业环境，放开搞活农村经济，合理引导工商资本下乡，推动乡村"大众创业、万众创新"③。

（二）政策梳理

基于中央文件，我们从以下三个方面梳理推进农民工返乡创业的政策。

一是推进产学研合作，加强科研机构、高校、企业、返乡下乡人员等主体协同，推动农村创新创业群体更加多元。培育以企业为主导的农业产业技术创新战略联盟，加速资金、技术和服务扩散，带动和支持返乡创业人员依托相关产业链创业发展。鼓励农民就地创业、返乡创业，加大各方资源支持本地农民兴业创业力度④。

二是发展多种形式的创新创业支撑服务平台，鼓励有条件的县级政府设立"绿色通道"，为返乡下乡人员创新创业提供便利服务。依托基层就业和社会保障服务平台，做好返乡人员创业服务、社保关系转移接续等工作⑤。

三是加快将现有支持"双创"相关财政政策措施向返乡下乡人员创新创业拓展，把返乡下乡人员开展农业适度规模经营所需贷款按规定纳入全国农业信贷担保体系支持范围。适当放宽返乡创业园用电、用水、用地标准，吸引更多返乡人员入园创业⑥。

---

① 李敏. 大众创业背景下农民工返乡创业问题探究[J]. 中州学刊,2015(10):81.
② 李敏. 大众创业背景下农民工返乡创业问题探究[J]. 中州学刊,2015(10):81-82.
③ 王辉,朱健. 农民工返乡创业意愿影响因素及其作用机制研究[J]. 贵州师范大学学报(社会科学版),2021(6):87-88.
④ 乡村振兴战略规划(2018—2022年)[M]. 北京:人民出版社,2018:45.
⑤ 乡村振兴战略规划(2018—2022年)[M]. 北京:人民出版社,2018:45-46.
⑥ 乡村振兴战略规划(2018—2022年)[M]. 北京:人民出版社,2018:46.

四、培育新型职业农民

(一) 文献综述

对于培育新型职业农民的必要性,学术界认为新型职业农民培训是乡村人才振兴的重要一环,2018年的中央一号文件对"三农"提出了更高要求,并对2020年、2035年以及2050年所要实现的目标都作出了具体规划。然而现阶段,青壮年劳动力外流导致农村劳动力缺乏,所以加强新型职业农民培训对于乡村人才振兴十分重要[1]。相关研究认为,接受培训之后,职业农民的收入明显提高,农民的生产能力与生产信心得到加强,农业的生产效率得以提高[2]。

关于新型职业农民培训的现状以及问题,相关研究提出以下观点:一是农民参与培训的意愿低,持续性学习自制力差,现阶段社会对于"新型职业农民"的认知还不成熟[3];[4]。二是政府虽然比较重视新型职业农民的培训,但是培训的机构比较单一化,多元培训机构联合机制缺乏[5]。三是培训方式以集中授课的形式为主,缺乏经济性以及实效性,虽然政府比较重视对新型职业农民的培训,但是方式比较单一[6]。四是保障措施不理想,培训师资以及培训经费比较缺乏[7]。

关于加快培育新型职业农民的对策,相关研究提出以下观点:一是加强宣传工作,让社会提升对"新型职业农民"的认知,提高农民的参与意

---

[1] 吕莉敏. 乡村振兴背景下新型职业农民培育策略研究[J]. 职教论坛,2018(10):38.
[2] 周杉,代良志,雷迪. 我国新型职业农民培训效果、问题及影响因素分析——基于西部四个试点县(市)的调查[J]. 农村经济,2017(4):117.
[3] 吴兆明,郑爱翔,刘轩. 乡村振兴战略下新型职业农民职业教育与培训[J]. 教育与职业,2019(20):31.
[4] 周杉,代良志,雷迪. 我国新型职业农民培训效果、问题及影响因素分析——基于西部四个试点县(市)的调查[J]. 农村经济,2017(4):117-118.
[5] 吴兆明,郑爱翔,刘轩. 乡村振兴战略下新型职业农民职业教育与培训[J]. 教育与职业,2019(20):31-32.
[6] 陈新忠,庹娟. 乡村振兴背景下新型职业农民培育[J]. 教育与职业,2020(1):104-105.
[7] 吕莉敏. 乡村振兴背景下新型职业农民培育策略研究[J]. 职教论坛,2018(10):39-40.

愿,使其保持长期性以及持久性的学习意愿①。二是加大培训力度,优化培训机构,增加培训机构的多元性,比如增设职业院校等培训机构,促进各培训机构的互动与交流②。三是培训过程要注重系统化与集约化,培训内容要从单一的培养扩充为技术培训、知识教育、管理培训等多元化内容③。四是健全保障措施,建立激励与奖励机制。新型职业农民的培育离不开政策的保驾护航④。

(二) 政策梳理

基于中央文件,我们从以下三个方面梳理培育新型职业农民的政策⑤。

一是培养新一代爱农业、懂技术、善经营的新型职业农民,优化农业从业者结构。实施新型职业农民培育工程,支持新型职业农民通过弹性学制参加中高等农业职业教育。创新培训组织形式,探索田间课堂、网络教室等培训方式,支持农民专业合作社、专业技术协会、龙头企业等主体承担培训。

二是全面建立职业农民制度。鼓励各地开展职业农民职称评定试点。

三是引导符合条件的新型职业农民参加城镇职工养老、医疗等社会保障制度。

第二节 案例研究

一、四川都江堰支持农民工返乡创业

(一) 案例概况

都江堰市位于成都西北部,距离成都市约40千米,是中国西部百强县

---

① 周杉,代良志,雷迪. 我国新型职业农民培训效果、问题及影响因素分析——基于西部四个试点县(市)的调查[J]. 农村经济,2017(4):120-121.
② 周杉,代良志,雷迪. 我国新型职业农民培训效果、问题及影响因素分析——基于西部四个试点县(市)的调查[J]. 农村经济,2017(4):121.
③ 陈新忠,庹娟. 乡村振兴背景下新型职业农民培育[J]. 教育与职业,2020(1):106.
④ 吕莉敏. 乡村振兴背景下新型职业农民培育策略研究[J]. 职教论坛,2018(10):41.
⑤ 乡村振兴战略规划(2018—2022年)[M]. 北京:人民出版社,2018:90-91.

市。都江堰市近年来不断优化农村创业环境，致力于打造生态农业、田园农业与乡村旅游高度融合的产业功能区，在农业经济快速发展的同时，吸引了大量农民工返乡创业。据统计，2018年都江堰市吸引农民工返乡创业200多人，年度增长24.50%，创办企业70多个，年度增长36.04%[①]。

（二）做法与成效

近年来都江堰市在农民工返乡创业岗位、交流平台、资金来源、政策体系以及产业统筹五个方面做出如下努力，以吸引农民工返乡创业。

第一，结合当地实际情况，扩大返乡创业的岗位数量，制订人才回引计划。一是高度重视为返乡创业的农民提供更多的岗位与机会。都江堰市结合当地丰富的旅游资源制定"农旅融合"战略发展规划，不断挖掘创业资源。着力打造了青城道茶文化产业园、青城乌龙茶观光产业园、龙门山十万亩猕猴桃产业基地、灌区映像等现代农业产业和乡村振兴项目。使都江堰休闲农业和乡村旅游都得到了快速发展。二是在机制考核方面，把返乡创业的农民工培育、创业岗位的安置情况以及农民的增收情况作为工作目标以及考核项目。三是广泛实施农民工返乡创业招募引进计划。在北京、上海等城市，针对外出务工农民宣传推介家乡的创业环境、创业优惠政策以及乡村振兴和社区发展治理项目等情况，吸引广大农民工返乡。

第二，构建创业交流平台，加强创业者之间的沟通，使其形成合力。通过"1个创新创业孵化园+3个创业基地+N个创业示范点"的模式，给广大的回乡创业者提供众创众包众扶众筹"四众"共享平台。依托当地

---

① 本案例主要参考以下网页、报刊:诚邀农民工返乡创业 共筑都江堰乡村振兴[EB/OL]. 成都市人民政府网,http://gk. chengdu. gov. cn/govInfoPub/detail. action? id = 2445804&tn = 2,2019 - 09 - 24; 坚持"四字要诀"都江堰市全力做好农民工服务保障工作[N]. 成都日报,2020 - 12 - 29;签约36.49亿元! 四川农民工及企业家返乡入乡创业项目集中签约在蓉举行[EB/OL]. 四川农村信息网,https://www. scnjw. com/. content/myarticle/myarticle/dcfc59e4 - 3383 - 11eb - 8932 - 04d9f5394155/,2020 - 12 - 01;都康同心共建示范 都江堰助力康定增添乡村振兴新动能[EB/OL]. 腾讯新闻,https://view. in-ews. qq. com/a/20211104A066F800,2021 - 11 - 04;西部农民工返乡潮调查:60后与90后不再愿出省[EB/OL]. 搜狐新闻,http://news. sohu. com/20170221/n481253841. shtml,2017 - 02 - 21.

具有发展基础的电子商务,加快推动特色农业的发展,推动农民工返乡创业。都江堰以特色农产品电子商务示范镇为基础,投资上千万元建成胥家镇农业创新创业孵化园,以及峨乡茶溪谷、崇义镇现代农业园、胥家镇猕猴桃园等农业创业基地。农村创业孵化园的建立在一定程度上解决了农民工返乡创业就业的场地问题,实现了园区内设备共享、集中化生产,有助于吸引各类创业主体入驻。

第三,为返乡创业的农民工提供资金支持,使返乡创业人员更有"底气"。返乡人员创业的资金主要来自四个部分,分别是政府的资金支持、自身的资产、朋友与亲人的借贷以及金融机构的资金支持。为了更好地为创业者提供资金上的支持,都江堰市就业局为创业者搭建了小额担保贷款融资服务平台,市农林局也构建了"农贷通"平台,有效地解决了农民工返乡创业的资金问题。与此同时,科技部门加强对创业科技的投入,政府推动土地经营权和林权顺利进入金融市场实现抵押融资,这些做法有助于为农民工返乡创业提供资金支持。

第四,落实对返乡创业农民工群体的政策服务机制。结合都江堰经济发展以及农民工返乡创业实际情况,都江堰市政府制定出台了做好农民工等人员返乡创业工作的一系列文件,包括《关于进一步做好农民工等人员返乡创业就业工作的实施意见》《全民技能提升计划》《关于进一步加强基层劳动就业和社会保障公共服务体系建设的实施意见》等。

第五,政府把农业发展纳入全区域统筹规划。都江堰积极推进农村一、二、三产业融合发展,充分发挥农民工以创业带动就业的能动作用。都江堰市坚持以旅游与农业相互结合的思维加快农业转型升级,以休闲创意农业为发展方向,发挥都市现代农业的辐射带动作用。在此过程中,政府相关部门不断优化返乡创业服务能力,优化返乡创业硬件基础和软件服务,助力农民工返乡创业。近年来,都江堰市建立农家乐1000多家,拥有主题民宿100多家,每年接待游客约1000万人次,通过连带作用提供创业以及就业岗位上万个。在构建交流平台与创业基地方面,都江堰市通过"1个创新创业孵化园+3个创业基地+N个创业示范点"的模式为返乡创业的农民工提供创业基地,加强了他们之间的经验与技术交流,同时也增加了农民的就业机会,带动乡村发展特色经济。

(三) 总结评价

深入实施就业优先战略是政府公共管理服务的重中之重,支持农民工返乡创业就业是解决农村就业问题、推动乡村振兴的有效路径。都江堰市根据自身实际情况,在资金、税收、能源、建设、土地、用工等方面对返乡创业的农民给予优惠与扶持,使得返乡创业的农民更有"底气",也激励着更多的人返回乡村进行创业,这为扩大乡村人才队伍创造了条件。

各地在借鉴都江堰市农民工返乡创业经验的过程中,应根据本地实际情况设定符合自己发展的方案。比如,都江堰市的旅游业与农业相结合的发展方案,依托的是都江堰市本地旅游资源富集的基础条件,其他地区应根据自身比较优势去发展产业,推动乡村全面振兴。

二、江苏昆山培育新型职业农民

(一) 案例概况

江苏省昆山市于 2012 年被确定为首批高素质农民培育试点县,2014 年开始实施新型职业农民培育工程,2018 年开始承担全国农村改革试验任务"探索建立高素质农民制度试点",是全国 4 个试点县之一。其间,昆山市在新型职业农民培育过程中积极探索,制定并不断优化新型职业农民培育方案、强化培育体系建设、完善培育制度,扎实推进新型职业农民培育,累计培育高素质农民 7256 人次、认定高素质农民 1377 名,数量位列苏州地区第一。此外,昆山市还出台了《昆山市高素质农民成人学历教育实施方案》,与南京农业大学等高校开展大专、本科学历联合培养农民大学生工作,已有近 300 名高素质农民免费参加学历教育,为昆山市的农业发展提供了优质劳动力资源①。

(二)背景分析

　　昆山市地处江南"鱼米之乡",其农业发展史可以追溯到 2000 多年前,淀山湖、阳澄湖、周庄古镇等资源一直是昆山发展的重要动力。在城乡经济发展的推动之下,昆山市的农业生产条件以及生产效率逐步提高,家庭农场、农村合作社等新型农业经营主体不断涌现,在现代农业发展方面取得了不错的成绩。与此同时,随着昆山市当地以及周边都市经济的快速发展,人们对高质量农产品的需求日益强烈,这既对昆山市的农业发展提出了更高要求,也给昆山市发展现代化农业提供了广阔空间。对于昆山市的农业发展而言,要提高农业生产效率,发展现代化农业,必须解决"谁来种地"的问题,培育出适宜现代农业发展的经营主体,壮大农村专业人才队伍。在昆山市,从事农业生产的人力资源结构同现代农业发展需求不相适应,从事农业生产的劳动力队伍存在人员老龄化、结构性短缺、综合素质不高、有效供给不足等一系列问题。据调查,昆山全市 1.6 万多名农业从业人员中,50 岁以下的人员仅约 2000 人。在此背景下,加快培育新型职业农民、优化从事农业的人力资源结构,对于昆山市加快发展现代农业至关重要。

　　近年来,昆山市的新型职业农民培育工作走在全国前列。2012 年,国

---

① 本案例主要参考以下网页、报刊、文献:曹旭平. 昆山探索建立新型职业农民制度实践及启示[J]. 江南论坛,2020(9):30-32;翟超群,潘玉兰,姜伟. 昆山市培育新型职业农民的做法与启示[J]. 农村经济与科技,2019(13):295-296;昆山"四个培育"壮大新型职业农民队伍[EB/OL]. 农业农村部网站,http://www.moa.gov.cn/xw/qg/202103/t20210329_6364791.htm,2021-03-29;江苏省发展和改革委员会网上公示首批乡土人才"三带"名人、"三带"能手培养对象[EB/OL]. 常州市创新创业服务平台网,http://www.czcycx.com/zcfw/notice_info?id=jssfgw21567038566970130,2017-12-08;昆山市成功培育 313 名新型职业农民大学生[N]. 昆山日报,2021-11-03;加大新型职业农民培育力度,昆山用心养好"一只蟹"[EB/OL]. 苏州新闻网,http://www.subaonet.com/2021/xwzt/xsdxzwxpz/xsdxzwxpz_xzw/0923/363740.shtml,2021-09-23;昆山打造信息化管理平台 助推新型职业农民培育[EB/OL]. 苏州市人民政府网站,https://www.suzhou.gov.cn/szsrmzf/xdny/202108/72363b219d66485c8add890a687b044d.shtml,2021-08-20;2021 年昆山市新型职业农民培育(粮油)培训班开班[EB/OL]. 常熟理工学院网站,https://glxy.cslg.edu.cn/info/1076/17154.htm,2021-09-23;范昕怡. 昆山:"跑"出农业农村现代化"加速度"[N]. 新华日报,2021-09-27(6).

家为培育新型职业农民,在全国遴选了 100 个县作为试验点,计划在这 100 个试验县用 3 年时间培育 10 万名新型职业农民,昆山是试验县之一。2018 年,农业农村部等八部门联合下发《关于农村改革试验区拓展试验任务的批复》,在全国范围内遴选出 25 个农村改革试验区承担 17 个类别的改革试验任务,其中由昆山等 4 个试验区探索建立新型职业农民制度。试点期间,昆山出台了全国首个《新型职业农民社保补贴细则》,成立江苏省首家新型职业农民培育机构——职业农民指导站,成立新型职业农民协会,持续推进新型职业农民培育的制度框架体系建设,初步为江苏全省乃至全国探索出了可借鉴、可复制、可推广的新型职业农民培育模式与制度规范。

(三) 做法与成效

在新型职业农民培育的具体做法方面,昆山市结合自身实际情况,在新型职业农民的培育与认定、增加新型职业农民的职业认可度以及荣誉感、构建交流平台以及创业载体等方面开展了积极探索。

第一,优化新型职业农民的培育模式,扩大新型职业农民队伍。一是创建更多的培育机构,使得培育机构多元化,并精准识别与选择不同类型的培育需求主体。对新型职业农民的培育一定要避免两大问题:培育机构的单一化以及培育机构与培育需求主体的错配问题。针对这些问题,昆山市与省内外农业高校(扬州大学、上海水产大学、江苏农牧科技职业学院等)、昆山农广校、田间学校(张浦千亩梨园、大唐高效农业示范区、花桥经开区天福生态园、玉叶蔬菜产业基地、巴城万亩葡萄园与现代渔业示范区等各类职业农民示范基地)联合开设多元化的培育机构,采用高校定向培育高中毕业生、进村工作大学生培养、农村青壮年继续教育提升与现有农业经营主体培训等模式,分类培育新型职业农民。昆山市农委发布的《关于印发昆山市新型职业农民成人学历教育实施方案的通知》明确规定,自 2018 年起,昆山将按需开设涉农成人学历教育大专班和本科班,大力培养适合在基层农业农经一条线、专业合作组织、现代农业园区与农场工作的高素质农民。这种多层次、多渠道的新型职业农民培育，确保了昆山市新型职业农民的量质齐升，为昆山市现代农业的发展提供了高质量的农业劳动力资源。二是制定与完善新型职业农民认定标准，并积极开展新型职业农民的认定工作与管理服务工作。昆山市先后出台了《昆山市新型职业农民认定管理办法（试行）》和《昆山市新型职业农民考核管理办法（试行）》，规范新型职业农民的认定管理和激励政策，给符合条件的新型职业农民授予职业证书。随着这些方案的实施，昆山的新型职业农民队伍不断扩大，并涌现出一批创业典型。

第二，增加新型职业农民的职业荣誉感以及社会认知度。一是加强职业农民内部的交流，增强职业荣誉感。2017年12月，昆山市成立了新型职业农民协会，协会在生产经营指导、农产品销售、集中采购生产资料、政府联系农民等方面发挥了作用，加快了生态种养殖步伐，提高了农产品质量和效益，充分发挥了新型职业农民在昆山市现代都市农业发展中的引领作用。在协会的积极配合下，昆山市多次针对新型职业农民开展形式多样的培育工作。例如，2018年10月，昆山市举办新型职业农民创新创业论坛；2019年9月，昆山市举办了"昆味到"杯新型职业农民演讲大赛。二是加强宣传工作，提升社会对于新型职业农民的认知。昆山市响应绿色生产号召，成立绿色农产品公司，开发"昆意农"绿色农产品网上推介销售公共服务平台，组织"农产品进社区"展示展销活动，以市场化导向、公益性原则，带着新型职业农民掌握线上线下营销模式，形成集宣传、推介、销售于一体的网络平台，带动新型职业农民创新创业"品牌化"发展，让他们生产的优质农产品在"昆味到"平台上销售。此外，在每年举办的海峡两岸（昆山）农产品展示展销会上，昆山市的新型职业农民们用自己的优质农产品与来自全国其他地区的优质农产品竞争，这些优质农产品受到昆山市民的青睐，他们用优质农产品打造职业新名片，打通了农民与市民的"最后一公里"。昆山市不仅通过电视、报纸、网络等媒体，使农民了解和获取政府培育政策方面的具体信息，还通过昆山电视台"都市田园"栏目宣传新型职业农民，增加社会对这种职业的了解，增加社会群体的参与度，为后期新型职业农民培育奠定了基础。

第三，加强新型职业农民的基地建设，构建优良的创业载体，为新型农民提供良好平台。昆山市严格遵守新型农民培育基地的"六有"标准，在花桥经济开发区天福生态园与巴城高标准油粮基地分别新建了田间学校。2018年昆山市的玉叶蔬菜产业基地获批全国新型职业农民教育示范基地，这标志着昆山市对于新型职业农民培育的基地建设迈上了更高台阶。除此之外，昆山市新型职业农民培育制度体系运转良好，促进了产业发展与农业园区的提档升级。目前，昆山全市基本形成了以特色水产、优质水稻与高效园艺为主导的三大现代农业产业，阳澄湖大闸蟹、锦溪大米、巴城葡萄、淀山湖黄桃、姜杭蓝莓等品牌与产业集群效应呈现日益提升态势。

昆山培育新型职业农民的做法，取得了积极成效。

在优化培育模式、扩大乡村人才队伍方面，2019年昆山开设水产养殖、稻田综合种养、果蔬栽培、农产品电子商务等培训班22期，共培训新型职业农民1400人次，新增新型职业农民197人，全市累计认定新型职业农民1249人，成为苏州地区首个认定人数超千人的县市。其中，2人获全国新型职业农民项目资助，12人获得江苏省首批乡土人才"三带"能手与新秀称号。昆山市累计培育高素质农民7256人次、认定高素质农民1377名，数量位列苏州地区第一；已有近300名高素质农民参加免费学历教育。近年来，淀山湖镇某新型职业农民开展观赏鱼特色养殖，且瞄准欧盟市场，年出口额超百万美元；新型职业农民领衔的青禾食用菌企业在省股权交易中心农业板挂牌。

在培养新型职业农民的职业荣誉感以及提高社会认知度方面，昆山市的一系列乡村人才内部交流活动起到积极作用，不但加强了新型职业农民之间的交流合作，而且有利于实现新型职业农民的内部联结。昆山市加强对新型职业农民协会的指导管理，推动其形成行业自我管理、自我服务、抱团发展的良好态势，鼓励其探索发展"互联网+"创新创业服务的新模式、新业态，为新型职业农民提供沟通交流、合作发展、示范带动的平台，增强新型职业农民的归属感和职业荣誉感。此外，昆山市以产品推广为载体加强对产品以及职业农民的宣传，增加了社会对职业农民的认可度。

在新型职业农民培育基地建设方面，截至2019年年底，昆山市已获认定各级各类现代农业园区（试验区、示范区等）13个，其中包括9个苏州市级现代农业园区，总建成面积超13万亩，昆山市在新型职业农民培育基地建设方面位居全国前列。昆山市完成800万平方米的现代生态农业（渔业）园区主体工程建设，新增认定周市镇、高新区2个苏州市级现代农业园区，昆山全市拥有苏州市级以上现代农业产业园12个，农业园区集聚了一大批新型职业农民在此创业致富，让新型职业农民拥有了一个可以实现梦想的舞台。

（四）总结评价

昆山作为新型职业农民培育试验试点县，其经验值得全国其他地区借鉴。比如，昆山市在新型职业农民培育模式以及培育对象的选取、新型职业农民认定办法与标准以及后续服务管理工作、职业农民基地建设等方面的经验，具有很高的推广价值。需要注意的是，由于各地的农业生产禀赋差异较大，产业类型不同，各地经济发展模式及财政情况也有很大差别，因此各地在探索培育新型职业农民的过程中，一定要做到因地制宜。昆山市的财政实力较为雄厚，其对新型职业农民培育的组织机构体系建设、新型职业农民社保、涉农大学生定向培育等方面的财政补贴支持力度较大，经济实力较弱的县域应根据自身情况进行调整。此外，昆山市政府部门在新型职业农民培育过程中发挥了很大作用，如何进一步在市场需求引导下开展新型职业农民培育，也是值得进一步探索的问题。

第五章 乡村文化振兴

文化振兴是乡村振兴的重要保障。乡村文化振兴的核心问题是乡村优秀传统文化如何通过传承发展提升而实现现代化转型，应当在立足乡村本土文明的基础上吸收城市文明及外来文化优秀成果，融合形成符合时代需要的乡村现代文化。与此同时，应加强农村思想道德建设和开展移风易俗，健全农村公共文化服务体系，共同营造文明乡风。

第一节 维度剖析

乡村文化振兴主要包括三个维度，分别是传承发展提升农村优秀传统文化、加强农村思想道德建设与开展移风易俗、健全农村公共文化服务体系。

一、传承发展提升农村优秀传统文化

（一）文献综述

乡村文化是中华传统文化的重要组成部分，党的十八大以来，国家对传承发展乡村优秀传统文化越来越重视，在多份文件中明确提出要传承发展提升农村优秀传统文化。2018年9月出台的《乡村振兴战略规划》[①] 提出要重视繁荣发展乡村文化，弘扬中华优秀传统文化，建设文明乡村。

---

① 乡村振兴战略规划(2018—2022年)[M].北京:人民出版社,2018:60-67.

2018年中央一号文件①强调深入挖掘、继承创新优秀传统乡土文化。在中央政策指导下，各地区在传承农村优秀传统文化上取得了一系列成果。各地深入挖掘并传承农耕文化，乡村固有的乡土气息越来越浓郁，一大批古建筑、古村落等文化遗迹得到保护和修缮；部分乡镇依托独具特色的历史文化背景以及乡村风貌等发展乡村旅游业，带动当地农业产业发展。

尽管发展传承农村优秀传统文化取得了一定的成就，但还是存在一些比较突出的问题。在乡村传统文化方面，市场经济的快速发展使金钱至上、利益至上等观念在农村蔓延，农民之间的往来更加关注利益，淳朴的民风逐渐衰微②。科学技术的快速发展便捷了亲友之间的沟通联系，但削弱了人们对节日亲友团聚的期待感和愉悦感，导致人们逐渐忘记传统节日的文化内涵，省略了传统节日的仪式，从而对传统民俗节日的重视程度逐渐降低③。在城镇化进程中，人们的生活方式和居住环境发生巨大改变，导致传统手工艺的生存、发展和传承面临严峻的挑战④。一些传统手工艺人由于工艺品销售市场萎缩，迫于经济压力，不得不放弃传统技艺，导致非物质文化遗产的传承受到影响。乡村特色文化产业方面，一些乡村的旅游业在发展初期出现了较为严重的同质化现象，同时过于急功近利，忽视了对生态环境的保护⑤。

传承发展提升农村优秀传统文化对乡村文明振兴具有重要意义。优秀文化是一个国家、一个民族的灵魂，加强社会主义精神文明建设离不开对传统文化的继承和发展，中华优秀传统文化大多起源于乡村，乡村文化中的"乡愁""乡土精神"等都是优秀传统文化的精华。乡村振兴不仅要实现农民物质上的满足，还要实现精神上的充实，因此文化振兴是乡村振兴

---

① 中共中央 国务院关于全面推进乡村振兴加快农业农村现代化的意见[M].北京:人民出版社,2021:12-15.

② 张鸿雁."文化治理模式"的理论与实践创新——建构全面深化改革的"文化自觉"与"文化自为"[J].社会科学,2015(3):3-10.

③ 苗瑞丹.传统节日的文化价值与功能探究[J].中国特色社会主义研究,2016(2):67-72.

④ 徐艺乙.城镇化进程中传统手工艺的保护与发展[J].贵州社会科学,2015(9):77-83.

⑤ 李莺莉,王灿.新型城镇化下我国乡村旅游的生态化转型探讨[J].农业经济问题,2015(6):29-34.

的灵魂[1]。只有将农村优秀传统文化发扬光大、持续传承下去,才能将优秀传统文化的理念和思想融入农民生活,建设社会主义先进文化,推动实现中华民族伟大复兴[2]。

对于保护利用乡村传统文化,相关研究提出以下观点:一是要保护和传承农耕文化,通过整理有关农耕文化的礼仪、民俗风情、传统习俗等,建立农耕文化博物馆等进行展示,开展体验农耕文化的活动,让人们贴近大自然,感受农村生活,学习并传扬农耕文化精神[3]。二是保护具有传统文化特征的村落遗产和自然遗产,避免其在城镇化过程中受到破坏,从而促进传统文化与现代文明的有机融合,为子孙后代留下宝贵的历史财富[4]。三是加大对非物质文化遗产的保护,积极赋予非物质文化遗产手艺人文化精英的社会地位,鼓励其积极传承非物质文化遗产,同时,引导非遗产品成为民众生活的必需品和艺术精品[5]。

在重塑乡村生态文化方面,相关研究认为发展乡村旅游业时应采取合理的旅游开发模式,不能破坏乡村原有的生态环境和扭曲乡村文化,应当号召文化工作者投身乡村文化建设,同时聘请专业人员开发设计[6]。

在乡村特色文化产业方面,相关研究认为要充分利用农村文化丰富内容和呈现方式多样性的优势,挖掘其精神内涵,借助现代创意和技术,导入产业意识,发展一批具有鲜明地域风情的文化产业[7]。将乡村自然风光、传统习俗以及手工艺品等通过旅游业及其他乡村文化产业向外界推广,带

---

[1] 张莹,龙文军.论农耕文化的传承[J].古今农业,2017(4):101-106.
[2] 段超.中华优秀传统文化当代传承体系建构研究[J].中南民族大学学报(人文社会科学版),2012(2):1-6.
[3] 张莹,龙文军.论农耕文化的传承[J].古今农业,2017(4):101-106.
[4] 龙文军,张莹,王佳星.乡村文化振兴的现实解释与路径选择[J].农业经济问题,2019(12):15-20.
[5] 肖远平,王伟杰.非物质文化遗产助力乡村振兴的"西江模式"研究[J].文化遗产,2019(3):23-28.
[6] 翟向坤,郭凌.乡村旅游开发中乡村文化生态建设研究[J].农业现代化研究,2016(4):635-640.
[7] 管宁.导入产业意识 激活乡村文化——关于农村文化产业发展的一个视角[J].东岳论丛,2009(10):157-162.

动当地经济发展,在发展过程中要做到保护和开发并重①。

(二) 政策梳理

中央提出,乡村文化的现代化转型应当立足乡村文明,吸取城市文明及外来文化优秀成果,在保护传承的基础上实现创造性转化和创新性发展。基于中央文件,我们从以下三个方面梳理传承发展提升农村优秀传统文化的政策。

一是保护利用乡村传统文化。其一,实施农耕文化传承保护工程,深入挖掘农耕文化中蕴含的优秀思想观念、人文精神、道德规范,充分发挥其在凝聚人心、教化群众、淳化民风中的重要作用。其二,划定乡村建设的历史文化保护线,保护好乡村的文物古迹、传统村落、民族村寨、传统建筑、农业遗迹、灌溉工程遗产。其三,完善非物质文化遗产保护制度,实施非物质文化遗产传承发展工程②。

二是重塑乡村文化生态。其一,把民族民间文化元素融入乡村建设,深挖历史古韵,弘扬人文之美,留住乡情乡愁。其二,引导企业家、文化工作者、退休人员、文化志愿者等投身乡村文化建设,丰富农村文化业态③。

三是发展乡村特色文化产业。其一,建设一批特色鲜明、优势突出的农耕文化产业展示区,打造一批特色文化产业乡镇、文化产业特色村和文化产业群。其二,推动农村地区实施传统工艺振兴计划,培育形成具有民族和地域特色的传统工艺产品,促进文化资源与现代消费需求有效对接。其三,推动乡村文化同旅游等其他产业深度融合、创新发展④。

---

① 吕宾. 乡村振兴视域下乡村文化重塑的必要性、困境与路径[J]. 求实,2019(2):97-108.
② 乡村振兴战略规划(2018—2022年)[M]. 北京:人民出版社,2018:62.
③ 乡村振兴战略规划(2018—2022年)[M]. 北京:人民出版社,2018:63.
④ 乡村振兴战略规划(2018—2022年)[M]. 北京:人民出版社,2018:63-64.

二、加强农村思想道德建设与开展移风易俗

(一) 文献综述

近年来,各地对农民广泛开展以社会主义核心价值观为核心的教育活动,大力弘扬尊老爱幼、团结邻里、艰苦朴素的传统美德,注重培育优良家风、文明乡风、淳朴民风,不断丰富农民的精神文化生活,有效提高了农民的文明素质和乡村的文明程度[①]。

在认识到成绩的同时,相关研究认为乡村思想道德建设存在以下问题:一是农村思想道德教育不到位,主要依靠基层干部的宣传,在缺乏对农民政治基本理论教育和"三观"教育的背景下,很难从根源上对农民进行思想教育[②]。二是不良社会风气仍在一定程度上存在,由于农村优质文娱活动的缺乏,黄赌毒等违法行为在农村时有发生。三是乡土优秀品质逐渐被遗弃,农民对社会责任、伦理道德的重视程度越来越弱,不孝顺父母、不抚养孩子、不和睦邻里的现象时有发生[③]。四是思想观念落后,一些偏远农村地区深受几千年封建思想影响,依旧存在一些落后的思想和习俗,如遇事依赖迷信、婚丧嫁娶大办酒席、供奉香火钱等[④]。

在乡村振兴过程中,以社会主义核心价值观为引领,进一步加强乡村道德建设,能为乡村振兴战略的实施提供有力的道德支撑和精神动力[⑤]。用传统美德教化村民有助于建立团结和谐、诚信有爱的乡村,有助于培育良好家风、文明乡风和淳朴民风,提高农民的思想道德水平[⑥]。社会公德

---

① 刘奇葆. 以美丽乡村建设为主题 深化农村精神文明建设[J]. 党建,2015(9):18-21.
② 毛清萍. 乡风文明中新农村思想道德建设的问题及对策——以梅林桥村为例[J]. 农村经济与科技,2021(13):322-324.
③ 欧阳雪梅. 振兴乡村文化面临的挑战及实践路径[J]. 毛泽东邓小平理论研究,2018(5):30-36.
④ 魏佐国. 新农村建设中的思想道德诉求[J]. 求实,2006(11):88-92.
⑤ 王露璐. 我国乡村社会的道德发展与建设[J]. 农村·农业·农民(B版),2019(1):47-48.
⑥ 宋小霞,王婷婷. 文化振兴是乡村振兴的"根"与"魂"——乡村文化振兴的重要性分析及现状和对策研究[J]. 山东社会科学,2019(4):176-181.

不仅能够对村民的价值观进行重塑,而且能够形成一定的社会行为规范[①],有助于引导农民进行自我管理、自我服务、自我提高,提升农村德治水平,实现自治、法治和德治的有机融合,让乡村文化建设助力乡村治理现代化[②]。

相关研究认为,加强农村思想道德建设和移风易俗可以从以下三个方面开展:一是开展农村精神文明教育活动,充分利用城市资源,以诚实守信、团结友爱、积极向上、敬业求实等价值观为主要内容对农民开展思想教育,鼓励城市文化资源向农村流动,号召文化文艺人才返乡入乡,提高农民的思想素质和文学素养。二是营造文明和谐的生活氛围,以热爱祖国、热爱家庭、热爱生活等主题开展文体活动,鼓励村民以礼待人、尊老爱幼、勤俭节约,争做道德模范标兵,为乡村文明建设营造良好的社会风气[③]。三是开展移风易俗活动,村庄协商制定村规民约,号召村民之间相互监督约束日常行为,坚决抑制大操大办红白喜事,消除攀比、奢侈浪费的不良风气[④]。

(二) 政策梳理

基于中央文件,我们从以下四个方面梳理加强农村思想道德建设和移风易俗的政策。

一是践行社会主义核心价值观。坚持教育引导、实践养成、制度保障"三管齐下",采取符合农村特点的方式方法和载体,深化中国特色社会主义和中国梦宣传教育,大力弘扬民族精神和时代精神。加强爱国主义、集体主义、社会主义教育,深化民族团结进步教育[⑤]。

---

① 陈晓霞. 乡村振兴战略下的乡村文化建设[J]. 理论学刊,2021(1):141-149.
② 赵迎芳. 乡村振兴战略下的文化精准扶贫[J]. 西北农林科技大学学报(社会科学版),2020(6):12-19.
③ 李凤兰. 社会主义核心价值观引领乡村文化振兴——基于日常生活理论视角[J]. 贵州社会科学,2018(7):11-17.
④ 龙文军,张莹,王佳星. 乡村文化振兴的现实解释与路径选择[J]. 农业经济问题,2019(12):15-20.
⑤ 乡村振兴战略规划(2018—2022年)[M]. 北京:人民出版社,2018:60.

二是巩固农村思想文化阵地。推动基层党组织、基层单位、农村社区有针对性地加强农村群众思想政治工作。深化文明村镇创建活动，广泛开展星级文明号、文明家庭等群众性精神文明创建活动。深入开展"扫黄打非"进基层。重视发挥社区的教育作用，做好家庭教育，传承良好家风家训。完善文化科技卫生"三下乡"长效机制[1]。

三是倡导诚信道德规范。深入实施公民道德建设工程，推进社会公德、职业道德、家庭美德、个人品德建设。建立健全农村信用体系，完善守信激励和失信惩戒机制。弘扬劳动最光荣、劳动者最伟大的观念。弘扬中华孝道，强化孝敬父母、尊敬长辈的社会风尚。宣传道德模范、身边好人的典型事迹，建立健全先进模范发挥作用的长效机制[2]。

四是开展移风易俗行动。遏制天价彩礼、大操大办、厚葬薄养、人情攀比等陈规陋习。加强无神论宣传教育，丰富农民群众精神文化生活，抵制封建迷信活动。深化农村殡葬改革。加强农村科普工作，提高农民科学文化素养[3]。

三、健全农村公共文化服务体系

（一）文献综述

根据《中国文化文物和旅游统计年鉴》，截至2019年年底，全国已经建立33530个乡镇文化站，从业人员109630人，志愿者服务队伍234665支，乡村文化服务体系现已形成了一定的规模。2019年，全国乡镇共组织了725421次文艺活动，举办了314722次培训班，举办了102316个展览，提供文化服务共计1142459次，相比2018年文化服务次数增加104581次，文化服务惠及28909.27万人次，相比2018年增加1866.45万人次[4]。全国

---

[1] 乡村振兴战略规划（2018—2022年）[M]. 北京：人民出版社，2018：61.
[2] 乡村振兴战略规划（2018—2022年）[M]. 北京：人民出版社，2018：61-62.
[3] 中共中央 国务院关于实施乡村振兴战略的意见[M]. 北京：人民出版社，2018：19.
[4] 中国文化文物和旅游统计年鉴[M]. 北京：国家图书馆出版社，2020：144-149.

的农村公共文化建设逐步深入,农村的精神风貌也发生了很大变化。农家书屋和农村图书阅览室等文化场所的建立以及各种文艺演出活动的开展,丰富了农民的文化生活,提升了农民的文化素养,提高了农村的文明程度[1]。

在认识到农村公共文化服务体系建设成绩的同时,相关文献研究了农村公共文化服务体系建设存在的问题:一是尚未实现文化服务站全覆盖,尤其西北偏远地区文化机构覆盖率偏低;二是存在公共文化供需错配现象,现有的农村公共文化服务体系注重形式、忽视内容,公共文化内容对农民的吸引力较低,导致农民主动参与率较低,服务效能较低[2];三是偏离乡村特色传统文化。中国乡村文化千姿百态,提供的文化服务可以借助当地的特色文化开展,避免千篇一律,注重多样化、特色化的公共文化服务供给[3]。

加快乡村文化建设是深化农村改革的题中之义,是推进美丽乡村建设、乡风文明建设和城乡融合发展的重要内容,也是实现巩固拓展脱贫攻坚成果同乡村振兴有效衔接的重要手段[4]。在农村,农民几乎没有私人性质的文化活动,公共的乡村文化活动几乎是农民精神生活的全部。随着物质水平的提升,农民的文化需求日益增加,因此需要向农村提供高质量的公共文化产品,构建公共文化服务体系。完善的公共文化服务体系不仅有助于丰富农民的生活,而且有助于农民在接受文化熏陶的过程中养成健康文明的生活方式[5]。如果不加大乡村文化建设的力度,不消除乡村社会道

---

[1] 郑欣. 治理困境下的乡村文化建设研究:以农家书屋为例[J]. 中国地质大学学报(社会科学版),2012(2):131-137.

[2] 吴理财. 积极推进城乡公共文化服务均等化——基于20省80县(市、区)的问卷调查分析[J]. 湘潭大学学报(哲学社会科学版),2014(4):21-27.

[3] 杨永恒. 激发内生动力 建设和谐美好农村文化[J]. 行政管理改革,2019(5):30-32.

[4] 罗哲,唐迩丹. 农村公共文化服务的结构转型:从"城市文化下乡"到"乡村文化振兴"[J]. 四川师范大学学报(社会科学版),2019(5):129-135.

[5] 巩村磊. 农村公共文化服务体系构建的价值取向及其现实意义[J]. 理论学刊,2014(1):100-104.

德失范现象,必将影响乡村振兴和社会主义现代化国家建设进程[①]。

相关研究认为,健全农村公共文化服务体系可以从以下两个方面推进:一是做好乡村文化重塑的顶层设计工作。持续加强乡村基础公共文化设施建设,整合地方性公共资源,做好公共文化活动的组织和宣传工作。各地通过农家书屋、文化活动室等大力传播社会主义先进文化和社会主义核心价值观,不断提高农民文化素质[②]。二是注重公共文化供给的内容和方式。基层政府要根据农民的实际需求,挖掘当地文化资源,拓展活动形式,注重发挥农民在乡村文化建设过程中的主体地位,调动农民参与的热情和积极性,开展一系列乡村文化活动,文化活动的内容要注重乡村文化内涵和教化功能,营造健康向上的人文环境[③]。

(二) 政策梳理

基于中央文件,我们从以下三个方面梳理加强农村公共文化服务体系建设的政策。

一是健全公共文化服务体系。按照有标准、有网络、有内容、有人才的要求,健全乡村公共文化服务体系。加强基层综合性文化服务中心建设,实现乡村两级公共文化服务全覆盖,提升服务效能[④]。

二是增加公共文化产品和服务供给。深入推进文化惠民,为农村地区提供更多更好的文化产品和服务。加强农村科普工作,推动全民阅读进家庭、进农村,提高农民的科学文化素养[⑤]。

三是广泛开展群众文化活动。完善群众文艺扶持机制,鼓励农村地区自办文化。培育挖掘乡土文化本土人才,支持乡村文化能人。鼓励开展群众性节日民俗活动,支持文化志愿者深入农村开展丰富多彩的文化志愿服

---

① 陈晓霞. 乡村振兴战略下的乡村文化建设[J]. 理论学刊,2021(1):141-149.
② 王宁. 乡村振兴战略下乡村文化建设的现状及发展进路——基于浙江农村文化礼堂的实践探索[J]. 湖北社会科学,2018(9):46-52.
③ 吕宾,俞睿. 乡村文化自信培养困境与路径选择[J]. 学习论坛,2018(4):66-73.
④ 乡村振兴战略规划(2018—2022年)[M]. 北京:人民出版社,2018:64.
⑤ 乡村振兴战略规划(2018—2022年)[M]. 北京:人民出版社,2018:64-65.

务活动。活跃繁荣农村文化市场,推动农村文化市场转型升级①。

第二节 案例研究

一、陕西安塞冯家营村传承发展腰鼓文化

(一) 案例概况

安塞腰鼓体现了中华民族自强不息、勇往直前的民族精神。数百个头系白羊肚手巾、腰扎红腰带的汉子,踩着鼓点踢打、旋转或腾飞,他们精神饱满、神采飞扬,动作粗犷奔放、气势磅礴,展示了中华民族蓬勃的生命力。陕西安塞冯家营村依托腰鼓文化大力发展腰鼓产业,"千人腰鼓"文化村不仅使得安塞腰鼓这一优秀传统文化得到传承与保护,而且通过腰鼓文化产业和旅游业的结合发展带动村民脱贫致富。此外,冯家营村通过建立"一约四会"以及组织农村志愿服务队伍,引导村民移风易俗,培育农村文明新风尚,推动了冯家营村的乡风文明建设②。

(二) 背景分析

安塞位于陕西北部的延安市,地处黄土高原腹地,这里是中华民族古老文化最集中、最具代表性的地区之一。在古代,安塞属于中原农耕文化和草原游牧文化的接壤地带,更是北方游牧民族进入中原的关口,因此成为历代兵家必争之地。陕西安塞腰鼓有2000多年的历史,据史料分析,安塞腰鼓最早用于战争。鼓是战争中必不可少的战事装备,在遇到异常情况时,通过击鼓传递信息,发出警报;在与敌军交战时,通过击鼓来鼓舞士气;在取得胜利后,通过击鼓来庆祝③。安塞腰鼓也源于陕北人民的生活,

---

① 乡村振兴战略规划(2018—2022年)[M].北京:人民出版社,2018:65.
② 本案例主要参考延安市人民政府网站的相关资料。
③ 马永军,杜春斌.安塞腰鼓的历史回顾与展望[J].延安大学学报(自然科学版),2012(2):101-103.

陕北地区地形复杂，自然灾害频发，古代人民在无力与自然抗争的时候，通过打腰鼓敬畏自然，祈求神灵保佑。久而久之，打腰鼓逐渐成为陕北人民祭祀活动中必不可少的一部分。安塞腰鼓中所表现出来的"劲儿气"，也正是当地人民斗志昂扬和奋发图强的体现。安塞人通过打腰鼓来传递和抒发感情，在艰苦的生活中得到心灵慰藉，从而以饱满的热情投入新生活。在抗战时期，安塞腰鼓成为宣传党的方针、鼓舞军民与敌斗争、庆祝战争胜利的重要工具，因此，安塞腰鼓也被称为"胜利的腰鼓"[1]。随着时代的进步，安塞腰鼓用于传递情报和祈求神灵保佑的功能逐渐退化，当地人民保留了在节日和民俗活动中进行安塞腰鼓表演的传统。当地用"上至九十九，下至刚会走"来形容腰鼓手遍布城乡。在一些影视作品的带动下，安塞腰鼓逐渐走出陕北，走向全国，走向世界。自20世纪90年代以来，安塞腰鼓曾先后参加第11届北京亚运会、香港回归、上海世界博览会、国庆70周年庆典等大型表演活动，在全国和世界舞台上展示中国传统文化的魅力，得到了中外人民的一致好评，被称为"中国第一鼓"。2006年，安塞腰鼓被列入首批国家非物质文化遗产名录。

延安安塞区的冯家营村黄土文化底蕴深厚，腰鼓文化源远流长，是闻名全省的腰鼓专业村。腰鼓文化作为冯家营村最重要的传统乡村文化，滋养和引导村民形成了良好的道德风尚。自脱贫攻坚和乡村振兴战略实施以来，安塞腰鼓为冯家营村的发展注入了强大动力。安塞区政府立足丰富的文化资源和人才优势，大力发展腰鼓文化产业，用旅游业承载传统文化，实现文旅融合发展，实现了文化养民、文化富民。

（三）做法与成效

冯家营村通过深入挖掘安塞腰鼓传统文化，建立千人腰鼓民俗文化村、制定"一约四会"和建立农村志愿服务队，不仅传承了优秀传统文化，而且带动了村民脱贫致富，树立了良好的社会新风尚。

---

[1] 李世荣,马莉,魏锦龙. 黄土地上的体育文化——安塞腰鼓[J]. 陕西师范大学学报（哲学社会科学版）,2006(S1):435-437.

第一，建立千人腰鼓民俗文化村。安塞区政府注资1800万元，打造了占地300余亩的腰鼓民俗文化村，构建起以千人腰鼓展演、农家乐、民俗经营、民间文化艺术品制作和销售为重要组成部分的文化产业体系。一是常态化的腰鼓表演为村民提供了稳定的工作岗位。冯家营村旅游文化产业的发展，让乡村变为景区，景区的腰鼓表演者和后勤工作人员几乎都是附近的村民。在演出和排练之外，腰鼓表演者还可以忙农活。男性腰鼓手每月底薪3000元，女性腰鼓手每月底薪2300元，加上每场腰鼓演出的额外补贴，职业腰鼓手人均月收入5000~6000元，因此吸引了很多外出务工者"回流"。截至2021年5月，冯家营村已推出黄土风情文化艺术实景演出283场，接待游客130万余次。二是文化产业的发展提高了当地对优秀传统文化传承的重视程度。冯家营村为当地居民开展文化技能培训和非遗传承活动，成立了15个腰鼓传习所为农民提供专业的培训，并开设民歌、剪纸等培训课，提高农民的文化技能，鼓励村民在景区售卖腰鼓、剪纸等手工艺品，号召鼓手积极签约文化演出公司。此外，安塞区非遗保护中心通过为腰鼓传承人建立电子档案，号召更多的年轻人学习和传承安塞腰鼓。对于冯家营村的村民来说，安塞腰鼓已经不仅仅是需要继续传承的优秀文化，更是他们脱贫致富的主要手段之一。三是文化产业推动贫困户稳定脱贫。为盘活村集体经济，让村民享受文化产业建设的红利，冯家营将25户建档立卡贫困户的土地折价入股白坪新时代文化旅游开发有限公司，并将贫困户的64.08万元产业基础设施扶持资金入股到该公司，让贫困户每年年末能获得2000元的股利分红。与此同时，景区还为贫困户提供保安、保洁等工作岗位，使贫困人口实现稳定就业、依靠文化产业脱贫致富。

第二，制定"一约四会"。冯家营村不仅抓文化产业，传承优秀传统文化，也积极培育新文明，形成新风尚。冯家营村进一步完善"一约四会"制度，即村规民约、村民议事会、道德评议会、禁毒禁赌会和红白理事会。此外，冯家营村委引导党员起模范带头作用，自觉遵守《红白事自治文明公约》，抵制红白事大操大办，杜绝奢侈浪费，引导农民崇尚科学，破除封建迷信。

第三,建立志愿服务队。冯家营村积极建设以"亲帮亲、友帮友、邻帮邻、户帮户"为原则的志愿者服务队伍。志愿者深入村民家中,宣传党的惠农政策和村里的乡约民规;深入地头,推广农产品新技术;深入鳏寡孤独户,送去党和政府的关怀;深入贫困户,开展精准帮扶。在志愿者的带动下,志愿服务队伍日益壮大,为建设幸福美丽的冯家营贡献力量。

冯家营村依托腰鼓文化建设"千人腰鼓"文化村,让腰鼓不仅成为文化的"交流鼓",而且成为农民的"致富鼓",带领村民实现全面小康。2019年冯家营村民人均纯收入13200元,其中依靠打腰鼓等文化产业带来的人均收入有8600元。随着乡风文明建设的持续推进,现如今冯家营村的村民邻里之间和睦相处,婚丧嫁娶大操大办现象减少,村民参与志愿服务活动的热情日益高涨,全村形成一股勤俭朴实的新风气。2020年6月,冯家营村入选首批全国村级"乡风文明建设"优秀典型。

(四) 总结评价

发展文化产业是新时代满足人民日益增长的精神需求的重要途径,也是弘扬和传承中华优秀传统文化的推动力量。优秀的传统文化是文化产业持续发展壮大的重要支撑力和核心竞争力[1]。冯家营村以安塞腰鼓为核心元素发展特色文化产业,既向外界弘扬了博大精深的黄河文化,实现了传统文化的价值,又吸引了海内外游客前来旅游观光,拉动了当地经济发展,助力冯家营村打赢脱贫攻坚战,进而推动乡村全面振兴。

各地在借鉴冯家营村文化产业发展经验的过程中,需要注意以下两点:一是传统与现代相衔接。文化产品需要与时俱进,与现代技术进行融合,不断创新展现形式,但同时又要保持文化产品的原有内涵和思想[2]。二是保护与开发兼顾。在传统文化商业化的过程中,不能急功近利,对传统文化进行过度开发,破坏传统文化的原生态性质,进而影响文化产业的

---

[1] 张造群. 文化产业视域下优秀传统文化的现代价值[J]. 社会科学战线,2017(8):18-22.
[2] 尹明明. 传统文化资源的创新性开发利用[J]. 江西社会科学,2015(11):236-241.

健康发展。因此,要坚持适度开发,推动文化遗产可持续发展①。同时,舆论应引导群众用科学的眼光看待优秀文化产业化发展,推动优秀传统文化传承与发展。

二、河南兰考张庄村建设公共文化服务体系

(一) 案例概况

河南兰考县张庄村通过深入践行社会主义核心价值观,加强文化基础设施建设,丰富文化活动载体,绽放出乡风文明之花。张庄村先后建成了桐花书馆、张庄戏院及黄河湾书画院等公共基础设施,修建了文化广场,配置了健身器材、电子屏幕等设备,丰富了群众的文化生活。此外,张庄村开展"幸福家园"大讲堂,举办孝老爱亲饺子宴及五好家庭评选等活动,制定村规民约,成立红白理事会和讲理堂、张庄艺术团,创新了公共文化活动载体,积极弘扬中华传统美德和"焦裕禄精神",引导村民移风易俗、破除封建迷信和培育文明新风尚,有力推动了乡风文明建设②。

(二) 背景分析

张庄村位于河南省兰考县北部最大的风沙口,坐落于九曲黄河的最后一道弯,遍地沙丘。在20世纪60年代焦裕禄带领群众治理兰考风沙之前,张庄村的村民经常食不果腹,近三成的村民外出谋求生路。"一年辛苦半年糠,携老扶幼去逃荒"是张庄村当时的真实写照。直到焦裕禄带领群众使用淤泥捏土封住沙丘,才改变了张庄村漫天黄沙的风貌,让村民在此安定扎根下来,结束了逃荒的历史。但是,张庄村的经济基础较为薄弱,农民生活贫苦。2014年,张庄村共有2960人,登记在册的贫困户有207户754人③。2014年3月17日,习近平总书记走访张庄村,访贫问苦,指导

---

① 张造群. 文化产业视域下优秀传统文化的现代价值[J]. 社会科学战线,2017(8):18-22.
② 本案例参考兰考县人民政府网站的相关资料。
③ 郑旺盛. 梦里张庄:如诗如画的小康图景[J]. 党建,2020(11):40-41.

张庄村因地制宜发展特色产业。在此之后,张庄村依据自身资源优势,发展壮大特色产业体系,哈密瓜大棚基地、南美白对虾养殖基地等产业先后落户张庄村。在习近平总书记的激励和鼓舞下,在党和政府一系列精准扶贫政策的支持下,2017年张庄村顺利脱贫,实现了全面小康。

在经济社会转型的背景下,农民的传统生活方式和传统行为准则逐渐淡化,乡村文化面临前所未有的挑战。乡村公共文化设施虽然投入力度不断增加,但由于无人管理,造成基层公共文化设施的利用率很低。乡村的"空心化"和基层办公条件差,导致基层文化人才匮乏,基层的精神文化活动难以有效开展。作为焦裕禄精神的发源地,兰考县张庄村在脱贫致富的同时,十分重视乡风文明建设,不断拓展和丰富村民的文娱活动,绽放出一朵朵精神文明之花。

(三) 做法与成效

张庄村顺利脱贫之后,着力加强公共文化阵地建设、丰富文娱活动载体、营造良好社会风气,推动了乡风文明建设。

第一,投资建设公共文化阵地。张庄村村委充分整合利用村内的资源,租用外出打工村民留下的院落,将其改造成村民阅览室"桐花书馆"、张庄讲理堂、张庄戏院、黄河湾书画院、民俗馆等文娱活动室。桐花书馆内的10000余册藏书大多来自县图书馆和社会捐赠,书馆还会定期播放农业教科片,帮助农民学习知识①。"张庄讲理堂"是专门用来协调村民矛盾纠纷的地方,民调员帮助村民把矛盾厘清楚、道理讲明白、问题简单化。通过"张庄讲理堂"的调解,村民之间的纠纷越来越少,感情越来越浓。

第二,创新文娱活动载体。张庄村村委强调文娱活动不能只注重形式,更要注重内容,通过创新文娱活动载体,举办老百姓喜闻乐见的活动,让村民真正融入乡风文明建设。一是张庄村在2016年注册成立"梦里张庄"艺术团,聘用专职人员进行排练和演出,已成品的剧目有《焦裕

---

① 郑旺盛.梦里张庄:如诗如画的小康图景[J].党建,2020(11):40-41.

禄》《朝阳沟》《花喜鹊》等，还有由村内学生表演的手语舞《堂堂正正一辈子》，每逢佳节免费为村民演出该节目，通过这段手语舞讲述焦裕禄故事，宣传党和国家的政策，弘扬中华传统美德和优秀文化。二是为提高村民的文化视野和践行社会主义核心价值观，每周五会在村委会院内开办"幸福家园"大讲堂，主讲知识涵盖国家政策、新闻、生活常识、文化知识以及卫生保健等，让村民的生活变得充实，有效提升了村民的思想境界。三是每到农闲或春节等重大节日时，村委会都会组织村民开展贴近农民生活的精彩娱乐活动，比如，农村春晚和农村趣味运动会，有力地提高了村民的团结协作能力，展现了村民积极向上、热爱生活的精神风貌。

第三，重视弘扬传统美德和移风易俗。一是为规范各项民主决策机制和完善农村基层自治平台，张庄村在2017年9月经过村民代表大会通过了"十三条"村规。村规主要涵盖家风和民风两个方面，如"不孝敬老人、不奉养父母者""不注重礼仪，袒胸露背，脏话、粗话连篇，行为不端者""不守信用、借贷不能按时还清、说话不算数者"等，符合以上"十三条"规定的人员，将以户为单位列入黑名单管理，考察期半年，并取消该户参加村内评优活动的资格。通过村规民约可以督促村民规范日常行为，践行传统美德。二是张庄村每月评选一次"兰考文明户"，每年开展好婆婆、好媳妇和五好家庭评选活动，激发群众建设文明张庄村的积极性。三是摒弃陋习。张庄村成立了村民议事会、道德评议会等乡村组织。各个组织协助解决家庭矛盾、村民间纠纷，为男女青年牵桥搭线，倡导低彩礼，反对大操大办红白事，反对铺张浪费，引导村民移风易俗。

2020年，兰考县张庄村入选全国村级"乡风文明优秀典型案例"。随着乡风文明建设的深入，张庄村内孝亲爱老蔚然成风，每月都会为村里70岁以上的老人举办饺子宴，关心老人的生活，弘扬尊老、敬老、爱老的传统美德。每周五晚上的"幸福大讲堂"，会邀请在孝道、感恩、贡献以及其他方面有突出表现的村民进行演讲，以真实的故事感动和教化他人，引领农村文明新风气，张庄村民的思想道德也得到显著提升。一些村民发挥无私奉献的精神，每日清晨义务扫街，维护村庄环境卫生，每个人都为建设"梦里张庄"做出自己的贡献。村民的物质生活越过越富裕,精神生活也越来越丰富。

(四) 总结评价

张庄村通过加强文化基础设施建设和创新文化活动载体,改变了由政府主导的公共文化服务体系构建过程中存在的文化设施落后、文化活动内容单一以及与居民生活不能有效衔接的问题[①]。张庄村的各项精神文化活动逐渐融入人们的生活,激发了村民的积极性,村民主动加入乡风文明建设队伍,发挥了村民在乡村文化建设中的主体作用,推动了张庄乡村文化的繁荣发展。

各地在乡风文明建设过程中可以借鉴张庄村的经验,建立健全乡村公共文化服务体系,完善农村公共文化设施,创新公共文化活动载体,传播文明新风,营造移风易俗和崇尚真善美的氛围[②]。公共文化活动的内容应征求广大群众的建议,激发村民的积极性、主动性和创造性,广泛动员民众参与民俗活动和文体活动,充分激发乡村文化发展的内生动力[③]。在乡风文明建设过程中,只有保持农村风清气正的社会风貌,把社会主义核心价值观以农民喜闻乐见的方式潜移默化地渗透农民的生活,才能为乡村振兴提供精神动力[④]。

[①] 陈波. 公共文化空间弱化:乡村文化振兴的"软肋"[J]. 人民论坛,2018(21):125-127.
[②] 龙文军,张莹,王佳星. 乡村文化振兴的现实解释与路径选择[J]. 农业经济问题,2019(12):15-20.
[③] 宋小霞,王婷婷. 文化振兴是乡村振兴的"根"与"魂"——乡村文化振兴的重要性分析及现状和对策研究[J]. 山东社会科学,2019(4):176-181.
[④] 孙喜红,贾乐耀,陆卫明. 乡村振兴的文化发展困境及路径选择[J]. 山东大学学报(哲学社会科学版),2019(5):135-144.

第六章　乡村生态振兴

良好的生态环境是乡村的最大优势和宝贵财富，农业农村作为生态产品的重要供给者和生态涵养的主体区，必须加强生态环境建设。乡村生态振兴的目标是实现乡村生态宜居，应把山、水、林、田、湖、草作为生命共同体进行统一保护和修复，推动农业绿色发展，治理农村突出环境问题，把乡村的"绿水青山"转变为"金山银山"。

第一节　维度剖析

乡村生态振兴包括三个维度，分别是推进农业绿色发展、治理农村人居环境以及加强乡村生态补偿和生态产品供给。三者相辅相成，共同构建乡村生态文明。

一、推进农业绿色发展

（一）文献综述

"绿水青山就是金山银山。"近年来，中国农业绿色发展水平显著提高，资源利用效率明显提升，面源污染防治取得明显成效，质量效益也得到提高[①]。但与此同时，农业经营增收能力与优质农产品供给能力还

---

① 魏琦,张斌,金书秦. 中国农业绿色发展指数构建及区域比较研究[J]. 农业经济问题, 2018(11):11-20.

有待提升①,农业绿色发展仍然有很大的提升空间。此外,区域间农业绿色发展水平表现出显著的差异性,且其差异的根源在于农业绿色技术效率②。

在分析中国农业绿色发展进程和成绩的基础上,相关文献论证了农业绿色发展存在的问题与挑战。第一,农业发展面临资源约束。在数量上,中国人均耕地面积以及人均水资源占有量都处在较低水平;在质量方面,中国优质耕地所占比例呈逐年下降趋势,水资源水质尤其是地下水水质不容乐观,耕地资源和水资源污染严重③。第二,农业面源污染问题。在农业生产过程中,存在畜禽粪污资源化处理滞后、化肥施用量快速增加、不科学合理使用农药、农膜残膜回收比例低等问题,造成了农业农村面源污染以及生态系统功能衰退的严峻形势④。第三,化学投入品过多,农产品安全质量问题突出。中国农业在发展过程中,把化肥、农药投入作为实现农业高产增产的传统动能,农业生产过程中化肥、农药、农用塑料薄膜等农用化学品投入量大,导致农产品品质下降、农产品质量安全风险上升⑤。第四,农业技术投入不足。农业技术进步对农业绿色发展的贡献率很高,但农业技术效率却成为农业绿色发展的制约因素⑥,具体表现为农业生产过程中生物有机投入品不足、农业技术转化率不高、农业技术推广应用水平还需要进一步提高⑦。

学术界从以下三个方面讨论了推动农业绿色发展的必要性。第一,发展绿色农业是保护生态环境、治理农业污染的现实需要。农业生产与自然环境是紧密联结的,中国的农业生产现今依然是靠化学品的过量投入以及

---

① 巩前文,李学敏. 农业绿色发展指数构建与测度:2005—2018 年[J]. 改革,2020(1):133-145.
② 郭海红,刘新民. 中国农业绿色全要素生产率时空演变[J]. 中国管理科学,2020(9):66-75.
③ 于法稳. 新时代农业绿色发展动因、核心及对策研究[J]. 中国农村经济,2018(5):19-34.
④ 张宇,朱立志. 关于"乡村振兴"战略中绿色发展问题的思考[J]. 新疆师范大学学报(哲学社会科学版),2019(1):65-71.
⑤ 李国祥. 论中国农业发展动能转换[J]. 中国农村经济,2017(7):2-14.
⑥ 葛鹏飞,王颂吉,黄秀路. 中国农业绿色全要素生产率测算[J]. 中国人口·资源与环境,2018(5):66-74.
⑦ 刘刚. 农业绿色发展的制度逻辑与实践路径[J]. 当代经济管理,2020(5):35-40.

低效利用驱动，粗放的生产方式对土壤、地下水等造成了严重污染，致使生态环境面临严峻考验。第二，发展绿色农业是满足消费者生态需求的根本保证。近年来，居民对优质农产品以及良好生态环境的需求激增。一方面，食品安全事件频发促使消费者更加关注农产品的质量安全问题；另一方面，随着生活水平不断提高，居民对生态环境有了更高的要求①。第三，农业绿色发展有助于推动农村生态文明建设。农业是地球自然生态系统的组成部分，是生态文明建设的重要领域，农业绿色发展关系生态文明建设的成效②。

发展绿色农业是实现农业可持续发展的必由之路，学术界从以下五个方面论证了实现农业绿色发展的具体路径。第一，保护农业资源。水土资源是农业发展的基本保障，要严格保护耕地，扩大开展耕地轮作休耕面积，建立完善的耕地保护制度；要大力推广农业节水，保护水资源；要严格执行休渔禁渔制度，加大渔业资源增殖放流力度，强化江豚等各类保护区建设③。第二，修复农业生态系统。针对农业生产导致的生态环境破坏问题，开展环境污染治理与生态修复工程，包括治理荒漠化、石漠化、水土流失，强化湿地保护和恢复等④。第三，农业生产方式绿色化、生态化。推动农业生产由注重物质要素投入向创新驱动转变，实现生产手段的绿色化，包括优良品种推广、绿色化学投入品使用等；推动农业废弃物再利用，将粪便、秸秆和生活垃圾等农业废弃物变成农业生产的肥料、饲料和燃料，实现农业资源有效利用⑤。第四，加快构建农产品全产业链监管机制。在农产品生产资料投入环节，严禁使用国家明令禁止的生产资料；在农产品生产环节，加强对标准化生产的引导；在农产品认证环节，严格把

---

① 于法稳. 习近平绿色发展新思想与农业的绿色转型发展[J]. 中国农村观察,2016(5):2-9.
② 王飞,石祖梁,王久臣,等. 生态文明建设视角下推进农业绿色发展的思考[J]. 中国农业资源与区划,2018(8):17-22.
③ 王飞,石祖梁,王久臣,等. 生态文明建设视角下推进农业绿色发展的思考[J]. 中国农业资源与区划,2018(8):17-22.
④ 周宏春. 乡村振兴背景下的农业农村绿色发展[J]. 环境保护,2018(7):16-20.
⑤ 尹昌斌,李福夺,王术,等. 中国农业绿色发展的概念、内涵与原则[J]. 中国农业资源与区划,2021(1):1-6.

控质量;在农产品销售环节,加强监管①。第五,树立绿色发展理念。逐步破除传统农业发展观念,牢固树立发展绿色农业的新观念。

(二) 政策梳理

基于中央文件,我们从以下四个方面梳理推进农业绿色发展的政策。

一是强化资源保护与节约利用。第一,实施国家农业节水行动,建设节水型乡村。建立健全农业节水长效机制和政策体系。第二,实施农用地分类管理,加大优先保护类耕地保护力度。降低耕地开发利用强度,扩大轮作休耕制度试点,制定轮作休耕规划。第三,强化渔业资源管控和养护②。

二是推进农业清洁生产。加强农业投入品规范化管理,健全投入品追溯系统,推进化肥农药减量施用,完善农药风险评估技术标准体系,严格饲料质量安全管理。推进种养循环一体化,建立农村有机废物收集、转化、利用网络体系③。

三是集中治理农业环境突出问题。深入实施土壤污染防治行动计划。加强农业面源污染综合防治。加大地下水超采治理。严禁未经达标处理的城镇污水和其他污染物进入农业农村④。

四是保障农产品质量安全。实施食品安全战略,加快完善农产品质量和食品安全标准、监管体系,加快建立农产品质量分级及产地准出、市场准入制度。建立健全农产品质量安全风险评估、监测预警和应急处置机制。完善农产品认证体系和农产品质量安全监管追溯系统,着力提高基层监管能力⑤。

---

① 于法稳. 实现我国农业绿色转型发展的思考[J]. 生态经济,2016(4):42-44.
② 乡村振兴战略规划(2018—2022年)[M]. 北京:人民出版社,2018:49.
③ 乡村振兴战略规划(2018—2022年)[M]. 北京:人民出版社,2018:49.
④ 乡村振兴战略规划(2018—2022年)[M]. 北京:人民出版社,2018:50.
⑤ 乡村振兴战略规划(2018—2022年)[M]. 北京:人民出版社,2018:31.

二、治理农村人居环境

(一) 文献综述

近年来,中央高度关注农村人居环境整治问题,同时这也是学术界研究的热点问题。中国农村经济在日益繁荣的同时,农村人居环境问题也越来越突出[1]。生活污水的随意排放、生活垃圾乱堆乱放和随意焚烧掩埋等,导致农村人居环境不断恶化。近年来,各地通过治理农村生活污水、生活垃圾以及"厕所革命",使农村人居环境有了明显改善,其中,生活污水治理的行政村数量以及行政村比例都有了很大提高[2],大多数农村生活垃圾已能实现户分类、村收集、集中清运、统一填埋或焚烧处理,"厕所革命"也在一定程度上改善了农村的环境卫生状况[3]。但总体而言,当前中国农村人居环境质量一般,区域差异明显,且地区间差异有进一步扩大的趋势[4]。

相关研究认为,农村人居环境整治中存在以下问题与挑战。第一,城市治理技术与模式不完全适用于农村。农村污水、垃圾处理模式不同于城市,一是村庄分布较为分散,治理规模普遍偏小、治理难度大;二是农民大量进城务工等原因导致"空心村"现象较为突出,污水垃圾产生量随人员流动变化较大,部分地区农村污水处理套用城市污水处理要求和思路,往往采用集中处理的方式,没有因地制宜地选择适合当地条件的污染治理技术,造成处理设施建设和运行维护成本偏高[5]。第二,治理主体缺失。长期以来,农户对人居环境保护意识淡薄,在治理过程中表现出明显的单

---

[1] 于法稳,侯效敏,郝信波. 新时代农村人居环境整治的现状与对策[J]. 郑州大学学报(哲学社会科学版),2018(3):64-68.
[2] 于法稳,于婷. 农村生活污水治理模式及对策研究[J]. 重庆社会科学,2019(3):6-17.
[3] 周宏春. 乡村振兴背景下的农业农村绿色发展[J]. 环境保护,2018(7):16-20.
[4] 孙慧波,赵霞. 中国农村人居环境质量评价及差异化治理策略[J]. 西安交通大学学报(社会科学版),2019(5):105-113.
[5] 徐顺青,逯元堂,何军,等. 农村人居环境现状分析及优化对策[J]. 环境保护,2018(19):44-48.

向性与强制性,治理主体单一化态势仍较为突出①,导致农村人居环境治理的公众参与效果不佳,阻碍了治理进程②。第三,监督协调机制体制不健全。由于农村人居环境整治涉及多领域,职责、项目分散在多个部门,但各部门之间的联动配合还不够紧密,缺乏有效的沟通和协调机制,导致综合治理效能发挥不够充分③。

农村人居环境质量直接影响农村居民的身体健康④,改善人居环境、建设美丽宜居乡村也是乡村振兴的重点内容。相关研究认为,推动农村人居环境整治,使农村呈现出"村庄美、庭院美、生态美"的全新面貌,需要从以下四个方面开展工作,以保障农村人居环境整治提升工作持续有效推进:第一,因地制宜地选用农村人居环境整治的技术方案。继续聚焦农村生活垃圾治理、厕所改造和农村生活污水治理工作,依据村庄复杂的自然和社会经济条件选取适宜的技术和治理方案,因地制宜,实现投入产出效率的最大化⑤。第二,以村庄规划为导向,推进乡村人居环境整治。发挥村庄规划的战略引导作用,整体谋划村庄布局和建筑风貌,更有效率地利用好乡村土地空间,从而更科学、更有计划地推动农村人居环境质量提升⑥。第三,农户主体塑造。加强环保宣传和教育工作,提高农民的环保文明观念和参与意识,充分调动农民的积极性,促使全体农民加入改善农村人居环境建设的行列⑦。第四,创新农村环境治理模式。构建网络化治理模式,实现主体多元化、环境治理工具多元化,打破环保部门间的条块分割,实现部门、主体间的协调合作,提高农村人居

---

① 王波,郑利杰,王夏晖. 现代农村生活污水治理体系实现路径研究[J]. 环境保护,2020(8):9-14.

② 吕建华,林琪. 我国农村人居环境治理:构念、特征及路径[J]. 环境保护,2019(9):42-46.

③ 皮俊锋,陈德敏. 农村人居环境整治的实践经验、问题检视与制度建构——以重庆市地方实践为切入视角[J]. 中国行政管理,2020(10):153-155.

④ 王晓宇,原新,成前. 中国农村人居环境问题、收入与农民健康[J]. 生态经济,2018(6):150-154.

⑤ 王宾,于法稳. "十四五"时期推进农村人居环境整治提升的战略任务[J]. 改革,2021(3):111-120.

⑥ 彭超,张琛. 农村人居环境质量及其影响因素研究[J]. 宏观质量研究,2019(3):66-78.

⑦ 赵霞. 农村人居环境:现状、问题及对策——以京冀农村地区为例[J]. 河北学刊,2016(1):121-125.

环境管理的效率①。

(二) 政策梳理

基于中央文件，我们从以下两个方面梳理治理农村人居环境的政策。

一是加快补齐突出短板。第一，推进农村生活垃圾治理，建立健全符合农村实际、方式多样的生活垃圾收运处置体系，有条件的地区推行垃圾就地分类和资源化利用。第二，继续实施农村"厕所革命"，结合各地实际普及不同类型的卫生厕所，推进厕所粪污无害化处理和资源化利用。第三，梯次推进农村生活污水治理，有条件的地区推动城镇污水管网向周边村庄延伸覆盖。逐步消除农村黑臭水体，加强农村饮用水水源地保护。②

二是着力提升村容村貌。第一，科学规划村庄建筑布局。第二，继续推进城乡环境卫生整洁行动。第三，鼓励具备条件的地区集中连片建设生态宜居的美丽乡村，综合提升田水路林村风貌，促进山庄形态与自然环境相得益彰。③

三、加强乡村生态补偿和生态产品供给

(一) 文献综述

在工业化、城镇化进程中，人们大规模地利用与改造生态系统，这在创造巨大财富的同时，造成了两个问题：一方面导致生态系统的服务供给能力下降，人类的生态福祉不断降低④；另一方面也导致严重的生态破坏，农村生态环境恶化尤其严重。近年来，随着生态文明建设的深入开展以及《国务院办公厅关于健全生态保护补偿机制的意见》的发布，国内依据主体功能区划分进行生态补偿试点，由省至市逐步推进示范，乡村生态补偿

---

① 吕建华,林琪. 我国农村人居环境治理:构态、特征及路径[J]. 环境保护,2019(9):42-46.
② 乡村振兴战略规划(2018—2022年)[M]. 北京:人民出版社,2018:52.
③ 乡村振兴战略规划(2018—2022年)[M]. 北京:人民出版社,2018:52.
④ 李繁荣,戎爱萍. 生态产品供给的PPP模式研究[J]. 经济问题,2016(12):11-16.

在广度和深度上均有了很大提升①，这些实践在一定程度上缓解了生态环境破坏问题，也推动了区域间平衡、共赢发展。

我国尽管在重点生态功能区生态补偿方面积累了经验，取得了初步成效，但生态补偿市场化机制不健全、制度体系不完善等问题逐渐凸显，制约了生态补偿的推进。第一，生态补偿市场化机制不健全。一是市场化工具不健全，生态补偿市场化方式单一。当前生态补偿市场化主要采用市场交易方式，对金融证券市场化的研究与实践不足。二是生态补偿市场化缺乏明确的交易规则②。第二，制度体系不完善。一是产权不明晰，导致对资源的掠夺性使用，受益者与保护者、破坏者与受损者的权责边界模糊，难以实现生态效益的公平和有效分配。二是协调机制不完善，政府间部门条块分割，易产生职能重复和监管空白，阻碍了国家重点生态功能区管控的精准化和高效化开展③。

环境污染和生态破坏直接影响了农村经济的可持续发展、食品安全和居民健康④，在乡村振兴过程中，采用生态补偿的方式不仅能有效避免资源浪费，实现资源优化配置⑤，而且能够改善生态环境，实现人与自然和谐相处。相关研究认为，加强乡村生态补偿和生态产品供给对于农村发展至关重要，具体可从以下三个方面开展。第一，建立多元化生态补偿体系。一是依据主体功能区划分，加大重点生态功能区转移支付，将更多贫困县纳入转移支付范围⑥；二是对重点领域进行生态环境保护和修复；三

---

① 吴平. 打好"三大攻坚战""污染防治与环保制度创新"系列笔谈之二 生态补偿的实际运作观察[J]. 改革,2017(10):71-74.

② 贺涛,孙华贵. 关于推进乡村振兴中市场化生态补偿机制的思考[J]. 环境保护,2018(17):52-54.

③ 刘金龙,龙贺兴,杨三思,等. 国家重点生态功能区农业生态化发展的机遇与挑战[J]. 环境保护,2018(7):25-29.

④ 王彬彬,李晓燕. 基于多中心治理与分类补偿的政府与市场机制协调——健全农业生态环境补偿制度的新思路[J]. 农村经济,2018(1):34-39.

⑤ 金波. 在美丽乡村建设过程中构建农村参与式生态补偿机制[J]. 贵州社会科学,2016(1):163-168.

⑥ 徐梦佳,顾羊羊,张琨,等. 全面推进乡村振兴背景下西南喀斯特地区加强生态保护工作的对策建议[J]. 环境保护,2021(22):33-36.

是建构生态补偿的市场治理结构，包括降低交易成本和选择市场工具，从而建立完善、高效率、符合中国国情的生态补偿机制。第二，注重生态补偿的长效性和稳定性。加强对区域内生产方式与生态属性相匹配的积极引导，将生态建设与扶贫项目、地方产业发展紧密结合，提供优质足量的生态产品，不断提升受偿地区发展的内生动力，实现生态安全与经济发展的"双头并进"[①]。第三，创新生态产品供给模式。由政府直接供给生态产品的供给机制，转变为以政府为主导，调动市场主体供给生态产品的积极性，政府部门和私人企业部门共同提供生态产品[②]。

（二）政策梳理

基于中央文件，我们从以下两个方面梳理加强农村生态补偿和生态产品供给的政策。

一是建立市场化多元化生态补偿机制。第一，落实农业功能区制度，加大重点生态功能区转移支付力度，完善生态保护成效与资金分配挂钩的激励约束机制[③]。第二，完善重点领域生态保护补偿机制，鼓励地方因地制宜地探索通过赎买、租赁、置换、协议、混合所有制等方式加强重点区位森林保护，落实草原生态保护补助奖励政策，建立长江流域重点水域禁捕补偿制度，鼓励各地建立流域上下游等横向补偿机制。第三，推动市场化多元化生态补偿，建立健全用水权、排污权、碳排放权交易制度，形成森林、草原、湿地等生态修复工程参与碳汇交易的有效途径，探索实物补偿、服务补偿、设施补偿、对口支援、干部支持、共建园区、飞地经济等方式，提高补偿的针对性[④]。

二是增加农业生态产品和服务供给。正确处理开发与保护之间的关系，运用现代科技和管理手段，将乡村生态优势转化为发展生态经济的优

[①] 张化楠,葛颜祥,接玉梅.主体功能区的流域生态补偿机制研究[J].现代经济探讨,2017(4):83-87.
[②] 李繁荣,戎爱萍.生态产品供给的PPP模式研究[J].经济问题,2016(12):11-16.
[③] 中共中央 国务院关于实施乡村振兴战略的意见[M].北京:人民出版社,2018:15.
[④] 乡村振兴战略规划(2018—2022年)[M].北京:人民出版社,2018:56-57.

势，提供更好更多的绿色生态产品和服务，促进生态和经济良性循环。积极开发观光农业、游憩休闲、健康养生、生态教育等服务。创建一批特色生态旅游示范村镇和精品线路，打造绿色生态环保的乡村生态旅游产业链①。

第二节　案例研究

一、黑龙江富锦打造"绿色粮都"

（一）案例概况

为解决农业发展中的资源与环境双重约束问题，黑龙江省富锦市实行保护性耕作模式，科学布局休耕轮作，实现了对黑土地的保护性利用。在推广普及秸秆综合利用轻简化技术、农业废物资源化利用等绿色农业生产技术的同时，富锦市大力实施化肥农药减量增效及农业节水工程，进一步推动了农业清洁生产和农业绿色发展。在发展绿色农业的基础上，富锦市积极树立农产品绿色品牌，农产品附加值及农业效益得到显著提升。通过以上做法，富锦市面临的农业环境资源约束、生产要素成本上升的难题得

---

① 中共中央 国务院关于实施乡村振兴战略的意见[M]. 北京：人民出版社，2018：16.

到有效解决，农业生产方式全面优化升级，实现了向"绿色粮都"的转变。①

（二）背景分析

长期以来，中国的农业生产方式较为粗放，随着环境承载力逐渐逼近极限，农业面临资源、生态两个"紧箍咒"的制约。由于对农业资源的过度开发，加上农药和化肥施用过多，地下水超采严重、水污染等问题突出，水土资源约束不断趋紧，农业生态环境也不容乐观。另外，土地、人工等农业生产要素价格持续攀升，农业利润空间也受到挤压。中国的农业

---

① 本案例主要参考以下网页、报刊：邹大鹏，王建. 黑龙江富锦：从"北国粮都"到"绿色食都" [EB/OL]. 澎湃网, https://m.thepaper.cn/baijiahao_10990056, 2021-01-28; 农业发展"挑战前所未有"转变发展方式迫在眉睫 [EB/OL]. 黑龙江富锦市人民政府网, http://www.fujin.gov.cn/f/view-22909-17521.html, 2015-01-29; 富锦市农业"十三五"规划 [EB/OL]. 黑龙江省富锦市人民政府网, http://www.fujin.gov.cn/f/view-33700-56917.html, 2017-10-10; 我市先进农业科技助力粮食增产提效 [EB/OL]. 黑龙江省人民政府网, http://www.fujin.gov.cn/f/view-28357-16830.html, 2014-10-10; 农民合作社实施测土配方发展高效农业 [EB/OL]. 黑龙江省人民政府网, http://www.fujin.gov.cn/f/view-28357-44169.html, 2017-11-21; 佳木斯市政府副市长申甲到我市调研指导现代农业工作 [EB/OL]. 黑龙江省富锦市人民政府网, http://www.fujin.gov.cn/f/view-19345-3f8c9d136d594df8b33e47ec5a0b21c7.html, 2021-07-28; 富锦市指导农民做好田间管理 [EB/OL]. 佳木斯市政府网, https://www.hlj.gov.cn/n200/2020/0713/c591-11005101.html, 2020-07-13; 农业植保无人机让广大农户感受到科技带来的新变化 [EB/OL]. 黑龙江省富锦市人民政府网, http://www.fujin.gov.cn/f/view-19345-a6928fc7e9634089b04b3d4dbbf18c16.html, 2020-06-28; 全省农业"三减"工作现场推进会议与会人员来我市观摩考察 [EB/OL]. 黑龙江省富锦市人民政府网, http://www.fujin.gov.cn/f/view-28357-22807.html, 2016-08-22; 张志银. 实施保护性耕作，采用绿色种植技术，开展农业生态建设，黑龙江富锦市——古老黑土地，焕发新生机 [EB/OL]. 人民网, http://nra.gov.cn/art/2021/7/12/art_4317_190805.html, 2021-07-12; 市委副书记、市长郝旺督导检查秋季农业生产工作 [EB/OL]. 黑龙江省富锦市人民政府网, http://www.fujin.gov.cn/f/view-19345-e988334a0e884f4bb4298f58354f2588.html, 2020-10-24; 春耕生产在即，农业订单先行 [EB/OL]. 黑龙江省富锦市人民政府网, http://www.fujin.gov.cn/f/view-19345-54235.html, 2019-03-22; 金玛农业精益求精，打造安全食品 [EB/OL]. 黑龙江省富锦市人民政府网, http://www.fujin.gov.cn/f/view-28357-17193.html, 2014-12-24; 推广水稻旱直播技术为我市绿色农业添活力 [EB/OL]. 黑龙江省富锦市人民政府网, http://www.fujin.gov.cn/f/view-28357-24119.html, 2016-12-21; 周静. 保障"中国粮食"更有底气更为安全 代表委员热议现代农业高质量发展 [N]. 黑龙江日报, 2022-01-24; 三聚环保科技有限公司、中粮集团与我市就合作建设绿色农业富锦生产示范区项目进行对接 [EB/OL]. 黑龙江省富锦市人民政府网, http://www.fujin.gov.cn/f/view-28357-52792.html, 2018-12-14; 黑龙江省人民政府关于印发黑龙江省建立健全绿色低碳循环发展经济体系实施方案的通知 [EB/OL]. 黑龙江省人民政府网, https://www.hlj.gov.cn/n200/2022/0210/c1093-11029351.html, 2022-01-06.

发展面临严峻形势，转变农业发展方式迫在眉睫。

黑龙江省农用地面积3950.2万公顷，占全省土地总面积的83.5%，是全国重要的粮食功能主产区。近年来，黑龙江省黑土地水土流失、退化严重，黑土地保护成为一个重大问题。2013年，黑龙江省正式确立开展"两大平原"现代农业综合配套改革试验，此后全国"十四五"规划和2035年远景目标纲要也明确提出要实施黑土地保护工程，加强东北黑土地保护和地力恢复。

富锦市地处黑龙江省东北部、松花江下游南岸，是三江平原腹地的中心城市。富锦市的平原与山地比为9∶1，属中温带大陆性季风气候，市域内的松花江、七星河等水资源丰富，因此富锦市的地形地貌、气候等都为当地农业生产提供了优良条件。富锦市是全国优质水稻、小麦、大豆、玉米重点产区，在全国100个产粮大县中名列27位，享有"中国大豆之乡""中国东北大米之乡""北国粮都"等美誉。富锦市作为以农业经济为主导的粮食主产区，农业是其经济发展的基础。但富锦市的农业发展也面临资源环境约束趋紧、生产要素价格上升等问题。一方面，由于黑土地一直处于高强度利用状态，加上重用轻养、土壤侵蚀等原因，富锦市的耕地土壤有机质含量下降，生态功能不断退化。多年的水稻种植让富锦市一度面临地下水超采的问题。多数稻田需要始终保持一定水层，不仅用水量大，还经常发生农田积涝和病虫害。另一方面，传统的农业生产方式投入劳动力多、劳动强度大、耗时长，秧苗成活率也不高，不断攀升的农业生产要素价格与粗放的生产方式之间的矛盾日益凸显。富锦市农业发展面临的问题不仅阻碍了农业现代化进程，还限制了农民收入增长。在此背景下，富锦市以保护黑土地为基础发展绿色农业，不仅实现了农业转型发展，农民收入也得以提高。

（三）做法与成效

富锦市通过保护性耕作、推广绿色生产方式、打造有机品牌等一系列措施，有效缓解了黑土地退化问题，实现了农业绿色发展。

第一，多种耕作方式并行，着力提升耕地质量。在农业技术推广中心指导下，富锦市针对不同土壤类型，因地制宜地采取不同措施，实现黑土地永续利用。在水稻生产过程中试行并推广免耕播种，这一保护性耕作模式是将秸秆全量覆盖还田后进行免耕播种，能够有效保墒保苗，不仅提高了地力，还能减少土壤风蚀。在玉米生产中采用110厘米垄上宽窄行栽培模式，而大豆栽培技术则以垄上栽培和45厘米的窄行密植为主。在采用不同耕作模式的同时，富锦市大力推广测土配方技术，针对不同土壤特质采用配方施肥，不仅提高了作物产量，改善了作物品质，还提高了化肥利用率。在黑土地保护、耕地质量提升的基础之上，富锦市充分发挥农业现代科技园区的作用，建设高标准农田，提高农业生产的科技含量。在农业生产中加大物联网、人工智能、5G等现代信息技术的普及应用，例如，利用植保无人机在田间开展规模化飞防作业，进行远距离遥控操作，不受作物及地形的影响，还避免了喷洒作业人员暴露于农药中，效率高、节水、操作安全方便。富锦市对农业标准化种植模式的推广，实现了科技化种植，进一步全面提高了粮食综合生产能力。

第二，推广农业绿色生产方式，发展绿色农业。与传统的农业生产方式不同，富锦市持续推广普及绿色农业先进技术，加快农业科技成果转化应用，提高科技对农业增长的贡献率，同时，集中治理农业环境突出问题，推动农业绿色发展。富锦市推广的农业绿色技术包括水稻绿色轻简栽培技术、"三减"等绿色配套技术，这些技术有助于农业清洁生产。例如，富锦市在水稻示范区采取秸秆还田、靶向除草、试验机械侧深施肥等技术；在大豆"三减"示范区采用米豆轮作、精量播种、使用高效喷药机械等"三减"技术。绿色农业技术使化肥、农药、除草剂三类农业投入品不断减少，农产品质量得到提升，农业面源污染也得到有效控制。与此同时，富锦市通过低温发酵菌处置畜禽粪污，通过秸秆低温腐熟还田技术对农业生产造成的农业污染进行治理，修复农业生态环境。富锦市对秸秆实行全域、全时段、全面禁烧，并且积极组织农户运用秸秆碎混、秸秆翻埋、过腹还田等技术，采取秸秆二次抛撒、秸秆离田等措施，不仅杜绝了秸秆焚烧，而且全面提升了秸秆综合利用率，真正做到标准还田。针对地下水超采问题，富锦市通过实施农业节水工程、推广节水控制灌溉技术，有效缓解了这一问题。通过实施智能灌溉体系、推广水稻旱直播专利技术，显著节约了水资源。新技术的使用使亩均用水量在460立方米左右，比普通稻田节水近一半。富锦市通过建设田间水利设施工程，把江水引入田间，由于江水水温比地下水要高，有效延长了水稻生产期，实现了经济效益与生态效益双赢。

第三，积极开拓市场，打造绿色有机农产品品牌。富锦市采取"企业+合作社+农户"的生产经营模式，大力发展订单农业，使农业生产能够适应市场需要，有效避免了盲目生产，农民收益得到有效保障。在生产初级农产品的基础上，富锦市全面推进绿色食品精深加工业的发展，开展金玛农业安全食品园、象屿农产等项目，企业依托科研开发，严格掌控加工精准度，着力打造安全放心食品，提高农产品质量。同时，富锦市依托"富锦大米""富锦大豆"等地理标识，进行多个有机食品、绿色食品的认证，加大商标培育力度，提升了富锦有机、绿色农产品品牌的知名度和影响力，进而提高了新产品附加值，拓展了市场空间。

一大批农业新技术、新产品不断被运用到农业生产领域，使富锦市的现代农业发展步伐显著加快。保护性耕作模式的实施以及粮食生产功能区和重要农产品生产保护区的划定，为粮食产量提供了保障。2020年，富锦市第一产业对GDP增长的贡献率为46.4%，粮食作物播种面积、粮食总产量都保持增长态势。与此同时，农业"三减"工程及农业污染治理成效尤为显著，富锦市的农业农用化肥和农药投入都不同程度地减少，且农作物秸秆、禽畜粪污、农膜基本实现了回收利用，农业面源污染也得到有效控制。富锦市已建成有机食品原料基地1万亩、绿色食品原料生产基地250万亩，拥有"富锦大米""富锦大豆"两个国家地理标志产品，认证有机食品4个、绿色食品39个、无公害农产品266个，本地绿色有机生态农业生产模式得到长足进展。得益于农产品绿色品牌的推广，"富锦大米"的市场零售价能达到12元一斤，在市场上形成了显著的质量竞争优势，为农民争取到了更多的收益。绿色农业生产方式的形成，在推动富锦现代农业发展、将富锦农业资源优势转化为经济发展优势、促进农民持续增收中发挥了重要作用。

（四）总结评价

通过保护性耕作、推广绿色农业生产技术、打造绿色有机农产品品牌，黑龙江省富锦市不仅实现了对黑土地的保护，有效缓解了黑土地流失、退化问题，而且集中治理了地下水超采以及农业面源污染问题，实现了农业生产方式的转变，推动了农业绿色发展。在发展绿色农业的同时，富锦市依托高质量的农产品，打造了"富锦大米""富锦玉米"等绿色农产品品牌，依靠品牌效应进一步提升了农业附加值，助推了富锦市经济增长和农民增产增收。

富锦市农业绿色发展的实践，为黑龙江省其他地区乃至全国发展绿色农业提供了以下有益借鉴。一是要加强农业资源的保护。农业的生产、加工等各个环节都与自然生态系统紧密相关，因此要加强对土地、水资源的保护，根据不同的自然资源禀赋实行不同的耕作模式，实现资源永续利用。二是加强农业先进技术的应用。在农业现代化进程中，农业科技的普及和应用至关重要。推广、应用先进的绿色农业技术，不仅可以降低对土壤、水源的破坏，还可以提高农产品产量及质量，提升农业综合生产能力。三是注重打造绿色有机农产品品牌。各地应依据农业和农产品发展特点，积极培育特色农产品品牌，这不仅可以在市场中获得竞争优势，而且能够为提高农业效益、促进农民增收提供保障。

二、甘肃省民勤县开展农村"厕所革命"

（一）案例概况

"厕所革命"是涉及厕所污染物的收集、贮存、运输、处理、处置、利用等一系列过程的生态链工程，强调物质、能量系统、污染物处理和污水回用的闭路循环，已成为乡村振兴、旅游发展、智能化产业战略的重要组成部分。地处西部干旱区的甘肃省民勤县,面对农村脏、乱、差的厕所状况以及农民日益增长的对美好生活环境的需求,坚持因地制宜原则,通过政府引导并组织培训、农户自主选择改厕模式、建立和完善长效管护机制,有效推进了当地农户旱厕改革,改善了当地农村人居环境,提高了农民的生活幸福感。①

(二) 背景分析

城市和乡村不仅经济发展差距大,而且居民生活环境也存在很大差异,乡村"厕所革命"在改善农村人居环境,提升农民幸福感、获得感等方面具有重要意义。自2015年起,国家旅游局在全国范围内启动三年旅游厕所建设和管理行动,此次的"厕所革命"成效显著,然而广大西部欠发达地区和农村地区的厕所设施依然比较落后,且由其造成的水体污染等问题越发突出,对自然生态环境产生极大的破坏。2018年中央实施《农村人居环境整治三年行动方案》,把开展厕所粪污治理作为重点任务之一,并且鼓励各地结合实际,将厕所粪污、畜禽养殖废物一并处理并资源化利用。在此背景下,甘肃民勤县的"厕所革命"由此展开。

民勤县地处甘肃省河西走廊东北部、石羊河流域下游,县内低山丘陵、平原、沙漠、戈壁等交错分布,是典型的气候变化敏感区和生态环

---

① 本案例主要参考以下网页、报刊、文献:沈峥,刘洪波,张亚雷. 中国"厕所革命"的现状、问题及其对策思考[J]. 中国环境管理,2018(2):45-48;刘宝林. 治理学视域下的乡村"厕所革命"[J]. 西北农林科技大学学报(社会科学版),2019(2):28-34;吕庚青. 同心协力建设美丽家园——武威民勤县学习浙江"千万工程"经验推进全域无垃圾示范县创建工作纪实[N]. 甘肃日报,2019-03-07;付文. 甘肃今年改造50万户农村厕所[N]. 人民日报,2019-04-02(12);王朝霞,东知布. 我省大力推进厕所革命提升乡村形象[N]. 甘肃日报,2021-05-31;伏润之. 甘肃农村"厕所革命"取得阶段性成效[N]. 甘肃日报,2021-08-08;吴晓燕,鲁明,马爱彬. 西部干旱区"厕所革命"的民勤探索[N]. 农民日报,2019-06-20;王甜. "小厕改"助力"大振兴"——甘肃省"厕所革命"观察之八[N]. 甘肃农民报,2021-06-15;徐锦涛. 甘南全力推进"厕所革命"项目建设[N]. 甘肃日报,2020-07-16;张琼文. 甘肃省因地制宜推进农村改厕[EB/OL]. 国家乡村振兴局网站,http://nrra.gov.cn/art/2021/9/27/art_4317_191878.html,2021-09-27;2020年民勤县国民经济和社会发展统计公报[EB/OL]. 民勤县统计局网站,http://www.minqin.gov.cn/gk/xzfgbmxxgk/xzfgzbm/tjj1/fdzdgknr47/qtxx46/content_29323,2021-08-05;全国农村卫生厕所普及率超68%[EB/OL]. 中华人民共和国中央人民政府网站,http://www.gov.cn/xinwen/2021-04/08/content_5598294.htm,2021-04-08。

境脆弱区。民勤县属温带大陆性干旱气候区，冬寒夏热，冬季冻害天气多，夏季干旱发生频率高。全县总面积1.59万平方千米，辖18个镇248个村，常住人口24.14万人，其中农村人口14.87万人，常住人口城镇化率仅为38.4%。近年来，随着农村经济社会的发展，民勤县的农民群众对改厕的需求也越来越迫切。民勤县紧邻沙漠，秋冬季节天气比较冷，用旱厕必须挨冻；而到了夏天，蚊虫叮咬频繁，旱厕环境极其恶劣，并且提高了疾病的传播率。因此，旱厕对当地农村居民的身体健康以及生活水平都造成了负面影响。但与此同时，民勤县脆弱的生态环境、恶劣的气候等因素，对民勤县开展农村厕所改造工作造成了很大障碍。第一，冬寒夏热的气候使民勤县乡村严重缺水，没有条件建立下水管网，并且冬天厕所缺乏适当的保温措施，容易结冰。而在一些土质松散的地区，埋在地下的粪便收集设施容易出现塌陷、沉降的现象。第二，一些农民群众囿于传统思想观念，同时对改厕前后的经济投入问题有所顾虑，不愿意进行改厕。第三，改厕需要适宜的技术，改厕之后的管护也至关重要。面对上述挑战，民勤县在"新观念"和"旧思想"的碰撞中开始了"厕所革命"。

（三）做法与成效

甘肃省民勤县通过政府引导并组织改厕培训、农户自主选择改厕模式、建立和完善长效管护机制，充分调动村民积极性，推动了"厕所革命"的顺利开展。

第一，政府引导并组织改厕培训。在农户旱厕改造过程中，民勤县坚持"党员干部带头改、带头用，示范引领"的原则，引导村民完成改厕，充分保障了群众的自主参与权。多数农村居民最初对于改厕持怀疑观望态度，为了让群众积极自愿参与改厕，村委会挨家挨户走访，耐心讲解改厕的意义、厕所选址、改厕类型、厕具选购等细节，帮助群众逐渐转变观念。民勤县先后在重兴、大滩、东湖等镇召开6次现场观摩会和推进会，专门印发了《农户改厕二十问》等宣传资料，深入开展农村改厕"大走访、大调研"活动，开展政策宣讲，进行算账对比和技术培训，彻底打消了大多数农户"不愿建、建不起、用不起"的思想顾虑，引导群众自觉投入改厕工作。此外，民勤县坚持财政补助与农户自筹相结合的方式解决改厕资金问题，由农户自行选择具有厕具加工生产及安装资质的公司进行改厕。改厕完成后，对验收合格的改厕农户，县财政将2000元改厕补助资金通过"一卡通"拨付给农户，由农户直接和企业兑付。由此，民勤县政府通过党员干部示范、宣传引导、资金扶持等方式，打消了村民改造厕所的顾虑，推进了民勤县的旱厕改造进程。

第二，农户自主选择改厕模式。政府提倡改厕，但改不改厕、改哪一种，都由村民自己定。依托石羊河形成的民勤绿洲，其东、西、北三面被巴丹吉林和腾格里两大沙漠包围，水资源紧张，全县农户改建水厕并不现实。因此，民勤县政府根据农户不同条件，由农户选择更为符合自家实际的改厕模式。对于城镇污水管网覆盖到的农村，推广水冲式等无害化卫生厕所；对于农户居住相对集中的村庄，推广三格化粪池式无害化卫生厕所；而对于干旱山区、高寒地区及居住相对分散的村庄，则推广卫生旱厕。同时，鼓励和支持整村推进农户厕所改造，对地理环境相同、农户条件相近的村庄，倡导选择同一种改厕模式，以便后期建设管理和维护。对于改厕选址这一问题，民勤县政府坚持因户施策，探索总结出了原址改建、院内新建、室内套建三种改厕选址模式，结合农户庭院布局，对结构老化的进行拆旧建新，牢固的进行保留改建，并支持群众自主选择经济适用的改厕模式，在保证实用性的基础上最大限度地节省资金，保障农村居民的主体地位。不仅如此，为保证厕所改造的工程质量，民勤县还专门制定了《民勤县农户改厕技术标准》，由技术服务队严格按照图纸和技术规范施工，全程严把质量关口。

第三，建立长效管护机制，保障厕所在改造之后持续利用。为了确保农村厕所改造后农民能够长期正常使用，民勤县不仅重视改造过程，还强调后续管理和维护工作。当地按照市场化、社会化运作模式，推行水冲式厕所粪污由企业上门清掏，每次收取30元吸污费，以解决厕所改造后的防冻和粪污处理问题。同时，每个"厕所革命"整村至少确定1名公益性岗位人员，负责厕所维修维护、粪污清运工作，以保证农户改造后的正常使用。粪渣收运、处理和资源化利用等工作也是农厕改造后续工作的重点。对于城镇污水管网覆盖到的村庄，民勤县鼓励其修建污水管网，通过污水管道使粪污直接进入管网处理。对于其他村庄，县里则着眼于打造生态循环农业产业链，采取用抽粪车定期清掏的方式，建立起覆盖全部改厕农户的粪污清运服务体系，探索粪污肥料实用技术，推广堆肥和有机肥生产，将回收的粪污作为有机肥料用于支持农业生产。在此基础上，民勤县成功探索出二次发酵池、隧道式中小型沼气工程、第三方专业化运营等粪污无害化处理和资源化利用模式。

2020年，民勤县全年改造农户卫生厕所3165座，农村卫生厕所普及率达到87.09%。针对防冻、缺水等问题，民勤县因地制宜、对症下药，截至2021年5月，已完成农户改厕35000多座。甘肃省民勤县的农村居民彻底告别了秋冬时节寒冷的院外敞开式旱厕，用上了温暖的室内水冲式厕所，有效提升了农民群众的生活品质，在改善农村人居环境、建设美丽宜居乡村方面迈出了一大步。

（四）总结评价

甘肃省民勤县坚持政府引导、群众主体、因地制宜的原则，根据地区复杂多样的气候类型、农村人口居住分散、高寒干旱山区较多的实际情况，宜水则水、宜旱则旱，分类推进农村改厕工作。面对农民的改厕疑虑时，政府开展多方面宣传及培训，并为改厕提供资金扶持，为农户改厕提供政策支持。同时，民勤县着力健全改厕之后的管护工作机制，做好粪渣收运、处理等工作，实现厕所粪污无害化处理和资源化利用，减少农村生活对自然生态的破坏。在厕所革命的推进过程中，越来越多的农户参与了旱厕改造，农村的人居环境得到显著改善，农民的幸福感、获得感也大大提升。

民勤县在推进厕所革命的过程中也存在一些尚未解决的问题。第一，个别村存在盲目下指标、压任务的现象，进而影响到改厕工程质量，改造过后的厕所实用性不高。第二，由于改厕的技术模式不够科学，县内存在一些不能使用或不能全年使用的厕所。第三，改造后的厕所存在管护机制不健全、后期管护不到位的现象。这些问题有待在改厕实践中进一步解决。不可否认的是，民勤县的厕所革命已经取得显著成效，其做法为西部干旱区乃至全国的农村厕所改造提供了宝贵经验。首先，不同的地区，水资源丰富程度、气候条件不同，农村适宜的厕所模式也就不同，因此，各地在实行农户厕所改造时要坚持因地制宜原则。其次，在鼓励农户进行厕所改造时，政府要避免强制要求，而是多开展宣传、培训和示范，保障农户的自主参与权，最大限度地调动农民的积极性。最后，在农厕改造过程中完善监督体系，保证工程质量，并且在改造完成后持续推进后续管护工作，以保证厕所的持续使用。

三、陕西米脂高西沟村加强生态环境治理

（一）案例概况

陕西省米脂县高西沟村曾经存在严重的水土流失问题，这极大地阻碍了当地的经济社会发展。为解决这一问题，高西沟村对水土流失进行了综合治理，使恶劣的生态环境得到极大改善。在修复生态环境的过程中，高西沟村探索出了林、牧、农"三二一"的新生态产业结构。在调整农业产业结构的同时，高西沟村开发利用生态资源的休闲观光价值，形成了第一产业与第三产业融合发展的新业态，从而把生态环境脆弱、植被稀疏、水

土流失严重的穷困山村，改造成了生态与经济协调发展的繁荣村庄。①

（二）背景分析

黄土高原长期以来是中国水土流失最严重的地区之一，水土流失一方面导致土地退化、耕地减少，影响粮食安全和生态环境；另一方面导致大量泥沙输入黄河，造成河道淤积抬高而形成"悬河"，进而危及黄河的防洪安全。中国政府于 1999 年启动"退耕还林（草）"工程，致力于控制黄土高原等地区的水土流失，改善生态环境。但在退耕还林（草）过程中，如何通过发展后续产业实现生态环境保护与经济发展的双赢，成为亟须解决的现实难题。

米脂县高西沟村位于黄土高原腹地，由 40 架山、21 条沟组成，是典型的黄土高原丘陵沟壑区。高西沟村总面积 4 平方千米，拥有 4553 亩耕地，全村人口 195 户 600 人。该村的经济发展长期受恶劣的生态环境制约，当地人民的生活十分艰难，"山上光秃秃，下面黄水流，年年遭灾害，十年九不收"曾是当地生产生活环境的真实写照。恶劣的生态环境主要从以

---

① 本案例主要参考以下网页、报刊、文献：张波，曹明明，陈海，等. 米脂县退耕还林（草）可持续发展研究[J]. 水土保持通报，2009(6)：172-176；张雁冰. 生态环境建设的一面旗帜——米脂县高西沟村生态环境建设的调查[J]. 陕西水利，2003(5)：24-25；刘发为. 水土保持让山更美水更清（新征程·新步伐）[N]. 人民日报海外版，2021-12-28；赵波，李羽佳. 高西沟村：一句承诺 60 余年坚守[N]. 陕西日报，2020-06-01；李长江. 60 余载 陕北高西沟"不向黄河输入一粒沙"[N]. 西安晚报，2020-10-09；高炳. 黄土高原生态治理的一个样板[EB/OL]. 人民网，http://env.people.com.cn/n1/2022/0107/c1010-32325771.html，2022-01-07；卢心雨，姚瑶，薛冠南，等. 黄土高原的治理典范——走进米脂县高西沟村[EB/OL]. 央视网新闻，https://news.cctv.com/2021/09/14/ARTICT1pLHPu5seopKLCQUkX210914.shtml，2021-09-14；雷魏添，姚志伟，张婧. 陕北米脂：高西沟村生态文明建设薪火相传[EB/OL]. 人民网，http://pic.people.com.cn/n1/2018/0622/c159992-30077077.html，2018-06-22；陈静仁. 米脂县高西沟村：生态老典型 今朝新变化[N]. 榆林日报，2019-05-07；生态美 产业兴 百姓富——米脂县高西沟村"三变"改革实现生态效益和经济效益双赢[N]. 榆林日报，2021-12-04；雷魏添，姚志伟. 米脂高西沟：高原"明星村"塞上"好江南"[N]. 陕西日报，https://sn.ifeng.com/a/20180618/6661682_0.shtml，2018-06-18；米脂："生态美，生活富，每天都像过年一样！"[EB/OL]. 榆林市乡村振兴局网站，http://www.mizhi.gov.cn/html/fp-bxxgk/fpbxxxin/202203/28486.html，2022-03-07；姜晓水. 黄土高原生态治理的样板——米脂县高西沟村生态治理的经验做法[EB/OL]. 米脂县人民政府网站，http://www.mizhi.gov.cn/html/whly/lyms/202112/27615.html，2021-12-06；马露露，任惠. 米脂高西沟："生态+旅游"，绿了山川富了民[N]. 榆林日报，2021-09-14.

下三个方面阻碍高西沟村的经济社会发展。一是由于坡陡沟深，加上土质松软，夏季降水集中时，最多每年每平方千米的水土流失量达到 3 万吨，使高西沟村一带成为黄河中上游黄土高原水土流失最严重的区域。二是高西沟村以农业为主，村里没有企业，人均耕地不足 0.2 公顷，95% 是旱坡地，传统的农业生产方式使得土地更加支离破碎，村民从事农业经营的收益很低。三是恶劣的自然条件同村民收入低的现实，导致广种薄收恶性循环。尽管高西沟人采取大力开荒、扩大耕地、处处撒籽的办法，在所有的梁峁沟岔、烂坡陡坬都种上了粮食，但由于水土流失严重，粮食产量低且不稳定；过度垦荒导致村里沟壑纵横、黄土裸露，进一步加剧了水土流失，生态环境遭到更大破坏，高西沟村陷入了生态破坏和贫困加剧的陷阱。这一现实，使高西沟村不得不重视生态环境保护。从 20 世纪 50 年代起，高西沟人就开始了征山治水运动并延续至今，把一个地表破碎、土地贫瘠的秃山沟，治理成了"梯田层层盘山头，高山松柏连成片"、旱涝保收的"陕北小江南"，实现了生态环境保护与经济社会发展的共赢。

（三）做法与成效

高西沟村坚持因地制宜原则，通过综合治理水土流失、创新发展"三二一"模式、发展生态旅游产业，实现了生态效益、经济效益、社会效益的同步提升。

第一，综合治理水土流失。高西沟村在多年的生态环境治理实践中，总结出了一套对山、水、田、林、路、梁、峁、沟、坡、坬综合治理的有效方案。一是对坡耕地有计划地进行退耕。坡耕地是造成水土流失的主要原因，坡地退耕还林还草是水土保持的关键举措。高西沟村将低产坡耕地退耕，为退耕农户发放补偿款，并鼓励沙果树、枣树、紫穗槐、苜蓿等林草种植，增强水土保持能力。二是对林地和草地实行封山禁牧，严禁羊子上山、人为破坏砍伐，并且积极推行舍饲养殖办法，以解决"封禁"与传统放牧之间的矛盾，为封禁后的畜牧业发展找到了出路。三是采用沟坡兼治、治坡为主的做法。水土流失使得黄土地表层相对肥沃的土壤被带入深沟，高西沟村人顺势在沟里打淤地坝，拦截流失的水土，开展水土保持工作；同时修建水平的台阶式梯田，利用沃土发展农业生产。四是党员干部带头植树造林。高西沟村有一条不成文的规定——"要入党，先种树"，要求村上新发展的党员必须至少栽植100棵树苗，且要保证存活率在90%以上。党员带头种树起到了很大的示范作用，推动了村上植树造林工作的进一步开展。

第二，因地制宜，创新发展"三二一"模式。在早期的探索中，高西沟村实行"三三制"，即三分林地、三分草地、三分田地的治理模式。而进入21世纪后，该村在坚持"宜粮则粮、宜牧则牧、宜林则林"因地制宜原则的基础上，与时俱进，创新发展"三二一"模式，即三分林地、二分草地、一分田地，实现了农林牧协调发展。村内北边的山坡向阳，坡度缓、土质好，宜发展农业生产，因此，高西沟村大力建设高标准农田，发展生态农业，同时也解决了退耕还林还草后农民因失去耕地又复耕的问题。通过在无水的沟道打坝、修堰窝，在有水的沟道建池修渠、扩展水地，在山顶缓坡建台地、修宽幅梯田，高西沟逐渐形成了独特的小流域气候，即降雨充足、土壤肥沃，既解决了水土流失，又增加了耕地资源，小米的产量也大幅提高，相较米脂县平均水平高30%。当地将新建的加工厂外包给农业龙头企业，由公司订单收购，解决了小米的销售难题，小米也逐渐成为高西沟村的特色农产品。村南的阴坡，土质略差、坡度陡，宜发展林牧业。除种植以油松、侧柏、杨树等为主的生态林外，该村大力发展以苹果种植为主、辅以核桃等的经济林，在实行生态环境修复的基础上，发展山地苹果特色农业。高西沟村通过积极探索"公司+基地+农户"经营模式，发展有机苹果种植，并成立"高西沟陕北直播基地"，拓展电商销售渠道，打响了山地苹果品牌。同时，高西沟村用三分之一的土地发展草牧业，推进羊子规模化养殖步伐，逐渐形成了以林固土、以草养牧、以牧肥田的格局。

第三，精心打造生态旅游产业，实现主导产业多元化。高西沟村依托自身生态优势，打造农业旅游示范景区，大力发展乡村旅游产业，为农民增收致富提供新途径。一是高西沟村将自然风光、农业景观与生态旅游产业深度融合，建成松柏生态林区、苹果采摘园、梯田盘山景观区等，并鼓励村民种植桃树、油用牡丹、玫瑰、月季等，提供观光、采摘等多样化的生态产品及服务，吸引游客前来休闲体验。二是完善旅游业相关基础设施，包括盘活窑洞资源，鼓励村民发展特色民宿、新建新修环山和环水库人行旅游道路、安装太阳能和卫生洁具等，不仅提高了当地旅游业公共服务供给能力，还为消费者提供了土窑洞住宿、吃农家饭等有趣的体验活动。高西沟村还建成了水保生态展馆及党建展室，向游客详细地展示了高西沟人征山治水的历程，展示了当地人生态环境治理过程中百折不挠的精神及文化。同时，高西沟村成立了高西沟村旅游接待服务公司，把当地生态旅游业发展推向市场化运营，实现了农村一、二、三产业的融合发展。

高西沟村先后治理了40座山峁、21道沟岔，如今水土流失治理程度达到78%，林草覆盖率达到70%，2019年被评为"国家森林乡村"。经过多年的生态环境修复及治理后，当地水土流失问题得到有效解决。在治理生态环境的同时，高西沟村大力发展生态农业，创新"三二一"模式，通过山上缓坡修梯田、沟里新建淤地坝，建成林地2300亩、草地1500亩，农业产业结构和空间布局不断优化。在治理水土流失和发展特色农业的基础上，高西沟村吸引游客前来观光旅游，生态旅游业得到迅速发展。生态保护和产业发展带动了群众收入水平提升，2020年高西沟村人均年纯收入达到18851元，超出全县平均水平5834元，村民的生活水平大幅提高，生态效益正在转化为经济效益和社会效益。

（四）总结评价

高西沟村在发展过程中践行了"绿水青山就是金山银山"的理念。高西沟村把生态环境保护放在首位，在此基础上形成了生态型林业、主导经济型牧业、补充自给型农业的林草田种植新模式，将生态治理和发展特色农业产业有机结合起来。同时，高西沟村把农业发展同第三产业深度融合，积极发展生态旅游产业，进一步促进了农民增收致富。

高西沟村的生态环境保护及产业发展模式，为黄土高原地区以及全国同类地区的乡村发展提供了宝贵经验。一是要注重生态环境保护和修复，这是经济社会发展的基础。中国不同区域生态环境问题的成因和机理各异，需要因地制宜、分区施策。二是把生态文明建设与地方产业发展有机结合，加强市场化、多元化生态补偿，以保证生态环境保护的长效性及稳定性。三是要发挥自然资源的多重效益，探索农业与旅游业融合发展的新业态，增加农业绿色生态产品和服务供给，增强地区发展的内生动力，真正将生态效益转化为社会效益和经济效益。

第七章 乡村组织振兴

组织振兴是乡村振兴的重要基础。乡村组织振兴的任务是建立健全党委领导、政府负责、社会协同、公众参与、法治保障的现代乡村治理体制，强化农村基层党组织在乡村振兴中的领导核心地位，促进乡村自治、法治、德治有机结合，使乡村社会既充满活力又和谐有序。

第一节 维度剖析

乡村组织振兴主要包括两个维度，分别是加强农村基层党组织建设，以及实现乡村自治、法治和德治的有机结合。

一、加强农村基层党组织建设

（一）文献综述

近年来在乡村治理的过程中，中央强调发挥党组织在农村基层治理中的领导作用[1]，加强农村基层党组织建设，构建乡村治理的基层组织基础[2]。一大批高学历、高素质的第一书记作为一种嵌入式力量已经进入农村基层组织，担任起国家治理和乡村治理之间的中介，推动国家政策在农

---

[1] 肖唐镖. 近十年我国乡村治理的观察与反思[J]. 华中师范大学学报（人文社会科学版），2014(6):1-11.
[2] 姜德波,彭程. 城市化进程中的乡村衰落现象:成因及治理——"乡村振兴战略"实施视角的分析[J]. 南京审计大学学报,2018(1):16-24.

村有效实施。同时,政府号召有情怀、有学识的新型乡贤返乡,这些人更能够亲近群众、理解群众,从而有效发挥其在乡村治理中的作用,实现政府治理和基层自治有效衔接①。

虽然农村基层党组织建设取得了一定成绩,但是仍有一些问题比较凸显。一是农村基层党员队伍新陈代谢机制薄弱,存在空心老化问题,农村中青年劳动力大规模外出打工,导致农村基层无法吸收精英人才,再加上农村基层发展党员的名额有限,加入农村基层党员队伍的新鲜力量少之又少,引领农村建设的动力不足。二是基层党组织活动存在管理弱化现象,由于一些党员年纪较大、行动不便,或基层党组织缺乏合适的活动场所、缺乏经费,导致"三会一课"经常难以开展,基层党员不能及时学习党的方针政策②。三是不良生态生活制约农村基层党组织建设。农村基层领导队伍中部分人员党内生活懒散、党性和责任意识淡薄;工作上脱离群众,治理能力不足,滥用职权,贪污腐败,弱化了党在民众心中的伟大形象③。

农村基层党组织是实施乡村振兴战略的组织保障。农村基层党组织和党员干部是乡村振兴战略的重要实施主体,负责全面落实乡村振兴各项政策,统筹推进农村各项工作④。农村基层党组织具有组织群众、宣传群众、凝聚群众和服务群众的职责,能够接近群众,了解农民的心声,代表广大农民的根本利益⑤。加强"三农"队伍建设、建设美丽乡村、实现乡村振兴任务的落脚点都在农村,必须依靠农村基层党组织来完成,因此农村基层党组织的工作能力直接决定农村发展成效⑥。

---

① 张新文,张国磊. 社会主要矛盾转化、乡村治理转型与乡村振兴[J]. 西北农林科技大学学报(社会科学版),2018(3):63-71.
② 胡小君. 从维持型运作到振兴型建设:乡村振兴战略下农村党组织转型提升研究[J]. 河南社会科学,2020(1):52-59.
③ 刘渊. 西部农村党组织组织力建设的内涵解析、现实反思与实践进路——基于三个行政村的调研[J]. 探索,2019(6):120-128.
④ 胡小君. 从维持型运作到振兴型建设:乡村振兴战略下农村党组织转型提升研究[J]. 河南社会科学,2020(1):52-59.
⑤ 刘华,王观杰. 农村基层党组织的治理逻辑及能力建设:基于治理主体多元化视角的分析[J]. 江苏社会科学,2018(6):68-75.
⑥ 梅立润,唐皇凤. 党建引领乡村振兴:证成和思路[J]. 理论月刊,2019(7):5-12.

相关研究认为,可以从以下三个方面加强农村基层党组织建设。一是严格基层党员干部的政治生活。按时组织党员学习中央的方针政策,落实"三会一课"制度,引导党员树立党性意识,并且把党的政策精神传达给群众[①]。二是扩大农村基层党组织队伍。虽然乡村空心化、空巢化等现象严重,但是要挖掘乡村内部的自有力量,并且要协调和整合国家主动安排的回流力量,壮大乡村振兴的组织力量。三是提高农村基层党组织的治理能力,要正确认识传统乡村的社会功能,深入贯彻党的群众路线,创新基层领导方法和方式,营造风清气正的基层政治生态,提高治理能力[②]。

(二) 政策梳理

基于中央文件,我们从以下三个方面梳理加强农村基层党组织建设的政策。

一是推进抓党建促乡村振兴。把农村基层党组织建成坚强战斗堡垒,强化农村基层党组织领导核心地位。创新组织设置和活动方式,持续整顿软弱涣散村党组织[③]。

二是加强农村基层党组织带头人队伍建设。建立选派第一书记工作长效机制,全面向贫困村、软弱涣散村和集体经济薄弱村党组织派出第一书记。实施村党组织带头人队伍整体优化提升行动,注重吸引高校毕业生、农民工、机关企事业单位优秀党员干部到村任职,选优配强村党组织书记[④]。

三是加强农村党员队伍建设。加强对农村党员的教育、管理、监督[⑤]。稳妥有序开展不合格党员组织处置工作,着力引导农村党员发挥先锋模范

---

① 陈晓莉,钟海. 在全面从严治党中优化农村基层政治生态[J]. 理论探讨,2017(5):126-131.
② 霍军亮,吴春梅. 乡村振兴战略背景下农村基层党组织建设的困境与出路[J]. 华中农业大学学报(社会科学版),2018(3):1-8.
③ 中共中央 国务院关于实施乡村振兴战略的意见[M]. 北京:人民出版社,2018:19-20.
④ 中共中央 国务院关于实施乡村振兴战略的意见[M]. 北京:人民出版社,2018:20.
⑤ 乡村振兴战略规划(2018—2022年)[M]. 北京:人民出版社,2018:69.

作用①。重点在青年农民、外出务工人员、妇女中发展党员②。

二、实现乡村自治、法治、德治有机结合

（一）文献综述

随着对乡村治理体系认识的不断深化，党的十九大明确提出"健全自治、法治、德治相结合的乡村治理体系"。在自治方面，自治一直是中国农村维持社会秩序的主要形式，民主选举、民主监督和民主管理都是农村自治的重要表现，农村自治制度是中国特色社会主义民主政治的重要形式之一③。法治方面，自改革开放以来，国家对法治教育的宣传和农民传统思想观念的转变推动了农村地区法治建设。农村地区各项法律的颁布增强了农村的法治权威④。德治方面，农村是中国传统文化起源地，优秀传统文化中蕴含着可用于乡村治理的道德规范。村委会经常请村里德高望重的人来处理一些村务，这就是德治的一种表现⑤。当前农村的治理环境发生了巨大改变，农村自治更加规范，农村法治更加健全，农村德治的效果更加凸显，农村地区现已具备实现"三治"融合的基础⑥。

相关研究认为，当前农村的自治、法治和德治存在以下问题：一是农民参与乡村治理意识较弱。在城市化进程中大量农村人口外出打工，导致乡村治理人才流失⑦，同时外出人口乡土归属感下降，导致村民主动参与

---

① 中共中央 国务院关于实施乡村振兴战略的意见[M].北京:人民出版社,2018:20.
② 乡村振兴战略规划(2018—2022年)[M].北京:人民出版社,2018:69.
③ 高青莲,于书伟."三治合一"乡村治理体系的逻辑演绎与实现机理[J].学习论坛,2020(11):77–83.
④ 李牧,李丽.当前乡村法治秩序构建存在的突出问题及解决之道[J].社会主义研究,2018(1):131–137.
⑤ 乔惠波.德治在乡村治理体系中的地位及其实现路径研究[J].求实,2018(4):88–97.
⑥ 张明皓.新时代"三治融合"乡村治理体系的理论逻辑与实践机制[J].西北农林科技大学学报(社会科学版),2019(5):17–24.
⑦ 陈龙.新时代中国特色乡村振兴战略探究[J].西北农林科技大学学报(社会科学版),2018(3):55–62.

乡村治理的意愿薄弱①。农民缺乏组织性，除了村干部之外，大多数农民较少参与村庄公共事务治理，并且不同农民有不同的利益诉求，从而容易导致治理过程发生分歧，阻碍公共治理活动②。二是维持乡村秩序的乡土精神逐渐衰微，农村传统文化和民风习俗逐渐淡化，道德教化功能也逐渐弱化③。拜金主义、个人主义和消费主义不良价值观在乡村盛行④。三是农民法治意识薄弱。很多农民不懂法，也不会用法，基层司法机构人员的专业能力参差不齐，并且由于监管不严，存在司法腐败现象，导致农民不愿意相信和依靠法律来解决问题⑤。

从乡村自治、法治、德治的关系来看，自治是中国乡村治理的根本目标，也是基层民众当家做主的主要手段⑥。有效自治的实现主要依靠传统文化资源和乡土精神，本土的社会习俗和习惯在乡村治理过程中发挥着重要作用。乡村治理中的法治建设能够保障国家的政策规划顺利实施，一方面可以抑制基层领导干部推诿责任、以公谋私等不良风气扰乱乡村经济生活秩序；另一方面可以约束村民的行为，在乡村建设过程中落实党和政府的部署，打击违法行为，营造和谐有序的乡村治理环境，进而顺利推进乡村振兴进程。但是，一些乡村问题必须依靠村民自治。此外，乡村治理不仅依靠自治或法治，而且需要实现自治、法治和德治的有机结合，构建中国特色社会主义乡村治理体系，走中国特色社会主义的乡村治理道路⑦。

相关研究认为，可以从以下三个方面推进农村自治、德治和法治的有机结合。一是自治方面，尽管农民是乡村自治的主体，但他们缺乏乡村治

---

① 王亚华,高瑞,孟庆国.中国农村公共事务治理的危机与响应[J].清华大学学报(哲学社会科学版),2016(2):23-29.
② 桂华.迈向强国家时代的农村基层治理——乡村治理现代化的现状、问题与未来[J].人文杂志,2021(4):122-128.
③ 姜德波,彭程.城市化进程中的乡村衰落现象:成因及治理——乡村振兴战略实施视角的分析[J].南京审计大学学报,2018(1):16-24.
④ 李金哲.困境与路径:以新乡贤推进当代乡村治理[J].求实,2017(6):87-96.
⑤ 李牧,李丽.当前乡村法治秩序构建存在的突出问题及解决之道[J].社会主义研究,2018(1):131-137.
⑥ 张帅梁.乡村振兴战略中的法治乡村建设[J].毛泽东邓小平理论研究,2018(5):37-43.
⑦ 龙文军.构建自治、法治、德治相结合的乡村治理体系[J].农村工作通讯,2017(22):24.

理的专业知识，政府需要定期对农村居民进行相关知识教育培训，提高农村自治的能力。同时，安排成立监督小组，监督反馈村干部的行为，从而提高乡村自治能力。除此之外，村委会还可以定期举办民主座谈会，让村民自由表达意见，积极参与乡村治理工作①。二是德治方面，以优良文化传统和社会主义核心价值观相结合对农民进行教育，并开展个人道德模范评选活动；弘扬德孝精神，设立家庭星级评选机制，推进家庭文明建设；修订完善村规民约，建立道德评议小组②。三是法治方面，坚持全民守法，广泛开展普法教育活动，着重宣传《村民委员会自治法》等，依法开展乡村治理活动，将法制咨询活动推到基层，对弱势群体加强法律援助，使农民遇事依法、有法可依③。

(二) 政策梳理

基于中央文件，我们从以下三个方面梳理实现乡村自治、法治和德治有机结合的政策。

一是深化村民自治实践。坚持自治为基，加强农村群众性自治组织建设，健全和创新村党组织领导的充满活力的村民自治机制。推动村党组织书记通过选举担任村委会主任。发挥自治章程、村规民约的积极作用。全面建立健全村务监督委员会，推行村级事务阳光工程。依托村民会议、村民代表会议、村民议事会、村民理事会、村民监事会等，形成民事民议、民事民办、民事民管的多层次基层协商格局。积极发挥新乡贤作用，加强农村社区治理创新④。

二是推进乡村法治建设。坚持法治为本，树立依法治理理念，强化法律在维护农民权益、规范市场运行、农业支持保护、生态环境治理、化解农村社会矛盾等方面的权威地位。加大农村普法力度，提高农民法治素

---

① 宋海霞. 乡村振兴背景下我国农村治理政策的完善和优化[J]. 农业经济,2021(4):41-43.
② 郑晓华,沈旗峰. 德治、法治与自治:基于社会建设的地方治理创新[J]. 马克思主义与现实,2015(4):163-169.
③ 黄浩明. 建立自治法治德治的基层社会治理模式[J]. 行政管理改革,2018(3):39-44.
④ 中共中央 国务院关于实施乡村振兴战略的意见[M]. 北京:人民出版社,2018:20-21.

养,引导广大农民增强尊法、学法、守法、用法意识。健全农村公共法律服务体系,加强对农民的法律援助和司法救助①。

三是提升乡村德治水平。深入挖掘乡村熟人社会蕴含的道德规范,结合时代要求进行创新,强化道德教化作用,引导农民向上向善、孝老爱亲、重义守信、勤俭持家。建立道德激励约束机制,引导农民自我管理、自我教育、自我提高,实现家庭和睦、邻里和谐、干群融洽②。

第二节 案例研究

一、陕西旬阳以党建引领推动乡村"三治融合"

(一) 案例概况

经济社会的快速转型导致农村社会结构发生巨大变化,基层社会治理面临挑战。陕西省旬阳市为解决社会治理中出现的农村空心化、人际关系利益化、乡村治理碎片化等难题,合理创新治理机制,逐步走出了一条"党建引领、法治合力、德治支撑、自治为本"的"党建引领三治融合"乡村治理新道路,以党风带动民风,促进了乡村治理水平提高和社会和谐发展③。

---

① 中共中央 国务院关于实施乡村振兴战略的意见[M]. 北京:人民出版社,2018:22.
② 中共中央 国务院关于实施乡村振兴战略的意见[M]. 北京:人民出版社,2018:22-23.
③ 本案例参考以下网页:龚德波,李开涛."社会治理好"展示旬阳担当——解码旬阳县首次挺进陕西十强县系列报道之五[EB/OL]. 旬阳市人民政府网站,https://www.xyx.gov.cn/Content-2187652.html,2020-11-03;陕西旬阳"三治融合"开创乡村治理新格局[EB/OL]. 搜狐网,https://www.sohu.com/a/459481516_120798024,2021-04-12;冯雷,单永昌,邱德刚. 陕西旬阳:"由乱到治"是怎样实现的? [EB/OL]. 民主与法制网,http://www.mzyfz.com/cms/benwangzhuanfang/xinwenzhongxin/zuixinbaodao/html/1040/2018-01-11/content-1311438.html,2018-01-11;王春云. 陕西旬阳:打造"党建引领三治融合"社会治理红色引擎[EB/OL]. 中国共产党新闻网,http://dangjian.people.com.cn/n1/2018/0320/c117092-29878466.html,2018-03-20.

（二）背景分析

旬阳市隶属陕西省安康市，位于陕西东南部，南北环山，下辖21个镇309个村，面积约3541平方千米，有44.7万居民，是全国文明村镇建设示范县，2021年撤县设市。随着经济社会转型的不断深入，人民日益增长的美好生活需要同发展不平衡不充分之间的矛盾越来越剧烈，社会治理面临新的问题。一是人口流动加剧，随着城镇化进程的持续推进，农村"熟人社会"的治理形态在逐渐消解，随之出现的还有农村空巢化、治理分散化等情况；二是随着改革的不断深入，脱贫攻坚和乡村振兴接续发力，社会工商企业对乡村建设项目的投资也逐渐增多，由征地拆迁、工程发包引发的利益分配问题越来越多，基层维稳难度大，信访举报量增多；三是在农民收入增加的同时，思想道德水平未能同步提高，出现了铺张浪费、大操大办的不良风气以及诚信缺失、封建迷信等现象；四是个别党员干部纪律意识不强，在党性和作风方面存在问题，为黑恶势力提供庇护。以上问题的存在，对包括旬阳市在内的县域基层治理提出了很大挑战。

中央高度重视乡村社会治理工作。2017年6月19日发布的《中共中央 国务院关于加强和完善城乡社区治理的意见》，是首个国家层面的城乡社区治理纲领性文件。文件要求充分发挥党组织领导核心作用，促进法治、德治、自治有机融合①。在中央精神的指引下，旬阳市结合本地实际，坚持"党建引领、三治融合"，提高党在基层组织的领导力，发挥党员干部模范作用，大力推动扫黑除恶工作，创新开展"道德评议""三力联调"等活动，努力建设平安、法治、和谐的旬阳。

（三）做法与成效

旬阳市坚持在党建引领下构建自治、法治、德治相结合的"1+3"社会治理体系，以此提升旬阳基层治理的效率和质量，形成了共建、共治和

---

① 中共中央 国务院关于加强和完善城乡社区治理的意见[EB/OL]. 中华人民共和国中央人民政府网，http://www.gov.cn/zhengce/2017-06/12/content_5201910.htm，2017-06-12.

共享的乡村治理新格局。旬阳市在乡村治理方面的具体做法如下。

第一，坚持党建引领，以红色引擎带动"三治"共建。一是优化基层组织结构。由县级主要负责人成立"社会治理委员会"，负责执纪问责、统筹推进"三治融合"工作，带领全县党员干部全方位投入基层社会治理。二是提升党员党性修养。以"先锋行动党旗红"为主题，举办党员"亮身份、晒业绩、作表率"活动，"亮身份"是亮岗位、亮职责、亮承诺，"晒业绩"是晒成绩、晒亮点、晒问题，"作表率"是在党性、作风、履职尽责上作表率，将党员教育工作融入"三治"工作，发挥好党员的模范带头作用。三是制定符合本县实际的干部管理制度。制定《旬阳县干部召回管理"回炉锻造"办法》《重点工作书面提醒》《关于深化党建引领三治融合基层社会治理创新工作意见》等相关制度，推动干部考勤、考核以及政务督查电子化，对不担当、不作为、乱作为的干部严厉问责，从制度规范、日常监督、教育培训等方面提高干部的素质，激励引导干部担当作为，打造良好政治生态，由全县人民监督"三治融合"工作成效。旬阳县级领导落实到镇，县直部门落实到村，基层党员干部落实到户，发挥坚强战斗堡垒作用，有力加强基层党组织的领导核心地位和基层班子治理能力。群众对基层组织的满意度逐年提升，2017年满意度达到97.8%，位居安康市第三。

第二，凝聚法治合力，完善乡村依法治理机制。旬阳以"促守法、调纷争、打邪恶"法治方式为抓手，提高全民法律意识，依法处理社会纠纷问题，坚决打击违法犯罪，创建知法守法、依法执法的良好法治氛围，打造"平安旬阳"。一是促进公民守法，组织推动"法律八进"，在县委、县政府实施"一月一学法"制度，在基层实施"谁执法谁普法"，在村委实施村官"一审三考一承诺"和"三官一律"制度，在社区通过"讲理说法"专栏结合实际案例进行法律知识普及。除此之外，还为村民建立诚信守法档案，并将其作为扶持创业、荣誉颁发的资格条件，建立违法失信惩罚联动机制。二是调解社会纷争，建立起"人民调解、司法调解、行政调解"三种力量合而为一的调解体制，以及县镇村各级书记抓调解的工作机制。旬阳共聘请7695名调解员，设置医患纠纷等15个专业性调解委员会。自2018年起，旬阳调解委员会共调解案件6514起，调解成功6423件，成功做到"小事不出村、大事不出镇、矛盾不上交"，有力缓解了基层信访维稳压力。三是开展扫黑除恶专项斗争，大力打击黑恶势力，2019年侦办涉黑涉恶刑事案件115起，黑恶势力得到应有审判，各行业乱象得以整治，社会环境持续优化。

第三，坚持德治支撑，创新乡风文明规范机制。旬阳"多管齐下"，大力提升乡村德治水平，发挥道德的规范作用，净化不良风气，创建良好治理根基。一是倡导"诚孝俭勤和"五字新风，开展"道德评议、移风易俗、文化传播、文明创建、诚信建设、依法治理"六大活动，全方位、多角度营造良好民风，构建向上向善价值体系，维护社会和谐。二是以"家"文化为基础，延续家谱提升认同感，结合新老家规激励约束村民行为，挖掘出"范氏家谱家训""官山陈氏家谱"等代表性强的家谱家规。开展文明户评选活动，激发向上的竞争环境，涌现出社会公认的道德模范。

第四，坚持自治为本，实现共建共治共享。在基层治理方面，旬阳探索创新自治制度，加强村民主人翁意识，大幅提升农村自治水平。一是组建道德评议委员会，委员会由村民选举产生，行使乡村道德评议权利，创新开展"群众说、乡贤论、榜上亮"方式。"群众说"是指会前走访调查，确定评议议题和被评议对象，由群众进行现场评议；"乡贤论"是指由评议委员会成员结合具体事件讲道理、评是非，并表决出先进和后进典型。"榜上亮"是指把评选出的优秀典型亮"红榜"、后进典型亮"黑榜"，激励与约束并重，引导群众"见贤思齐、见不贤自省"。2016年以来共开展道德评议2000多场，评出先进、后进典型3000多人。二是用制度约束行为，制定村规民约和修订自治章程，有效制止铺张浪费、攀比奢靡、大操大办的不良风气，破除封建迷信思想。三是构建共治"共同体"，建立健全村民参与乡村治理的制度规范，群众参与事务决策、过程监督和结果评议，建立公开透明的行政机制。同时，开展"学知识、兴家业、当先进"

活动，提高村民综合素质，推动农村自治走上新台阶。

旬阳以党建引领推动"三治融合"的乡村治理模式实现了"1+1+1>3"的质变效能，推动旬阳的乡村治理取得了明显成效。通过推进全面从严治党，基层组织变得党风更正，干劲更足。社会民风一派新气象，百姓自力更生、艰苦朴素、明礼诚信、尊老爱幼、遵纪守法，以往大操大办酒席的现象变得越来越少。全县社会治安持续好转，犯罪率逐年下降，百姓的安全感和满意感逐年上升，群众的法律意识也得到提升，自治能力不断增强。2016—2019年，旬阳治安刑事信访分别下降8%、23%和38%。"十三五"以来，旬阳的乡村治理创新实践多次得到中央领导的重要批示，并被中央综治委评为"全国社会治理创新典型案例"。

（四）总结评价

党的十九大报告提出要加强农村基层基础工作，健全自治、法治、德治相结合的乡村治理体系，这为乡村治理指明了前进道路。旬阳探索创新出的"党建引领，三治融合"乡村治理模式，不断提升全面从严治党的力度，打造基层党组织战斗堡垒，发挥党员干部模范带头作用，大力开展扫黑除恶，提高村民的思想道德水平，打造良好的社会风气，使人民幸福感、获得感、安全感得到提升。

旬阳"党建引领，三治融合"的社会治理实践，为其他地区加强基层社会治理积累了宝贵经验。一是要充分认识到基层党建的重要性，基层党组织贴近群众生活，能够维护群众的根本利益，所以乡村治理必须坚持基层党组织的领导。地方政府通过整顿基层党组织的风气、提高党员队伍的整体质量、完善基层治理的运行机制以及强化党组织制度建设，才能保证党建引领乡村治理常态化和高效化[①]。二是实现乡村治理能力现代化的关键是促进自治、法治和德治的有效融合。在乡村治理的过程中要坚持以自治为基础，推进基层民主建设，提高村民参与村务的积极性；坚持以法治

---

① 陈东辉. 基层党建引领社会治理创新的探索与路径[J]. 理论与改革,2019(3):181-188.

为原则,弘扬法治精神,推动乡村形成依法办事、遇事找法的社会氛围;坚持以德治为特色,挖掘地域特色的乡村优秀传统文化和社会习俗,成立乡贤组织,提高道德的"软治理"能力。只有实现"三治"有机融合,才能更好地提升乡村社会治理的效能[①]。

二、浙江绍兴潘韩村构建特色治理体系

(一) 案例概况

乡村治理是社会治理的基础和关键,也是国家治理体系和治理能力现代化的重要组成部分。党的十九大提出实施乡村振兴战略,强调要健全自治、法治、德治相结合的乡村治理体系。在乡村振兴战略背景下,浙江省绍兴市潘韩村从本村实际出发,遵循乡村发展规律,通过构建"1+1+1+N"特色治理模式,让青年参与基层社会治理;通过整合乡村治理资源,让乡贤人才领跑乡村善治;通过开展数字化建设,让信息化赋能综合治理;通过培育文明乡风,让乡村德治常态化。潘韩村通过补足基层治理短板,构建起特色治理体系,形成了乡村治理新格局。

(二) 背景分析

潘韩村由潘家、韩家两个村合并而成,隶属浙江省绍兴市上虞区崧厦街道,位于城乡结合区域,是崧厦街道的"伞业专业村"。作为上虞区"伞业小镇"的技术核心区,潘韩村拥有劳动密集型伞业及关联企业近100家。随着电子商务的蓬勃发展,潘韩村立足伞业基础,结合美丽乡村精品村建设,打造出建筑面积3000平方米的电商产业园,营造优良的营商环境,推动产业转型升级,被评为"第一批浙江省商贸发展示范村""2020年淘宝村"。此外,潘韩村积极盘活存量资源,发展村级物业。潘韩村利用城中村的地理优势,通过投资购买沿街商铺、将集体用房变身厂房招商

---

① 左停,李卓. 自治、法治和德治"三治融合":构建乡村有效治理的新格局[J]. 云南社会科学,2019(3):49-54.

等措施赚取租金,2020年村集体收入达到约190万元,其中租金收入约占村集体收入的80%。

潘韩村尽管产业基础较为雄厚,但村庄治理仍存在一些问题。例如,乡村合并时间较短和发展经验不足,使潘韩村的治理人才培养机制不健全;潘韩村基层自治机制不完善,治理队伍老龄化现象严重,村民文化素质整体较低,使乡村基层治理缺乏创新和活力。随着城市化进程加快,绍兴市上虞区的城市建设征用了大量土地,潘韩村的农业用地急剧减少,这激发了更多社会矛盾。例如,乡村经济增收渠道受限,村内基础设施功能配套不完善;大规模土地征收带来的城镇化、工业化、市场化给乡村带来了财富,但同时也以强势力量解构了乡村社会的文化价值,对乡村传统文化造成了强烈的冲击与消解①。因此,如何缓解乡村治理中的老龄化问题、加强村庄基础设施建设、促进乡村文化现代化,成为潘韩村推进乡村振兴过程中需要解决的关键问题。

(三)做法与成效

潘韩村注重加强自治、德治、智治、法治的四治融合,构建起一套有效的基层治理体系。潘韩村的乡村治理体系主要由以下四部分构成。

第一,构建"1+1+1+N"的特色治理模式。该模式具体是指形成一套党建引领的管理机制,打造一支青年助力的服务队伍,创建一份服务多样的清单,建设N个开展服务的活动阵地。一是潘韩村由村党总支副书记带队,由村团支书领跑、召集人联络,形成党建带团建的管理机制,健全"团干部+社工+平安青虞"基层青年工作队伍,组成了党建引领下的共治共建共享的多元农村治理格局。二是潘韩村通过整合原村群团志愿者、乡贤会、返乡大学生、校地共建单位等青年群体资源,选拔优秀人才。根据公共事业、工程建筑、创业就业、文化宣教等领域青年的专业优势,组建了家燕团、宣讲团、跑小二、乡青会四个小队,统称"平安青虞"。其

---

① 姜德波,彭程. 城市化进程中的乡村衰落现象:成因及治理——"乡村振兴战略"实施视角的分析[J]. 南京审计大学学报,2018(1):16-24.

中"家燕团"是指潘韩村高校在读青年学生集中在寒暑假等节假日，开展公益夏令营辅导教学以及村庄平安宣传、文明引导等志愿服务。"宣讲团"是指由擅长讲解、形象端庄的青年担任村史馆讲解、党团知识宣讲、研学团队接待等工作。利用青年力量既能够运用地方方言帮助文化水平较低的老年村民理解村内出台的相关政策，又能接待外来研学队伍或游客，将潘韩村的历史文化加以传扬。"跑小二"是由网格志愿者、青年党员代表组成，主要负责便民代办代跑、事务咨询等志愿服务，"跑小二"充分利用交流软件，以"平安青虞"议事微信群作为联络渠道，既可以查看各类志愿服务需求，又可以建言献策。"乡青会"是由教师、企业家、民警等从事专业领域工作的青年乡贤组成，乡贤们主要参与矛盾纠纷调解、特色文化发扬、乡村建设等。三是"平安青虞"青年服务队结合潘韩村乡村治理需求和"平安青虞"职能，整理出一份服务事项清单，涉及志愿服务、咨询服务、代办代跑、矛盾调解、理论宣讲、公益课堂、文化发扬七大类别的17项基本服务事项。四是建设青年活动阵地。在月林书院设立青年讲堂，并公示每季度公益课堂计划；设立青年书吧，放置各类青年杂志、报纸等读本，提供一个能够读书、休闲聚会的场地；村内部分绿地、公园设立青护绿地，安排"平安青虞"为责任维护人进行定点维护清洁。为保障青年队伍更好地服务乡村基层，潘韩村建设了新时代文明实践站，定期开展活动并进行相关业务知识培训，以期更好地进行志愿服务活动，规范化管理志愿服务。

第二，让乡贤人才领跑乡村智治。近年来潘韩村通过扩大乡贤人才队伍、鼓励乡贤参与村务等方式，不断完善乡贤组织。村委通过密集走访乡贤、宣传政策精神、组织专题座谈、颁发荣誉聘书等方式，引来更多具有威望的乡贤反哺家乡，并鼓励乡贤参与基层公共事务决策咨询、协商民主议事对话等社会治理和公共服务活动，促进基层决策科学化。

第三，促进乡村德治和法治。一是开展乡村建设项目。潘韩村历史文化悠久，其所在的崧厦镇已有1600多年的历史①，为了传承保护村中的传统文化和历史文化遗产，潘韩村构建了三个村级文化，分别是乡贤文化、廉洁文化和忠义文化，最大化地发挥乡村独特价值。村委合计投入约1700万元，开展精品村建设项目，包括精品线路美化项目、月林书院项目、"三合一"党群服务中心、文化礼堂、家宴中心美化、忠义公园及法制公园项目等②。2020年，潘韩村投资450余万元修复月林书院，书院正屋内设国学讲堂、书法、绘画工作室、阅览室等，经常邀请青年宣讲人、书法大家来讲学授课③。文化设施的建设承载了村民日益增长的精神文化需求，凝聚着乡贤对家乡的浓浓乡情。二是营造基层廉政乡风。潘韩村长期保持公务接待零开支，村级财务、党务、村务定期公开，并有专门的村民监督小组监督；倡导传递"清廉文化"，以"清廉"为主题，拓展清廉文化阵地，将历代除暴安良、清正廉洁的先贤典故、廉政警句、家训家风、乡贤故事等展示在清风廊。以上做法潜移默化中传承清廉乡风，带动基层党风廉政教育建设，营造风清气正的村风民风④。三是打造民主法治精品示范村。潘韩村精心建设基层法治文化阵地，建设法治文化墙、法治标语墙、法治宣传栏、法治图书专柜等法治宣传硬件设施；制定并完善村规民约。

第四，让信息化赋能乡村善治。潘韩村依托"互联网＋"，打通便民服务"最后一公里"。一是引入自助便民终端，简化相关事务。潘韩村设立了自助大厅、自助服务亭，安装了自助服务终端，为村民和企业提供"就近办、网上办、自助办"的一体化政务服务。二是搭建大数据智能监

---

① 今天，我想和你一起穿越历史文化长廊，共赏千年和孝潘韩[EB/OL]．搜狐网，https://www.sohu.com/a/401894889_120173630,2020-06-15.

② 12年，带头书写城中村"逆袭记"——记区人大代表，崧厦街道潘韩村党总支书记、村委会主任韩红标[EB/OL]．上虞人大网，http://rd.shangyu.gov.cn/art/2021/3/22/art_1306376_58834328.html,2021-03-22.

③ 青年助力 上虞月林书院公益首讲[EB/OL]．浙江新闻网，https://zj.zjo20l.com.cn/news.html?id=1652842,2020-04-20.

④ 朱银燕,刘厉,刘岑超．崧厦街道潘韩村:党建引领下打造共同富裕示范村[EB/OL]．浙江新闻网，https://zj.zjol.com.cn/news.html?id=1699606,2021-07-22.

管云平台，用于统计居民的基本信息和收集居民垃圾分类的参与率、正确率、空桶率等数据，并展示垃圾收集员的工作时长、重量统计等情况。三是通过使用"志愿汇"App来记录志愿服务的时长，对应兑换服务纪念品，并将志愿服务记录作为各类先进评优的重要参考。借助数字技术，潘韩村实现了智能化、信息化监管，构建起有效的激励机制，显著提升了村容村貌和居民素质。

潘韩村通过建立特色乡村治理体系，促进自治、德治、智治、法治有机融合，对于加强乡村治理、完善乡村公共服务产生了积极效应。第一，吸引了一些本村青壮年回流，青年参与乡村治理提高了村民参与乡村建设的积极性。青年调解团使信访工作大幅减少，减轻了基层工作负担。第二，新乡贤在促进乡村善治、加强基层治理中发挥了重要作用。例如，浙江大学严力蛟教授团队在潘韩村"四治"融合、文化铸魂、村级集体经济发展等方面发挥作用，有力促进了潘韩村各项工作的开展。第三，通过弘扬优秀传统文化，村民的思想道德素质得到提升。

（四）总结评价

随着我国城镇化的推进和农村改革的不断深入，广大农村地区正经历着前所未有的变化，这为乡村治理带来了调整。潘韩村的实践表明，只有从自身实际情况出发、建设具有本村特色的治理体系，才能实现乡村善治，推动乡村全面振兴。潘韩村在实践中打造出的青年欢迎、社会认可、富有地域特色的乡村治理体系，为中国其他地区的乡村治理提供了经验借鉴。

第八章 乡村基础设施建设与公共服务供给

加强乡村基础设施建设和公共服务供给,是提高农村民生保障水平、推动乡村全面振兴、实现共同富裕的内在要求。应当顺应城乡人口流动和乡村空间布局调整趋势,在兼顾公平和效率的逻辑下推进城乡基础设施互联互通,健全农村社会保障体系,促进城乡基本公共服务均等化。

第一节 维度剖析

乡村基础设施建设和公共服务供给包括三个维度,分别是农村基础设施提档升级、发展农村教育与医疗事业、健全农村社会保障体系。

一、农村基础设施提档升级

(一) 文献综述

关于农村基础设施提档升级的必要性,学术界认为农村基础设施提档升级是促进城乡融合发展的必要条件,基础设施提档升级不仅是农村居民生活水平提高的表现,而且还能作为吸引人才流入的基础。农村基础设施提档升级从三个方面对乡村振兴产生有利影响:一是基础设施是产业兴旺的"先行资本",二是基础设施是生态宜居的"必要条件",三是基础设施是生活富裕的"重要保障"[①]。有研究实证分析了基础设施建设对农村经济

---

① 曾福生,蔡保忠. 农村基础设施是实现乡村振兴战略的基础[J]. 农业经济问题,2018(7):88-90.

的影响,认为完善的基础设施促进了农村经济增长[1]。

关于农村基础设施提档升级的现状与问题,学术界研究提出以下观点。一是农村基础设施的融资相对困难,责任分担不够明确,价格机制缺失以及产权不明确。在政府方面,由于长期以来政府资金一直倾向于城市建设,导致农村的基础设施建设一直处于"贫血"状态,资金相对缺乏[2]。二是在规划布局方面,现存的主要问题是农村基础设施的供给效率比较低,主要表现在同农民的现实需求不完全匹配,有些设施供给过剩,有些设施供给不足[3]。三是基础设施建设后的监督以及维护问题,农户管理与维护基础设施的意愿主要受制度规则以及干群关系的影响,这中间往往存在一些偏差[4]。

关于农村基础设施提档升级的对策,学术界提出以下观点:第一是解决基础设施融资问题。加大政府的财政投入与引导,鼓励农业发展银行和国家开发银行等金融机构投资,以及增强农村集体的融资能力[5],使三者通过积极配合在融资中发挥协同作用[6]。第二是解决基础设施布局问题。要考虑在两个方面优化布局:一方面要具有前瞻性,要根据各地的人口密度以及结构去考虑基础设施的选址以及投资;另一方面要考虑居民的需求性,建立需求导向机制,在建设基础设施之前一定要做好调查[7]。第三是解决农村基础设施的维护以及监督问题。要制定与完善相关的基础设施维护规则,制定规则时要尽量做到公正公开,得到大多数人的认可。此外,

---

[1] 张亦弛,代瑞熙. 农村基础设施对农业经济增长的影响——基于全国省级面板数据的实证分析[J]. 农业技术经济,2018(3):98.
[2] 陈慧芝. 我国农村基础设施建设项目融资问题研究[J]. 财经问题研究,2015(SI):24-25.
[3] 范昕墨. 乡村振兴战略背景下的农村基础设施建设——基于公共经济学的视角[J]. 改革与战略,2018(9):72.
[4] 何凌霄,张忠根,南永清,等. 制度规则与干群关系:破解农村基础设施管护行动的困境——基于IAD框架的农户管护意愿研究[J]. 农业经济问题,2017(1):9-18.
[5] 曲一歌. 创新投融资体制机制补齐农村基础设施短板[N]. 中国经济导报,2017-03-03.
[6] 陈慧芝. 我国农村基础设施建设项目融资问题研究[J]. 财经问题研究,2015(SI):25-26.
[7] 范昕墨. 乡村振兴战略背景下的农村基础设施建设——基于公共经济学的视角[J]. 改革与战略,2018(9):73.

要重视干部关系的培养以及他们的动员与宣传能力①。

(二) 政策梳理

中央提出,继续把基础设施建设重点放在农村,加快农村公路、供水、供气、环保、电网、物流、信息、广播电视等基础设施建设,推动城乡基础设施互联互通②。基于中央文件,我们从以下四个方面梳理农村基础设施提档升级的政策。

一是改善农村交通物流设施条件。以示范县为载体全面推进"四好农村路"建设,加快实施通村组硬化路建设,健全管理养护长效机制,保障农村地区基本出行条件。推动城市公共交通线路向城市周边延伸,鼓励发展镇村公交,实现具备条件的建制村全部通客车。加快构建农村物流基础设施骨干网络,鼓励商贸、邮政、快递、供销、运输等企业加大在农村地区的设施网络布局③。

二是加强农村水利基础设施网络建设。构建大中小微结合、骨干和田间衔接、长期发挥效益的农村水利基础设施网络,着力提高节水供水和防洪减灾能力。巩固提升农村饮水安全保障水平④。

三是构建农业现代能源体系。优化农村能源供给结构,大力发展太阳能、浅层地热能、生物质能等,因地制宜地开发利用水能和风能。完善农村能源基础设施网络,加快新一轮农村电网升级改造,推动供气设施向农村延伸⑤。

四是夯实乡村信息化基础。深化电信普遍服务,加快农村地区宽带网络和第四代移动通信网络覆盖步伐。实施新一代信息基础设施建设工程。实施数字乡村战略,加快物联网、地理信息、智能设备等现代信息技术与

---

① 何凌霄,张忠根,南永清,等.制度规则与干群关系:破解农村基础设施管护行动的困境——基于IAD框架的农户管护意愿研究[J].农业经济问题,2017(1):9-18.
② 中共中央 国务院关于实施乡村振兴战略的意见[M].北京:人民出版社,2018:25-26.
③ 乡村振兴战略规划(2018—2022年)[M].北京:人民出版社,2018:77.
④ 乡村振兴战略规划(2018—2022年)[M].北京:人民出版社,2018:77-78.
⑤ 乡村振兴战略规划(2018—2022年)[M].北京:人民出版社,2018:78.

农村生产生活的全面深度融合,深化农业农村大数据创新应用,推广远程教育、远程医疗、金融服务进村等信息服务①。

二、发展农村教育和医疗卫生事业

(一) 文献综述

1. 发展农村教育事业的相关研究

发展农村教育事业对农业农村现代化具有重要意义。相关研究认为,发展农村教育事业的必要性体现在以下方面:第一,发展乡村教育能为乡村的发展提供人力资源积累。同时,教育可以作为发扬与传承乡村文化以及引进外来先进知识技术的载体,对乡村振兴起到了重要的作用②。第二,发展教育能够阻断贫困的代际传递、巩固脱贫的成果以及加快实现农业农村现代化③。

农村教育事业尽管取得了长足进步,但仍然存在一些不足。一是同城市相比,农村的教育资源投入相对不足,教育设施和师资都存在短板④;二是当前政府对农村义务教育的经费投入相对不足,尤其是对于中部地区农村教育的投资要落后于东西部地区⑤;三是农村的小规模学校布局分散且受到的重视程度不高,资源投入相对较少,学生上学成本高,学校运行缺乏活力⑥。

基于农村教育存在的问题,相关文献提出了加强农村教育的对策:一是要统筹配置城乡间的教育资源,朝着城乡教育一体化的方向发展。尤其

---

① 乡村振兴战略规划(2018—2022年)[M]. 北京:人民出版社,2018:78-79.
② 袁利平,姜嘉伟. 关于教育服务乡村振兴战略的思考[J]. 武汉大学学报(哲学社会科学版),2021(1):159.
③ 刘复兴,曹宇新. 新发展阶段的乡村教育振兴:经验基础、现实挑战与政策建议[J]. 西北师大学报(社会科学版),2022(1):41.
④ 朱许强. 乡村教育的现代性困境及其超越[J]. 当代教育与文化,2019(3):64-65.
⑤ 戎乘阳. 我国农村义务教育经费投入研究[J]. 经济问题,2022(1):102-103.
⑥ 赵丹,郭清扬. 城乡教育一体化背景下乡村小规模学校布局调整与优化建议——基于陕西省宁强县的案例分析[J]. 中国教育学刊,2021(5):70-72.

注重提升乡村教师的福利待遇,加强乡村教师岗位的吸引力①。二是加大对农村教育资金的投入,政府应加强对农村教育事业的重视程度,在加大财政投入的同时吸引社会资金注入②。三是赋予农村小规模学校独立身份,合理规划农村小学的布局,对于农村地区的学生适当进行经费补贴,促进农村小规模学校有特色、可持续地发展③。

2. 发展农村医疗卫生事业的相关研究

农村医疗卫生事业是全国健康事业发展的重点,尽管农村医疗卫生事业取得了很大成就,但是相较于城市医疗卫生事业而言,农村地区还存在短板④。统筹城乡之间的医疗资源,实现医疗资源优化配置,是有效满足城乡居民对医疗卫生需求的必要条件⑤。基于此,必须把发展农村医疗卫生事业放在乡村振兴以及农业农村现代化的全局中,并采取相应措施促进农村医疗卫生事业的发展。

学术界论证了农村医疗卫生事业存在的问题。一是资金投入不足。相对于城市而言,政府投入农村医疗卫生事业的资源较少⑥。二是医疗卫生资源配置不均衡,农村基础医疗设施薄弱⑦。三是农村地区相对缺乏优质高端的医疗资源,缺乏二甲以上的医院,农村医生的专业技术水平不高,无论从医生的来源还是受教育的程度上,都和城市存在很大差距,这会造成农村居民重病就医比较困难⑧。

---

① 庞丽娟. 统筹推进城乡义务教育一体化发展[J]. 教育研究,2020(5):17-19.
② 戎乘阳. 我国农村义务教育经费投入研究[J]. 经济问题,2022(1):105-106.
③ 赵丹,郭清扬. 城乡教育一体化背景下乡村小规模学校布局调整与优化建议——基于陕西省宁强县的案例分析[J]. 中国教育学刊,2021(5):70-72.
④ 林建. 乡村振兴战略下我国农村医疗卫生服务供需矛盾分析[J]. 中国卫生经济,2020(12):9.
⑤ 韩春蕾,王昱瑾,曲德鑫,等. 基于状态空间模型的我国城乡医疗卫生资源配置差距的动态影响研究[J]. 中国卫生统计,2020(5):757.
⑥ 韩春蕾,王昱瑾,曲德鑫,等. 基于状态空间模型的我国城乡医疗卫生资源配置差距的动态影响研究[J]. 中国卫生统计,2020(5):757-759.
⑦ 郑继承. 我国医疗卫生资源配置的均衡性研究[J]. 中国卫生资源,2019(5):362-365.
⑧ 林建. 乡村振兴战略下我国农村医疗卫生服务供需矛盾分析[J]. 中国卫生经济,2020(12):10-11.

基于农村医疗卫生事业存在的问题,相关文献提出了加强农村医疗卫生事业发展的对策。一是加大资金投入。在政府加大对农村医疗卫生事业的财政投入基础上,引导慈善机构等组织加大对农村医疗卫生事业的投入[1]。二是统筹城乡医疗资源,构建城乡统一的医疗卫生资源配置财政投入制度,以及城乡统一的医疗资源交流与交换平台,提高全民参与性[2]。三是合理配置医疗资源,加强县级医院建设,提升乡村医生的职业能力,加强对新医生的培养以及已有医生的能力提升培训,扩大医师多点执业等[3]。

(二) 政策梳理

基于中央文件,我们从以下两个方面梳理发展农村教育和医疗卫生事业的政策。

一是优先发展农村教育事业。推动建立以城带乡、整体推进、城乡一体、均衡发展的义务教育发展机制。推进农村普及高中阶段教育,使绝大多数农村新增劳动力有机会接受高中阶段教育、更多接受高等教育[4]。发展农村学前教育,每个乡镇至少办好1所公办中心幼儿园,完善县乡村学前教育公共服务网络。大力发展面向农村的职业教育,加快推进职业院校布局结构调整,加强县级职业教育中心建设,有针对性地设置专业和课程,满足乡村产业发展和振兴需要[5]。以市县为单位,推动优质学校辐射农村薄弱学校常态化。统筹配置城乡师资,并向乡村倾斜,建好建强乡村教师队伍[6]。

二是推进健康乡村建设。深入实施国家基本公共卫生服务项目,完善

---

[1] 韩春蕾,王昱瑾,曲德鑫,等. 基于状态空间模型的我国城乡医疗卫生资源配置差距的动态影响研究[J]. 中国卫生统计,2020(5):760.

[2] 郑继承. 我国医疗卫生资源配置的均衡性研究[J]. 中国卫生资源,2019(5):365-366.

[3] 林建. 乡村振兴战略下我国农村医疗卫生服务供需矛盾分析[J]. 中国卫生经济,2020(12):11-12.

[4] 中共中央 国务院关于实施乡村振兴战略的意见[M]. 北京:人民出版社,2018:24.

[5] 乡村振兴战略规划(2018—2022年)[M]. 北京:人民出版社,2018:83.

[6] 中共中央 国务院关于实施乡村振兴战略的意见[M]. 北京:人民出版社,2018:25.

基本公共卫生服务项目补助政策，提供基础性全方位、全周期的健康管理服务。加强慢性病、地方病综合防控，大力推进农村地区精神卫生、职业病和重大传染病防治。加强基层医疗卫生服务体系建设，基本实现每个乡镇都有1所政府开办的乡镇卫生院，每个行政村都有1所卫生室，每个乡镇卫生院都有全科医生，支持中西部地区基层医疗卫生机构标准化建设和设备提档升级。加强乡村医生队伍建设，支持并推动乡村医生申请执业（助理）医师资格。全面建立分级诊疗制度，实行差别化的医保支付和价格政策①。

三、健全农村社会保障体系

（一）文献综述

近年来，中国农村社会保障体系不断完善。健全农村社会保障体系的重要性体现在以下三个方面：第一，健全农村社会保障体系是推进城镇化的重要内容；第二，健全农村社会保障体系是解决农村问题的重要一环；第三，健全农村社会保障体系是农村稳定发展的前提②。

相关研究认为，农村社会保障体系存在以下问题。第一，同城市相比，农村地区的社会保障水平较低，无法满足农村居民对社会保障的需求③。第二，农村社会保障缺乏资金支持，以及缺乏资金投入的可持续性。目前社保资金支持主要源于国家、集体和个人，其中国家与个人担负的比较多，但是农村人口基数大，所需要的资金比较多，就目前的资金投入而言，资金相对缺乏④。第三，缺乏管理机制以及立法不够健全。在管理机制方面，存在管理机构协同性差以及监督机制不健全的问题，相关法律法

---

① 乡村振兴战略规划（2018—2022年）[M]. 北京：人民出版社，2018：84.
② 刘延华. 农村社会保障体系建设的问题及对策[J]. 新西部，2018(9)：17.
③ 刘延华. 农村社会保障体系建设的问题及对策[J]. 新西部，2018(9)：17.
④ 郭赞. 乡村振兴背景下农村社会保障问题审视及解决途径[J]. 农业经济，2020(10)：68.

规也仍需健全①②。第四,农民本身的社保意识不强,参与社会保障的积极性和主动性不足③。

围绕农村社会保障体系存在的问题,相关研究提出了健全农村社会保障体系的对策。第一,促进城乡社会保障一体化。当下城乡之间的社会保障体系存在一定的差距,应逐步实现城乡社会保障体系的一体化④。第二,增加资金投入。在增加政府对农村社会保障体系投入的基础上,引导集体等组织对农村社保体系加大投资力度,增加基金的保值与增值能力⑤。第三,健全农村社会保障体系的相关管理机制以及法律法规,管理机制以及法律法规的健全要因地制宜⑥⑦。第四,加大对社会保障的宣传,增强农民参与社会保障的意识⑧。

(二) 政策梳理

基于中央文件,我们从以下方面梳理健全农村社会保障体系的政策。

一是完善统一的城乡居民基本医疗保险制度和大病保险制度,做好农民重特大疾病救助工作,健全医疗救助与基本医疗保险、城乡居民大病保险及相关保障制度的衔接机制,巩固城乡居民医保全国异地就医联网直接结算。⑨

二是完善城乡居民基本养老保险制度,建立城乡居民基本养老保险待遇确定和基础养老金标准正常调整机制。⑩

三是提升农村养老服务能力。加快建立以居家为基础、社区为依托、

---

① 姚芳. 以党的十九大精神为指导,完善构建新农村社会保障体系[J]. 核农学报,2021(5):1.
② 郭赞. 乡村振兴背景下农村社会保障问题审视及解决途径[J]. 农业经济,2020(10):68.
③ 高荣. 公众参与社会保障治理的理论逻辑、现实困境与有效路径[J]. 学习论坛, 2020(12):76-77.
④ 刘延华. 农村社会保障体系建设的问题及对策[J]. 新西部,2018(9):17-18.
⑤ 郭赞. 乡村振兴背景下农村社会保障问题审视及解决途径[J]. 农业经济,2020(10):68.
⑥ 姚芳. 以党的十九大精神为指导,完善构建新农村社会保障体系[J]. 核农学报,2021(5):1.
⑦ 郭赞. 乡村振兴背景下农村社会保障问题审视及解决途径[J]. 农业经济,2020(10):68.
⑧ 高荣. 公众参与社会保障治理的理论逻辑、现实困境与有效路径[J]. 学习论坛,2020(12):76-77.
⑨ 乡村振兴战略规划(2018—2022年)[M]. 北京:人民出版社,2018:85.
⑩ 乡村振兴战略规划(2018—2022年)[M]. 北京:人民出版社,2018:85.

机构为补充的多层次农村养老服务体系。以乡镇为中心,建立具有综合服务功能、医养相结合的养老机构,与农村基本公共服务、农村特困供养服务、农村互助养老服务相互配合,形成农村基本养老服务网络。①

四是把进城落户农业转移人口全部纳入城镇住房保障体系。②

五是推进低保制度城乡统筹发展,健全低保标准动态调整机制。③

六是统筹城乡社会救助体系,做好农村社会救助兜底工作。④ 推动各地通过政府购买服务、设置基层公共管理和社会服务岗位、引入社会工作专业人才和志愿者等方式,为农村留守儿童和妇女、老年人以及困境儿童提供关爱服务。加强和改善农村残疾人服务,将残疾人普遍纳入社会保障体系予以保障和扶持。⑤

第二节 案例研究

一、江西横峰推动农村基础设施提档升级

(一)案例概况

江西省横峰县位于江西省的东北部,是国家扶贫开发重点县,于2018年脱贫摘帽。在脱贫攻坚之前,横峰县一些乡村的经济发展、基础设施建设、公共服务供给都处于落后状态,尤其是住房、饮水、交通、网络等基础设施短板严重影响了村民的幸福感、获得感,大量青壮年流出乡村,一些村庄的发展陷入困境。在脱贫攻坚过程中,横峰县制定了乡村基础设施提档升级的目标,通过破解人、财、地三大难题,在短短几年间使各个乡村的基础设施得到全面改善,道路硬化、干净的饮用水、安全住房以及广

---

① 乡村振兴战略规划(2018—2022年)[M]. 北京:人民出版社,2018:86.
② 中共中央 国务院关于实施乡村振兴战略的意见[M]. 北京:人民出版社,2018:27.
③ 乡村振兴战略规划(2018—2022年)[M]. 北京:人民出版社,2018:85.
④ 中共中央 国务院关于实施乡村振兴战略的意见[M]. 北京:人民出版社,2018:27.
⑤ 乡村振兴战略规划(2018—2022年)[M]. 北京:人民出版社,2018:85.

播电视网络得到全覆盖。①

（二）背景分析

党的十八大以来，中央高度重视农村地区的道路、水利、电网、物流、信息、水暖等基础设施建设，要求农村地区的基础设施必须满足农村居民的基本需求，做到惠民、利民、便民，为乡村振兴和农业农村现代化奠定基础。在乡村发展过程中，基础设施建设扮演着重要角色，健全的基础设施可以作为发展乡村产业、留住人才的重要条件。② 近年来，政府不断加强农村地区的基础设施建设，但同城市相比，农村基础设施仍然不足，农村基础设施的提档升级也被提上日程。因此，如何合理建设农村的基础设施，包括资金来源、基础设施布局以及后期的监督维护等问题，都是基层政府需要深入思考和解决的问题③。

与经济发达地区的乡村相比，江西省横峰县的一些乡村的发展较为滞后，基础设施建设及其提档升级存在较多问题。尤其是同农村居民生产生活息息相关的道路硬化、水利、物流等基础设施，尚不足以满足居民需求。

（三）做法与成效

江西省横峰县根据当地实际情况，全面调动资源推动农村基础设施建

---

① 本案例主要参考以下网页:横峰公路分局大力实施基础设施扶贫[EB/OL].央广网江西分网, http://jx.cnr.cn/caijing/jinrong/20160201/t20160201_521303311.shtml,2016-02-01;横峰县加大基础设施建设[EB/OL].江西省农业农村厅网站,http://nync.jiangxi.gov.cn/art/2015/4/14/art_27777_1149390.html,2015-04-14;全省唯一！横峰县入选第三批全国农村公共服务典型案例[EB/OL].江西农业农村厅网站,https://weibo.com/ttarticle/p/show?id=2309404717140740538677,2021-12-22;江西横峰:农村基础设施全域升级打造秀美乡村新样本[EB/OL].横峰县人民政府网站,http://www.hfzf.gov.cn/hfzf/mtkhf/202201/2c044f394ffd449c90974ef9555eb873.shtml,2022-01-22;农村基础设施"建而不管"广昌探索长效破解之道[EB/OL].中国江西网,https://baijiahao.baidu.com/s?id=1720075296258949132&wfr=spider&for=pc,2021-12-25;我国农村基础设施建设加快提档升级[EB/OL].澎湃政务,https://m.thepaper.cn/baijiahao_9424106,2020-09-30.

② 李旭辉.乡村振兴背景下农村基础设施建设的发展方向[J].河南农业,2021(18):28.

③ 曾福生,蔡保忠.农村基础设施是实现乡村振兴战略的基础[J].农业经济问题,2018(7):88-90.

设，在谁来干、资金来源、土地来源等方面积极谋划，取得了显著成效。

第一，确定谁来干的问题。横峰县的做法主要是发动党员群众，让其起到引领与带头作用。具体而言，横峰县建立了"支部生活日"制度，促进党员带领积极分子和广大群众参与当地基础设施建设。此外，横峰县还制定了"1+4"的乡村治理模式。其中，"1"代表的是村党支部，"4"代表的是"四会"，包括理事会、促进会、监督委员会以及互助会。"1+4"的乡村治理模式激发了村民参与基础设施建设以及乡村治理的积极性。

第二，解决资金的来源问题。一般来讲，农村基础设施建设的资金主要源于三个方面，第一是政府财政支持，第二是村民自筹资金，第三是来自社会支援。横峰县对于筹集农村基础设施建设资金做了进一步创新，提出了"六个一点"资金筹集措施，即向上争取一点、政策融资一点、财政配套一点、涉农资金整合一点、群众自筹一点以及力争社会企业投入一点。

第三，解决建设用地的来源问题。横峰县的主要做法是废地拆除与重修。由于历史原因，一些村庄有大量废旧建筑，村庄负责人带领村民拆除废旧建筑，以便有土地资源用于建设基础设施。此外，横峰还通过"造地复垦"等方式盘活农村废弃荒地，使基础设施建设的用地难题得到解决。

第四，在乡村基础设施建设的施工方面，横峰县也有创新。关于"施工队"，横峰县的主要思路是"县、乡、村三级书记共抓、四套班子齐上"。以县委书记作为"一把手"，担任第一组长，县长担任组长，成立"施工队"，下设专业技术部门，保证基础设施建设的科学性、安全性与合理性。关于"施工图"，横峰县与浙江大学等高校的设计院合作，对整个县城进行全局谋划，制定了秀美乡村全域规划图，保证了基础设施建设的严谨性与科学性。关于时间规划问题，横峰县明确了乡村基础设施建设的时间表。比如，横峰县从2016年开始，按照"试点示范、分步实施、全面提升"的步骤，用两年半时间完成660个村点的初步整治建设。

第五，在软性基础设施建设方面，横峰县积极作为。在乡风文明传播方面，横峰县根据自身特色陆续打造品牌项目，以满足居民对文化的多样化需求。横峰县特别重视文化下乡活动，通过文化下乡促进乡风文明。横峰县创作编排了《可爱的中国》音乐剧、小品《醒酒汤》、歌曲《故乡是横峰》，举办"红色文物展"活动等，这些活动基本满足了当地居民对基本公共文化服务的需求。在乡村教育方面，横峰县注重乡村教育基础设施建设。在医疗卫生方面，横峰县注重卫生"三下乡"活动，努力做到医疗资源城乡一体化。

横峰县在解决谁来干的问题上，充分发挥党员以及群众的力量，使他们积极参与基础设施建设，对于基础设施的后期维护，他们也会具有强烈的主人翁意识。在资金问题上，横峰县充分调动社会资源。据统计，横峰县三年争取上级投入7400余万元；与中国农业发展银行江西省分行签订全面战略合作协议，融资5亿多元；向国家开发银行融资2.6亿元；整合涉农资金2亿元；党员群众筹集资金7500万元，这对于横峰县的乡村基础设施建设提供了有效的资金支持，解决了"筹钱难"的问题。在土地方面，横峰县把当地废弃的土地再利用，为基础设施建设提供了土地支持。另外，在基础设施的施工建设方面，横峰县把责任明确细化，保证了整个施工过程的系统性。

（四）总结评价

江西省横峰县围绕农村基础设施的提档升级，系统谋划、积极作为，取得了显著成效。横峰案例启示我们，基础设施建设一定要本着惠民、利民的原则，无论是改造还是新建，都要以提升当地居民的幸福感和获得感为导向；在基础设施建设过程中，谁来建设、资金来源以及用地问题具有普遍性，其他地区可以从江西省横峰县的实践中获得有益借鉴。

各地在借鉴横峰经验的同时，一定要根据自身实际情况开展基础设施建设。比如，横峰县有许多废弃的土地资源可以用作基础设施建设与文化广场建设用地，而其他地区不一定具备这样的条件。与城市的距离，以及农村居民的居住密度和结构等问题，都会影响基础设施的布局与投入。当然，横峰在乡村基础设施提档升级中可能还存在一些问题，比如，基础设施在建成之后如何维护、如何根据居民需求以及市场机制去规划基础设施布局，都需要在实践中进一步探索。

二、吉林推进快递下乡

（一）案例概况

吉林为促进农业农村发展，积极推动快递下乡。为破解快递下乡面临的种种困难，吉林注重增强快递下乡的特色性、合作的高端性、保障的完善性以及规范的标准性，这不仅有效推动了快递下乡，而且对推进乡村振兴发挥了积极作用。①

（二）背景分析

随着社会经济发展以及数字网络时代的到来，快递业展现出蓬勃生机。尽管近年来农村地区的快递业务量得到快速发展，但农村居民在获取快递服务上仍存在一些障碍。"快递下乡"是指让快递服务通达乡村。一方面，通过快递可以将农村居民生产生活所需的各类商品送到农村；

---

① 本案例主要参考以下政府网页、报纸：吉林省人民政府办公厅关于支持"快递下乡"的意见[EB/OL].吉林省人民政府网站，http://xxgk.jl.gov.cn/szf/gkml/201812/t20181205_5347827.html，2015-04-29；吉林市"快递下乡"推动特色农副产品走遍全国[EB/OL].吉林省人民政府网站，http://www.jl.gov.cn/zw/yw/zwlb/sx/sz/201705/t20170524_6639443.html，2017-05-24；快递下乡：解开末梢的结[EB/OL].吉林省农业农村厅网站，http://agri.jl.gov.cn/xdny/scyxx/201606/t20160627_4739051.html，2016-06-27；700万件快递"带火"土特产[EB/OL].吉林省农业农村厅网站，http://agri.jl.gov.cn/xwfb/sxyw/201704/t20170414_4714669.html，2017-04-14；解决"流通难 销售难 融资难"省邮政公司积极推动惠民工作[EB/OL].吉林省人民政府网站，http://www.jl.gov.cn/zw/yw/zwlb/sz/202103/t20210325_7976847.html，2021-03-25；吉林：2022年底实现"村村通快递"[N].吉林日报，2021-07-07；人民日报关注"快递进村"：合力打通快递进村"最后一公里"[EB/OL].新浪网，http://finance.sina.com.cn/chanjing/cyxw/2021-11-22/doc-iktzscyy6960381.shtml，2021-11-22；国家邮政局：打通农村快递"最后一公里"[EB/OL].新浪网，https://baijiahao.baidu.com/s?id=1712115085883770136&wfr=spider&for=pc，2021-09-28。

另一方面，快递服务可以将农村的各类产品运送出来，促进农民增收。

国家邮政局于 2014 年启动了"快递下乡"工程。2015 年 12 月 31 日，《中共中央 国务院关于落实发展新理念加快农业现代化 实现全面小康目标的若干意见》正式发布，文件提出加强商贸流通、供销、邮政等系统物流服务网络和设施建设与衔接，加快完善县、乡村物流体系，实施"快递下乡"工程。2016 年，中央一号文件进一步强调实施"快递下乡"工程。2017 年 2 月，国家邮政局发布《快递业发展"十三五规划"》，提出引导快递企业加强农村地区网络建设，着力解决"最后一公里"问题。2019 年 8 月 12 日，交通运输部、国家邮政局、中国邮政集团公司联合印发《关于深化交通运输与邮政快递融合推进农村物流高质量发展的意见》，提出着力解决农村快递物流配送成本高、运营效益差等问题，打通快递下乡"最后一公里"。

吉林是农业大省，在全国实施"快递下乡"的背景之下，吉林把快递服务业发展纳入国民经济和社会发展规划、城乡规划和土地利用总体规划，将快递园区作为城乡重要的公共基础设施纳入城乡规划；加快建设一批集仓储、分拣、集散、配送和商品展示诸多功能为一体的现代化快递园区，积极推动快递服务下乡。

（三）做法与成效

吉林对于快递下乡，主要采取突出本地区特色、推进更高端的合作、完善保障体系以及制定快递行业规范等措施。

第一，突出本地区特色。吉林的一些特色农产品在互联网销售平台拥有很高的人气，如梅河口和蛟河等地的大米、长白山地区的山珍、查干湖和松花湖的湖鱼、延边地区的朝鲜族风味小吃等，都是吉林具有地方特色的农特产品。在此基础上，吉林省积极挖掘更多特色农产品，这对快递下乡创造了市场需求条件。

第二，实行更为高端的合作。一方面，吉林推进省内各快递企业的联合。2020 年 1 月，吉林省邮政寄递事业部与顺丰、中通、韵达等 6 家公司的省级总部，依据"自愿合作、平等协商、逐步推广"原则，签订快递下乡进村省级框架协议。另一方面，吉林推进电商与快递业合作。选择合作平台是推进"快递下乡"的关键步骤。近年来，吉林省以农产品为依托的电商企业不断增多，但经受住市场考验持续存活的企业不多。吉林在注重扶持本省的中小型电商企业发展壮大的同时，加强同天猫超市、京东商城、苏宁易购、顺丰优选等更具实力的电商平台合作，将吉林发展成为大型电商企业的特色产品直供地和订单农产品供应商。上述合作不仅为吉林省农村快递业的发展提供了条件，而且促进了乡村振兴。

第三，完善"快递下乡"的保障。农村地区居住较为分散，交通、电信网络等基础设施较为落后，这成为"快递下乡"的障碍。吉林省为推动农村电商行业和快递行业的发展，一方面加强道路、电信网络等基础设施建设，另一方面提升快递网点布局的合理性。吉林省根据各地农村的经济发展情况以及人口分部，合理布局农村的快递代取点，在一定程度上解决了农村地区由于居住分散导致的快递配送效率低下的问题。此外，吉林通过快递配送工具升级以及快递工作人员素质提升等手段，进一步提高了快递配送效率。

第四，制定快递行业规范。吉林省在国家关于"快递下乡"的政策引领之下，制定了一系列本地优惠政策，这些优惠政策在促进农村快递行业发展的同时，也降低了快递行业的准入门槛，在一定程度上导致快递企业之间出现了恶性竞争。为此，吉林根据本省情况制定了行业规范性政策，引导快递企业良性、有序竞争，自觉维护市场秩序。

（四）总结评价

在国家"快递下乡"政策的引导下，吉林积极探索符合实际的"快递下乡"路径，通过突出特色、增加合作、完善保障以及规范标准等措施，在一定程度上解决了快递进村配送和农村快递业发展中存在的问题，推动了乡村振兴。吉林推动"快递下乡"的有益探索，对于其他省份结合自身实际发展农村快递业、促进农业农村现代化具有借鉴意义。

三、四川名山打通便民服务"最后一公里"

（一）案例概况

雅安市名山区位于四川盆地的西南边缘，东邻成都市蒲江县，南接眉山市丹棱县、洪雅县，西连雅安市雨城区，北壤邛崃市，辖区面积614平方千米。近年来，名山区致力于推进城乡融合发展，不断健全优化农村地区的便民服务，以"便民服务代办站""代办服务一卡通"以及"村级服务代办制"为特色创新实施村级便民服务全程代办，实现了"一站服务不出村、下沉服务零距离、贴心服务转作风、暖心服务促发展"。名山区的上述做法，不仅实现了便民服务走进农村，打通了农村便民服务供给的"最后一公里"，而且有助于提升农村居民的生活满意度，吸引和留住人才。[①]

（二）做法与成效

雅安市名山区加强农村便民的做法与成效，体现在以下三个方面：

第一，设立农村便民服务站，促进便民服务迈进"最后一公里"。为解决基层群众的"跑腿"的问题，雅安市名山区在全区89个行政村均建立了基层服务站——"村级便民服务代办站"，实现村民不出村即可办理公共服务。这种做法有效提升了公共服务对基层居民的可及性，做到"零距离"为群众"办好事"。据统计，截至2019年年底，全区累计为群众代办各类事项6000多次，服务站人员主动上门为偏远村社、老弱病残等群众

[①] 本案例主要参考以下网页：雅安市政务服务和大数据局．打通基层便民服务"最后一公里"[EB/OL]．雅安市人民政府网，http://www.yaan.gov.cn/xinwen/show/6d6cdb035b48ca295746af3d75c503bb.html,2021-10-28；雅安市推出春节假期便民服务措施[EB/OL]．四川省人民政府网站，https://www.sc.gov.cn/10462/10464/10465/10595/2022/1/30/f34981b978cc487b9130efcacc02ee56.shtml, 2022-01-31；打通服务群众"最后一公里"雅安探索便民服务新路径[EB/OL]．腾讯网，https://cbgc.scol.com.cn/news/2402415,2021-11-11；雅安雨城民政："互联网+民政服务"打通惠民服务"最后一公里"[EB/OL]．人民网四川频道，http://sc.people.com.cn/n2/2022/0111/c345458-35090572.html,2022-01-11；名山区前进镇：以"四心"建"四化"打通政务服务"最后一公里"[EB/OL]．四川党建网，http://www.scdjw.com.cn/article/77366,2021-12-01．

送服务 3700 多次，乡镇便民服务中心办事群众平均每年下降 9700 次。名山区为便民服务站配备电脑、打印机、交互式网络终端、电子服务平台，ATM 一体机等，打造群众民生服务、农业生产指导、惠农政策咨询、就业法律咨询四个"线上平台"，利用信息化技术提升基层服务站的服务水平。名山区的"村级便民服务代办站"建设，进一步促进了公共服务体系和平台向农村基层延伸，村民获得快捷的公共服务无须前往乡镇，促进了城乡基本公共服务的均等化和可及性。①

第二，推进便民服务全面下沉，办理"一卡通"服务群众。名山区积极推动公共服务下沉，使公共服务更贴近群众的需求，打通联系服务群众的"最后一百米"。名山区整合村镇干部广泛开展调研，确定事权下放的范围。名山区重点关注群众办理频率比较高以及比较烦琐的事项，坚持以"方便群众以及快捷审批"为原则，提高服务效率以及村民满意度。此外，名山区坚持认真办理每一件好事的原则，注重来自群众的反馈，严格执行问责制度。名山区严格按照"一卡通"相关事项的政策标准、相关资料作为佐证等具体要求，在办理服务的过程中坚持现场审核、动态反馈，并主动做好电话核实甚至登门核实，把办理的事项都记录在册，实现痕迹管理、跟踪办结，确保切实满足群众的服务需求。

第三，实施公共服务办理权力的下放，扩大基层公共服务代办站的事项办理范围，促进公共服务高效规范。一是实行"1+X"的联户包办制度。由多户居民成立一个小组，然后在组内选取一个代办员负责整个小组的公共服务办理。政府为其提供新型经营主体工商注册、项目申报，特色民宿、茶家乐开办以及前期土地调整、水电气三通、农村宴席申办等各类服务指导。同时，名山区发挥代办员熟悉群众的优势，由代办员牵头成立村民调解小组，实施"排、快、度、巧、廉"五字诀调解服务，成功调解各类纠纷 87 起，调解成功率达 80% 以上，98% 以上的矛盾纠纷在村级解

---

① 名山区统计局.2020 年雅安市名山区国民经济和社会发展统计公报[EB/OL].雅安市名山区统计局网站,http://www.scms.gov.cn/gongkai/show/20210510174855－27320－00－000.html,2021－05－10.

决,有效推动了乡村治理和产业发展同步提升。例如,2017年以来,名山区红星镇骑龙村投资20余万元提升改造骑龙村亲民化服务场所,提供上门服务,做到"企业一叫,服务赶到;企业不叫,政府不扰",全年办理量近1000项,承诺事项按时办结率100%。新店镇新星村创建"党建引领·星级服务"品牌,组建综合便民服务组和土专家服务组两支服务队伍,开展"1+X"联户包事服务,协调解决历史遗留问题81个,服务群众、园区、场镇,创新开展全天候代办和"定点+上门""预约+延时"的"群众张嘴,干部跑腿"服务模式,累计代办各类事项558件,群众满意度显著提高。二是实行村干部代办制,村干部轮流坐班,为村民提供便利的服务。公共服务下沉至"最后一公里",村干部是主要负责人。名山区推进"村干部轮流坐班+周二集中服务日"制度,明确由全区391名村干部履行代办员职责,推行当日坐班干部为代办员,坚持谁坐班、谁接待、谁负责,灵活实行工作AB岗,严格落实坐班干部责任职责,负责坐班期间受理事项的全程代办、过程跟踪和结果反馈,执行"只进一道门,只找一个人"的服务标准。例如,名山区黑竹镇廖场村畅通便民服务"绿色通道",建立健全了"开放式办公、一站式办结"的管理体制,要求便民服务站坐班干部严格遵守岗位责任制、首问责任制、办结公告制、上下班请销假制、挂牌上岗制、一次性告知制、限时办结制、失职追究制等管理制度,真正做到以制度规范程序、以程序规范行为,从硬件上满足群众需要,从软件上方便群众办事,杜绝了办件拖拉、推诿的现象。

(三)总结评价

雅安市名山区把便民服务下沉"最后一公里",使农村居民的幸福感、获得感以及便利化程度进一步提升。雅安市名山区关于乡村便民服务下沉的做法与经验,对于其他地区具有借鉴价值,尤其是"便民服务代办站""代办服务一卡通"以及"村级服务代办制"为特色的创新实践值得其他地区学习。名山区关于便民服务下沉的做法具有一定的系统性和精确性,但在实施过程中对政府工作人员、村干部的责任意识、工作能力具有较高要求。因此,其他地区在借鉴名山区做法的过程中,应注重提升基层工作人员的工作能力和素质,同时要根据人口的分布、产业发展等具体情况,对便民服务进行合理安排。

第九章　乡村振兴的财政与金融支持

拓宽投融资渠道是乡村振兴的重要条件。乡村振兴的顺利推进要求形成财政优先保障、金融重点倾斜、社会资本积极参与的多元投入格局,为此,必须通过公共财政向"三农"倾斜来确保财政投入持续增长,通过提高农村金融服务水平来更好满足乡村振兴的多样化金融需求,通过引导社会资本下乡来加快实现农业农村现代化。

第一节　维度剖析

乡村振兴的财政与金融支持包括三个维度,分别是保持财政投入持续增长、提高农村金融服务水平、引导社会资本入乡。

一、保持财政投入持续增长

(一) 文献综述

财政支农可以为政府推进乡村振兴战略提供财力保障,在乡村振兴战略中发挥着至关重要的作用。《中共中央 国务院关于实施乡村振兴战略的意见》提出,要确保财政投入持续增长,建立健全实施乡村振兴战略的财政投入保障制度,公共财政更大力度向"三农"倾斜,确保财政投入与乡村振兴目标任务相适应[①]。

---

① 中共中央 国务院关于实施乡村振兴战略的意见[M]. 北京:人民出版社,2018:39-40.

就制度性和体制性层面而言，财政为实施乡村振兴战略提供基础性制度保障。就政治性和功能性层面而言，财政也同样是乡村治理体系和治理能力的基础和重要支柱[1]。可见，财政投入不单单是一种资金的投入，而且承载着一种推动社会治理能力升级的重要功能。财政本身存在非常显著的引导性以及工具性，通过发挥补助、税收优惠、公共服务等方面的作用，为乡村建设增添活力，为乡村振兴奠定物质基础[2]。

近年来，各级政府不断加大财政支农力度，广大农村地区的面貌发生显著变化，有效提高了农民生活质量。2019年中央与地方财政支农支出高达2.2万亿元，占国家财政支出总额的9.4%，是除教育、社会保障与就业支出外，国家十七项重点支出中比重最高的支出项目，凸显出"三农"在国家战略发展中的重要地位[3]。尽管财政投入的不断加大改善了农村生活生产条件和村容村貌，但是仍存在着不少问题。相关研究认为，财政支持乡村振兴中存在"重物轻人""重投入轻管理""重政府轻市场"的倾向[4]。长期执行增支减收的策略导致地方政府面临极大的财政压力，并且一些帮扶政策同实际情况不相符，导致资金利用率始终较低。目前，大部分支农项目都不具备显著优势和自生发展能力，导致财政无法及时退出[5]。此外，财政政策以及财政支农体系也存在一定问题。财政支农体制关系没有理顺，财政投入农业领域和农业项目不均衡，转移支付系统庞大、管理不善，关注财政资金投入的同时忽视了财政治理的作用[6]。

相关研究认为，在实施乡村振兴战略中，要健全农业支持保护体系，

---

[1] 闫坤,鲍曙光.财政支持乡村振兴战略的思考及实施路径[J].财经问题研究,2019(3):90-97.
[2] 刘合光.激活参与主体积极性,大力实施乡村振兴战略[J].农业经济问题,2018(1):14-20.
[3] 刘天琦,宋俊杰.财政支农政策助推乡村振兴的路径、问题与对策[J].经济纵横,2020(6):55-60.
[4] 王宇轩,商琪.财政支持乡村振兴战略的对策建议[J].公共财政研究,2019(4):24-32.
[5] 王吉鹏,肖琴,李建平.新型农业经营主体融资：困境、成因及对策——基于131个农业综合开发产业化发展贷款贴息项目的调查[J].农业经济问题,2018(2):71-77.
[6] 闫坤,鲍曙光.财政支持乡村振兴战略的思考及实施路径[J].财经问题研究,2019(3):90-97.

完善各种大宗农产品的定价机制、财政补贴政策、收储制度等[1]，建立健全有利于各类资金向农业农村流动的体制机制[2]。其中，关键是建立健全实施乡村振兴战略的财政投入保障制度，公共财政更大力度向"三农"倾斜，确保财政投入与乡村振兴目标任务相适应[3]。为此，必须积极处理好四种关系，即政府和市场的关系、"三农"投入与现实财力约束的关系、资源投入和体制机制完善的关系、财政支农政策普惠性与结构性的关系[4]。有学者研究了美国、日本等国家的农业农村发展经验教训，认为应当分阶段、有先后、循序渐进地制定并实施财政政策，加强立法和管理体系建设，划清部门职责[5]，明确财政支持乡村振兴的重点领域，健全稳定的乡村振兴投入优先保障机制，优化调整财政支持乡村振兴的结构，并且要创新财政支持乡村振兴的政策工具和资金投入方式[6]，完善优化财政支持乡村振兴战略的政策。

（二）政策梳理

基于中央文件，我们从以下方面梳理保持财政投入持续增长的政策。

一是继续坚持财政优先保障。建立健全实施乡村振兴战略财政投入保障制度，明确和强化各级政府"三农"投入责任，公共财政更大力度向"三农"倾斜，确保财政投入与乡村振兴目标任务相适应。[7]

二是提高土地出让收益用于农业农村比例。坚持取之于地、用之于农的原则，制定调整完善土地出让收入使用范围、提高农业农村投入比例的政策性意见，所筹资金用于支持实施乡村振兴战略。改进耕地占补平衡管

---

[1] 陈锡文.实施乡村振兴战略,推进农业农村现代化[J].中国农业大学学报(社会科学版),2018(1):5-12.
[2] 叶兴庆.新时代中国乡村振兴战略论纲[J].改革,2018(1):65-73.
[3] 韩俊.关于实施乡村振兴战略的八个关键性问题[J].中国党政干部论坛,2018(4):19-26.
[4] 闫坤,鲍曙光.财政支持乡村振兴战略的思考及实施路径[J].财经问题研究,2019(3):90-97.
[5] 胡月,田志宏.如何实现乡村的振兴？——基于美国乡村发展政策演变的经验借鉴[J].中国农村经济,2019(3):128-144.
[6] 肖卫东.美国日本财政支持乡村振兴的基本经验与有益启示[J].理论学刊,2019(5):55-63.
[7] 乡村振兴战略规划(2018—2022年)[M].北京:人民出版社,2018:95.

理办法,建立高标准农田建设等新增耕地指标和城乡建设用地增减挂钩节余指标跨省域调剂机制,将所得收益通过支出预算全部用于巩固脱贫攻坚成果和支持实施乡村振兴战略[①]。

二、提高农村金融服务水平

(一) 文献综述

金融是国民经济的血脉,良好的农村金融环境是推动农村经济加快发展的重要基础,提高农村金融服务水平有助于解决"三农"问题,是实现乡村全面振兴的重要保证[②]。相关研究认为,实施乡村振兴战略需要构建更完善的金融体系,这必将产生海量的金融服务需求[③],发展农村普惠金融尤为重要[④]。自党的十八届三中全会把"构建普惠金融"作为重大战略以来,农村普惠金融建设取得了很大进步。乡村振兴过程中的金融服务需求既具有综合化、集团化趋势,也表现为低回报和长期性的特点[⑤]。涉农贷款对于带动农业增产增收、促进农村经济发展有着举足轻重的地位[⑥]。统计数据显示,金融机构本外币涉农贷款和农村贷款余额总体上逐年增长,分别从2010年的11.77万亿元和9.80万亿元增至2020年的38.95万亿元和32.27万亿元。但在总量增长的背后,涉农贷款和农村贷款占金融机构贷款余额的比重都呈现出逐年下降的趋势,分别从2013年的27.26%和22.56%下降到2019年的22.55%和18.68%[⑦]。

[①] 乡村振兴战略规划(2018—2022年)[M].北京:人民出版社,2018:95-96.
[②] 张启文,张叶.基于农村经济视角下的农村金融生态优化路径研究[J].农业经济,2020(3):115-116.
[③] 王小华,杨玉琪,程露.新发展阶段农村金融服务乡村振兴战略:问题与解决方案[J].西南大学学报(社会科学版),2021(6):41-50.
[④] 王曙光,王丹莉.乡村振兴战略的金融支持[J].中国金融,2018(4):69-70.
[⑤] 何广文,刘甜.基于乡村振兴视角的农村金融困境与创新选择[J].学术界,2018(10):46-55.
[⑥] 王悦,霍学喜.财政支农、涉农贷款对农业发展的影响——基于河北省数据的实证研究[J].河北经贸大学学报,2014(4):61-64.
[⑦] 王小华,杨玉琪,程露.新发展阶段农村金融服务乡村振兴战略:问题与解决方案[J].西南大学学报(社会科学版),2021(6):41-50.

对于农村金融发展中存在的问题,相关研究认为,金融发展的不平衡、不充分更多地体现为城乡金融服务的不平衡、金融支持"三农"的不充分,而这恰恰是制约乡村振兴战略有效实施的难点①。一方面,现代商业银行在参与乡村振兴金融供给时仍然面临严重的信贷抵押障碍问题,较多金融机构存在"唯抵押是贷"现象,但越来越多的乡村新型经营主体是轻资产经营,缺乏法律意义上规范的抵押品②,农户正规信贷可获得性仍然较低。另一方面,农村信用支持体系建设也存在滞后现象。良好的农村信用文化和诚信的社会环境不但是农村市场经济发展所必需的,也是农村金融体制改革所必需的③。在乡村振兴战略背景下,农村金融体系的困境表现在:一是政府对农村金融中大量的违约现象重视不够,二是缺乏对农村借款主体信用违约的惩戒力度,三是农村信用制度建设也面临很大难度④。

2018年中央一号文件和《乡村振兴战略规划(2018—2022年)》都提出,要通过完善金融支农组织体系、强化金融服务产品和方式创新、完善金融支农激励政策,把更多金融资源配置到农村经济社会发展的重点领域和薄弱环节,强化乡村振兴投入的普惠金融保障,满足乡村振兴多样化金融需求⑤。其一,在乡村振兴金融供给方面,支持微型金融机构发展,进一步优化金融供给机构的分布,搭建好互联网金融的线上服务平台,不断创新乡村金融产品和服务,大力发展乡村直接金融,引导民间借贷健康发展等⑥。其二,农村金融要做到改革创新,包括金融支农政策体系的健全、建立新型农村金融机构、创新农村金融产品、农村金融生态环境的改善等,更好地为乡村振兴提供有力的金融支持⑦。其三,要完善金融机构服

---

① 吴本健,王蕾,罗玲. 金融支持乡村振兴的国际镜鉴[J]. 世界农业,2020(1):11-20.
② 何广文,何婧,郭沛. 再议农户信贷需求及其信贷可得性[J]. 农业经济问题,2018(2):38-49.
③ 沈冰,李晓玲. 我国农村金融的脆弱性及风险防范[J]. 经济纵横,2006(10):33-35.
④ 陈波. 乡村振兴进程中农村金融体制改革面临的问题与制度构建[J]. 探索,2018(3):163-169.
⑤ 乡村振兴战略规划(2018—2022年)[M]. 北京:人民出版社,2018:96-98.
⑥ 陆岷峰. 关于乡村金融供给侧结构性改革支持乡村振兴战略研究[J]. 当代经济管理,2019(10):84-90.
⑦ 杜鑫. 我国农村金融改革与创新研究[J]. 中国高校社会科学,2019(5):85-94.

务与政府的互补合作机制、建立健全利益共享、风险共担机制,创新"信贷+保险""信贷+担保""订单+保险+期货"等服务模式,提升其他农村金融服务覆盖贷款产品的水平和范围①。其四,因地制宜地推动金融支农服务创新,完善各类金融机构服务"三农"的互补合作机制,加强农村金融资金流向监管与金融风险防控②。

(二) 政策梳理

基于中央文件,我们从以下方面梳理提高农业金融服务水平的政策。

一是健全金融支农组织体系。坚持农村金融改革发展的正确方向,健全适合农业农村特点的农村金融体系,推动农村金融机构回归本源,把更多的金融资源配置到农村经济社会发展的重点领域和薄弱环节,更好满足乡村振兴多样化金融需求③。发展乡村普惠金融。鼓励证券、保险、担保、基金、期货、租赁、信托等金融资源聚焦服务乡村振兴④。

二是创新金融支农产品和服务。加快农村金融产品和服务方式创新,持续深入推进农村支付环境建设,全面激活农村金融服务链条。稳妥有序地推进农村承包土地经营权、农民住房财产权、集体经营性建设用地使用权抵押贷款试点。探索县级土地储备公司参与农村承包土地经营权和农民住房财产权"两权"抵押试点工作。结合农村集体产权制度改革,探索利用量化的农村集体资产股权的融资方式。提高直接融资比重,支持农业企业依托多层次资本市场发展壮大⑤。

三是完善金融支农激励机制。继续通过奖励、补贴、税收优惠等政策工具支持"三农"金融服务。发挥再贷款、再贴现等货币政策工具的引导作用,将乡村振兴作为信贷政策结构性调整的重要方向。落实县域金融机

---

① 王小华,杨玉琪,程露. 新发展阶段农村金融服务乡村振兴战略:问题与解决方案[J]. 西南大学学报(社会科学版),2021(6):41-50.
② 张洁妍,陈玉梅. 乡村振兴战略背景下我国农村金融改革路径研究[J]. 学习与探索,2018(12):156-161.
③ 中共中央 国务院关于实施乡村振兴战略的意见[M]. 北京:人民出版社,2018:40.
④ 乡村振兴战略规划(2018—2022年)[M]. 北京:人民出版社,2018:97.
⑤ 乡村振兴战略规划(2018—2022年)[M]. 北京:人民出版社,2018:97-98.

构涉农贷款增量奖励政策,完善涉农贴息贷款政策,降低农户和新型农业经营主体的融资成本。健全农村金融风险缓释机制,加快完善"三农"融资担保体系①。

三、引导社会资本入乡

(一) 文献综述

工商资本是推动乡村振兴的重要力量。引导和规范工商资本参与乡村振兴,是优化乡村资源要素配置、活跃乡村经济、完善乡村治理的重要途径,是解决农村发展不充分、促进城乡融合发展的重要抓手②。工商资本参与乡村振兴,可以为产业兴旺、生态宜居、乡风文明、治理有效以及生活富裕等目标的实现提供支持,乡村振兴战略的实施需要大量工商资本入乡③。

2017年年底召开的中央农村工作会议提出,要以产权制度和要素市场化配置为重点,鼓励引导工商资本参与农村振兴。2018年发布的《中共中央 国务院关于实施乡村振兴战略的意见》也着重提出,加快制定鼓励引导工商资本参与乡村振兴的指导意见。随着国家财政资金不断投入农村,大量的城市工商资本也进入乡村④。起初的资本下乡只是发生在农业生产领域,随着城镇化的发展和农村建设项目的增多,村集体建设用地也成为资本瞄准的目标。因此,资本下乡包含两种形式:一是农业生产领域中的耕地规模化运营;二是农村建设领域中的土地综合整治与项目运作⑤。事实上,资本下乡流转大片土地,随后通过把土地转包给家庭农场,

---

① 乡村振兴战略规划(2018—2022年)[M].北京:人民出版社,2018:98.
② 周振,涂圣伟,张义博.工商资本参与乡村振兴的趋势、障碍与对策——基于8省14县的调研[J].宏观经济管理,2019(3):58-65.
③ 胡中应.社会资本视角下的乡村振兴战略研究[J].经济问题,2018(5):53-58.
④ 中共中央 国务院关于实施乡村振兴战略的意见[M].北京:人民出版社,2018:37-40.
⑤ 周飞舟,王绍琛.农民上楼与资本下乡:城镇化的社会学研究[J].中国社会科学,2015(1):66-83.

将这些家庭农场吸纳进企业产业链，在一定程度上也克服了企业规模经济的困境①。但是在吸引工商资本下乡的同时，也要保障农民利益不受侵害，这就要求建立一个合理的利益联结机制。随着农村土地制度、集体产权制度改革推进，工商资本也参与到农村资产运营、乡村公共产品供给等领域的项目，不同领域涉及的利益主体、利益构成、影响范围不尽相同，利益联结机制构建的重点和方式也不尽相同②。其中，合作社作为联结企业和农户利益的中介，可以调节双方的矛盾并且带动农民增收，但前提是合作社自身要有较强的实力、农民拥有较高的素质以及较好的互联网运用水平③。

相关研究不仅认识到工商资本入乡的积极一面，也研究了负面问题。由于农业领域利润率较低，大量工商资本出现"跑路烂尾"的现象，这种现象实质上是企业要素配置长期失衡的表现④。同样地，工商资本参与乡村振兴的制度性交易成本较高，存在乡村要素不匹配、进入门槛高、配套服务缺失等障碍，面临市场风险、政策风险、信用风险、法律风险四类风险⑤。另外，在工商资本入乡对农民增收和农业发展发挥积极作用的同时，也存在因政策红利、圈地诱惑等问题引致的盲目投资、土地流转契约关系不稳定等隐患，可能产生小农挤出效应、公共利益损害和产业安全等问题⑥。

相关研究认为，要鼓励工商资本参与乡村振兴，就应纠正"资本剥削小农"的认识误区，赋予工商企业平等的市场主体地位，引导工商资本进

---

① 陈义媛. 组织化的土地流转：虚拟确权与农村土地集体所有权的激活[J]. 南京农业大学学报（社会科学版），2020(1)：13-23.

② 涂圣伟. 工商资本参与乡村振兴的利益联结机制建设研究[J]. 经济纵横，2019(3)：23-30.

③ 李明贤，刘宸璠. 农村一、二、三产业融合利益联结机制带动农民增收研究——以农民专业合作社带动型产业融合为例[J]. 湖南社会科学，2019(3)：106-113.

④ 周振. 工商资本参与乡村振兴"跑路烂尾"之谜：基于要素配置的研究视角[J]. 中国农村观察，2020(2)：34-46.

⑤ 周振，涂圣伟，张义博. 工商资本参与乡村振兴的趋势、障碍与对策——基于8省14县的调研[J]. 宏观经济管理，2019(3)：58-65.

⑥ 涂圣伟. 工商资本下乡的适宜领域及其困境摆脱[J]. 改革，2014(9)：73-82.

入适宜领域,采取适宜方式进入农业农村,与相关利益主体建立紧密型利益联结机制①。在引导工商资本进入农业过程中,政府要重点做好指导和服务,为工商企业发展提供良好的发展环境。政府一是选择适当的工商资本,二是加强农产品质量安全监管,三是积极培育多元组织化载体②。政府的职责就是设计一套公平有效的制度和规则,构建工商资本投资农业的评价指标体系,为工商资本投资农业提供标准③,从而构建一个政策支持、配套服务与风险防范"三位一体"的政策体系,实现企业受益、集体得益、农民获益的多方共赢。

(二) 政策梳理

基于中央文件,我们从以下三个方面梳理引导社会资本入乡的政策。

一是优化乡村营商环境,加大农村基础社会建设和公用事业领域开放力度,吸引社会资本参与乡村振兴。继续深化"放管服"改革,鼓励工商资本投入农业农村,为乡村振兴提供综合性解决方案④。

二是落实和完善融资贷款、配套设施建设补助、税费减免等扶持政策,引导工商资本积极投入乡村振兴事业⑤。

三是鼓励利用外资开展现代农业、产业融合、生态修复、人居环境整治和农村基础设施等建设。

---

① 周振,涂圣伟,张义博. 工商资本参与乡村振兴的趋势、障碍与对策——基于8省14县的调研[J]. 宏观经济管理,2019(3):58-65.
② 张红宇,襽燕庆,王斯烈. 如何发挥工商资本引领现代农业的示范作用——关于联想佳沃带动猕猴桃产业化经营的调研与思考[J]. 农业经济问题,2014(11):4-9.
③ 张尊帅,马泽伟. 工商资本投资农业:理论综述与改革思考[J]. 当代经济管理,2017(5):24-29.
④ 乡村振兴战略规划(2018—2022年)[M]. 北京:人民出版社,2018:96.
⑤ 乡村振兴战略规划(2018—2022年)[M]. 北京:人民出版社,2018:91-92.

第二节 案例研究

一、江苏丹阳探索家庭农场保证保险贷款

(一) 案例概况

江苏丹阳家庭农场保证保险贷款,是"政府+银行+保险公司"三方合作开展的无担保、无抵押的支农、惠农融资信贷产品。该项目的运行模式是以政府政策支持为基础,以保险作为风险保障提供保险资金融资[①]。丹阳市家庭农场保证保险贷款把农业保险、信用保险以及保险资金的运用相结合,由丹阳保得村镇银行联合人保财险丹阳支公司主动介入有贷款需求的农场主,然后由人保财险公司进行风险审查并向保得村镇银行出具承保意向书,保得村镇银行按照贷款流程为贷款人签发正式的贷款保证保险单,这样就可以将资金发放到农场主的账户[②]。在整个运行流程中,农场主无须进行固定资产等的担保和抵押,只需通过保单质押就可以获取生产资金,并且贷款利率也远低于市场利率,这为解决涉农企业和农户抵押物不足、无担保、贷款利率偏高等问题开辟了一条新通道,提高了农村金融机构服务"三农"的能力。

(二) 背景分析

丹阳市位于江苏省南部,地域面积 1047.44 平方千米,其中耕地面积占 48.87%[③]。丹阳是苏南地区唯一的全国产粮大县,2020 年度丹阳市粮

[①] 本案例主要参考以下政府网站的相关资料:丹阳新闻网, http://www.dy001.cn/;镇江市人民政府, http://www.zhenjiang.gov.cn/;丹阳市人民政府, http://www.danyang.gov.cn/danyang/index.shtml;丹阳市农业农村局, http://www.danyang.gov.cn/dynyncj/fdzdgknr/dyxxgkpt_list.shtml;丹阳市财政局, http://www.danyang.gov.cn/dyczj/fdzdgknr/dyxxgkpt_list.shtml.

[②] 维民,佩玉,须俊. 丹阳家庭农场全省首享"三重实惠"[N]. 丹阳日报,2017-09-09.

[③] 丹阳市统计局,国家统计局丹阳调查队,编. 丹阳统计年鉴[M]. 北京:中国统计出版社,2020:35.

食总产量为8.53亿斤,同比增长4.6%,全年粮食总产量位居镇江辖市区第一,占整个镇江市的44.6%,丹阳粮食总产量的增幅在全省播种面积50万亩以上的生产县中位列第一①。2020年12月社科院发布的《全国县域经济综合竞争力100强》之中,丹阳排名第40位②。

截至2019年年底,丹阳市总人口达80.32万人。其中,乡村人口35.9万人,占比44.7%;城镇人口44.42万人,占比55.3%。丹阳从事第一产业人数5.61万人,占全市从业人口的8.8%。2019年丹阳居民人均可支配收入4.2万元,城镇居民人均可支配收入5.25万元,农村居民人均可支配收入2.78万元③。

自2013年中央一号文件首次提出"家庭农场"的概念后,丹阳市把发展家庭农场作为"三农"工作的一个重要抓手④。为了加快培育家庭农场这一新型农业经营主体,促进农业适度规模经营,推动现代农业发展,丹阳市于2013年出台了家庭农场工商注册登记工作的指导性文件,使家庭农场和专业大户有了具体的认定标准或"门槛"。截至2019年年底,丹阳市在工商部门注册登记的家庭农场已达470余家,主要有粮食类、种养结合类以及部分园艺类、水产类、畜牧类农场。其中,省级和市级示范家庭农场已超过100家。全市新型农业经营主体占全市农户承包面积的55%,逐渐成为农业生产的主力军⑤。丹阳市政府也逐步引导农场主进一步拓宽家庭农场的从事领域,延伸产业链上下游或转型为服务型农场,提升农产品附加值,不断增加农业综合效益,从而推进农业现代化发展水平。

丹阳市的家庭农场在认定数量增加以及规模扩大的同时,限制其发展的问题也逐渐显现。与普通小农户相比,家庭农场的生产规模普遍较大,

---

① 蒋须俊.我市粮食总产量达8.53亿斤[N].丹阳日报,2021-01-01.
② 吕风勇.《中国县域经济发展报告(2020)》暨全国百强县区报告发布[EB/OL].中国社会科学院财经战略研究院,2020-12-23. http://naes.cssn.cn/cj_zwz/cg/yjbg/zgxyjjfzbg/202012/t20201223_5235779.shtml.
③ 丹阳市统计局,国家统计局丹阳调查队,编.丹阳统计年鉴[M].北京:中国统计出版社,2020:7-12.
④ 黄小强.江苏家庭农场认定标准的政策实践和思考[J].时代金融,2015(26):65-66.
⑤ 须俊.丹阳家庭农场成为乡村振兴主力军[N].丹阳日报,2019-09-05.

日常经营对流动资金的需求也较高。同时需要注意的是，家庭农场作为一种新型的农业经营方式，目前在中国仍处于发展的初级阶段，仅靠农民自身积累的资金难以维持家庭农场的长期和快速发展，因此需要大量的外部资金支持。但是丹阳市家庭农场的正规融资渠道相对单一，主要是农村信用社和农村商业银行，并且家庭农场本质上仍是农户家庭经营，缺乏向正规金融机构贷款的经历，信用信息空白，难以向正规信贷机构提供关键的信用报告数据，因此金融机构就需要去承担家庭农场主在贷款中的巨大风险。信用困境的存在使得金融机构不能有的放矢地为家庭农场提供金融服务，无法满足其融资需求，这也就导致丹阳市家庭农场的融资困境。为了解决农场主长期以来的融资难、融资贵的问题，丹阳市家庭农场保证保险贷款项目应运而生。

（三）做法和成效

丹阳市家庭农场保证保险贷款是以政府政策为支撑，通过丹阳保得村镇银行和人保财险江苏分公司结合，利用农险保险和保证保险来有效解决农业生产融资担保难问题。具体而言，江苏丹阳家庭农场保证保险贷款的做法主要体现在以下方面：

一是政府政策扶持。自2013年丹阳市出台明确家庭农场认证评定标准后，2014年丹阳市还专门出台了扶持家庭农场发展的文件，从财政、税收、用地、信贷、保险等方面制定了具体扶持政策。丹阳市鼓励土地经营权向家庭农场流转，经承包方书面同意的土地经营权可以向金融机构融资担保，这在一定程度上也调动了农场主的融资积极性。同时，鼓励金融机构结合家庭农场的特点开发出专门的信贷产品，扩大农业担保的覆盖面，拓展农业保险融资功能，这也增强了家庭农场贷款的可得性。丹阳市政府对于符合相应贷款条件的家庭农场实施税收减免以及贷款贴息等扶持政策，这在一定程度上缓解了农场主的还贷压力。与此同时，政府通过对金融机构一定数额的财政补贴，使金融机构让利给农民，进一步减轻了农民还贷负担。在2021年度丹阳市财政局报告中，现代农业发展专项资金预算里对农民合作社、家庭农场补贴项目的预算资金为 379 万元,这为家庭农场保证保险贷款的顺利开展提供了政策条件。

二是银行+保险金融机构联合。2016 年,保监会提出要规范保险资金投资运用,拓宽保险资金支小支农和参与基础设施建设渠道。人保是目前国内保险行业之中,唯一一家获得授权试点直接用保险资金开展融资业务的公司。江苏人保在为农民提供农业风险保障的同时,也提供保险资金融资的金融延伸服务,主动加强与丹阳市保得村镇银行的合作,专为缺乏有效抵押物的家庭农场量身定制出了家庭农场保证保险贷款业务①,有效破解了家庭农场缺少担保物的融资"瓶颈"。按照人保财险江苏省分公司的说明,其根据家庭农场主的需要,还提供覆盖农业生产经营全过程的种养业、财产等 40 余种保险产品,供农场主自由选择②。在"银行+保险"运作模式中,保险公司介入信贷市场主要扮演了信贷资金的担保人角色,不仅盘活了家庭农场主手中的保险单,突破了农场主无抵押物的贷款障碍,也消除了银行放贷的后顾之忧。整个业务流程是丹阳保得村镇银行主动介入有贷款需求的农场主,然后由人保财险丹阳支公司凭借其完善的风险评级系统对其进行评级授信,确定贷款金额并向保得村镇银行出具承保意向书,保得村镇银行再按照贷款流程进行审批放款。

保得村镇银行和人保公司的积极合作,化解了家庭农场担保难的问题,所产生的金融风险也是由保险公司防控保障,这就有助于化解呆账、坏账引发的金融风险。此外,整个项目融资成本低,贷款按照银行贷款基准利率收取利息,远远低于商业银行贷款利率。无担保无抵押的家庭农场保证保险贷款凭借其资金优先、利率优惠、手续简化等优势,为丹阳市家庭农场主提供周到的金融服务。截至 2018 年年底,由丹阳保得村镇银行累计发放保证保险贷款 230 多笔,覆盖家庭农场 90 多户,发放贷款本金 3000 多万元③,有力推动了家庭农场这类新型经营主体的发展,促进了丹

---

① 季梦琦,龚佩玉. 让更多资金流入"田园"[N]. 丹阳日报,2017-06-22.
② 沈农保. 贷款保证保险助力家庭农场发展[J]. 农家致富,2015(9):51.
③ 茆滢,袁佳伟. 金融服务"好雨"润泽家庭农场[N]. 丹阳日报,2018-04-25.

阳的农业农村现代化。

（四）总结评价

江苏丹阳家庭农场保证保险贷款项目以政府政策支持为基础，通过银行和保险机构的积极配合来解决农村信贷市场上的信息不对称问题，降低了金融机构对抵押品或者担保物的要求。从江苏丹阳家庭农场保证保险贷款的开展情况来看，政府的引导作用是至关重要的。保证保险贷款的实施必须建立在政府财政支持的基础上，农村金融排斥的改善也必须以政府引导为前提，丹阳市政府通过财政、用地、税收等多方面的政策支持，构建了一个解决新型经营主体信贷担保问题的政策制度框架，同时积极鼓励金融机构主动了解农场主保证保险贷款的金融偏好，加强涉农金融服务的创新。此外，丹阳市家庭农场保证保险贷款中的政府、银行、保险机构的风险共担模式，对其他地区的农村信贷市场具有一定的借鉴意义。在"政银保"模式之中，政府引导银行与保险机构共同合作共担风险，政府在其中扮演反担保人及监管人的角色，银行与保险公司基于各自商业利益互补合作。这样缓解了农村金融市场对农场主的信贷约束，实现了银行、保险公司和农场主借款人三方共赢的良好局面。

一般而言，涉农金融服务要随着乡村振兴战略的推进，做到产品与服务创新，从而更好地适应农业农村发展的新形势。从这个角度来看，丹阳市家庭农场保证保险贷款项目在涉农金融服务创新，以及探索农村信贷与农业保险相结合的银保互动机制等方面，对国内其他地区具有借鉴意义。

二、四川郫都战旗村引资共建美丽乡村

（一）案例概况

四川成都郫都区战旗村在村庄集体产业多年的资金积累基础上，鼓励村民自愿流转土地，以土地入股合作社，然后通过市场化手段同龙头企业妈妈农庄合作，吸引社会资本投资乡村产业。2019年，妈妈农庄成功入选

国家 AAAA 景区,战旗村也凭借"一三联动,以旅助农"推动了全村致富。

(二) 背景分析

战旗村位于四川省成都市郫都区唐昌镇西部,地处郫都区、都江堰市和彭州市三地交界处。全村占地面积 5.36 平方千米,其中耕地 5441.5 亩,辖 25 个村民小组,1445 户 4493 人。村党委下设党支部 6 个,党小组 13 个,有党员 163 人[①]。从 20 世纪 70 年代开始,战旗村利用集体资金兴办了第一个村办企业——先锋一砖瓦厂。到 20 世纪 90 年代,战旗村共兴办 13 个村集体企业项目,涉及农产品加工、建材、酿造、印刷以及机械零件制作等多个方面[②]。但随着市场竞争日益激烈,加之战旗村的地理位置劣势,战旗村的企业市场竞争力下降。

劳动力外流、企业经营方式落后、耕地抛荒撂荒等问题严重阻碍了战旗村的发展进程。资本对于产业发展具有重要作用,资本入乡能为农业带来资金、人力、生产技术及管理等要素,这些现代要素的优化组合有利于推动农村发展[③]。为了吸引资本入乡,战旗村在土地制度改革等方面作出重大举措,在 2010 年开启与龙头企业妈妈农庄的合作,最大限度地盘活农村闲置土地与人力资源[④]。妈妈农庄号称成都"小普罗旺斯",作为四川省第一家规模化薰衣草种植基地,它与战旗村的农商文旅融合推动了"一三联动,以旅助农"。

---

① 龚靖杰. 全国先进基层党组织战旗村党委:"火车头"动力十足,继续走好乡村振兴之路[EB/OL]. 红星新闻,https://baijiahao.baidu.com/s? id = 1703988981748010715&wfr = spider&for = pc,2021 – 06 – 30.

② 龚天婴. 由表及里——多视角探索战旗村背后的成功因素[J]. 资源与人居环境,2019(1):14 – 19.

③ 胡学良. 乡村振兴背景下工商资本下乡对农村发展的影响[J]. 广西质量监督导报,2019(1):141 – 143.

④ 郭洪兴. 四川战旗村:如何成为全国乡村振兴样本 [EB/OL]. 人民网,https://www.sohu.com/a/302019428_114731,2019 – 03 – 28.

(三) 做法与成效

战旗村在同妈妈农庄的合作过程中，始终以农业为根本，按照"一三产业互动"的方式培育乡村发展新动能。具体做法体现在以下几个方面：

第一，完善基层治理机制。2018年习近平总书记在视察战旗村时，对当地基层党支部给出了"这里的'火车头'作用，做得很好"的高度评价[①]。战旗村形成的以党总支为核心，自治组织、集体经济组织等多方协同配合的"党建引领，共建共治共享"基层治理机制，在乡村发展中发挥了关键作用[②]。村庄蕴藏的资源和价值，既可能是人力资源，也可能是自然资源或文化价值等，这些资源和价值不会自动变成财富，所以经营村庄资源至关重要。村庄资源的经营单纯依靠单家独户是不行的，必须依靠基层党组织把村庄的资源优势、生态优势转化为经济优势、发展优势。战旗村成功的开端就是基层村支部、村委会在整个经营过程中扮演了组织带头人的角色，充分发挥基层"战斗堡垒"作用。在整合土地资源、流转农户承包地经营权的过程中，战旗村的基层党组织成员发挥了模范带头作用，最终把全村529户的承包地经营权集中起来，为后续的招商引资创造了基本条件[③]。在战旗村，不管是对农村土地资源的整合、人力资源的整合还是对外招商引资、带动全村致富，基层党组织都起到了关键作用。

第二，改革土地经营机制。国家支持乡村产业发展的目的是推进农业农村现代化，但不能在农村实行大规模的非农用地扩张，因此乡村产业发展的一个重要问题是有效整合利用土地资源。战旗村在开展土地综合整治的过程中，首先是引导农民向新型社区集中。早在2007年，成都市开展首批农村新型社区示范点建设和"土地增减挂钩"工作试点之时，战旗村便

---

① 刘丹阳."战旗效应"助力乡村振兴重大项目加快聚集[EB/OL].东方财富网,https://baijiahao.baidu.com/s?id=1629132648928582346&wfr=spider&for=pc,2019-03-27.

② 王梅.战旗村 党建引领社会组织协同治理[EB/OL].中国农村网,http://journal.crnews.net/zgcz/2020n/d2q/tbchxczl/131328_20200224114618.html,2020-02-24.

③ 李友民.乡村振兴:成都市郫都区战旗村的成效与启示[J].中共成都市委党校学报,2018(4):76-79.

通过"拆院并院"和"农村村民集中建房"把宅基地等建设用地集中起来，使得全村新增有效耕地320亩，并且把节约出来的208亩建设用地用于土地增减挂钩①，同时也为后续人才、资本等要素进入乡村提供了空间载体。其次是开展产权改革。通过租赁、承包经营、股份合作等多种方式盘活集体资产，村集体每年坐收30多万元租金收入。同时，利用增减挂钩预留的20多亩集体建设用地，引进有成都"小普罗旺斯"之称的妈妈农庄投资建设"战旗妈妈农庄"。战旗村以土地入股、年底保底分红的方式与妈妈农庄进行合作，其运营主要围绕花卉观赏交易、旅游观光等形成了一个完整的产业链条，开启了农商文旅融合发展之路。

在此之后，战旗村率先试点农村集体经营性用地入市，敲响四川全省农村集体经营性建设用地入市"第一槌"。2015年9月，战旗村以每亩52.5万元的价格，成功挂牌出让给四川迈高旅游公司集体经营性建设用地13.447亩，建成运营"第五季香境"旅游商业街区②。截至2018年10月，战旗村已完成45宗共计610亩土地入市，相关农民集体及个人共获得超过3.53亿元的土地收入，其中约2.8亿元用于集体经济的积累和发展，约7071万元用于农民股东现金分配③。战旗村有效盘活了农村集体经营性建设用地资源，推动资源变资产、资金变股金、农民变股东，实现资本入村、人才进村、乡村产业再造。

第三，完善利益联结机制。推进一、二、三产业融合和农村产业体系构建的核心在于拥有完善的利益联结机制，探索出让农民负盈不负亏的分配机制，使农户在产业融合中分享到更多的增值收益。战旗村探索实施"村—企—社"的紧密型利益联结机制，培育出农业农村新产业新业态，

---

① 宋绍繁,杜锁平,曾浪. 与时代同频共振 走改革兴村之路——战旗村农村土地制度改革的经验与启示[J]. 资源与人居环境,2019(2):10-14.

② 张竞. 四川集体经营性建设用地入市 在郫县敲响"第一槌"[N]. 四川日报,2015-09-08.

③ 刘畅."土地入市"激活产业发展[N]. 经济日报,2018-10-23(15).

打造出产业深度融合发展载体新模式①。在"村—企—社"的农业产业化经营体系中,"村"是指村委,村委负责管理整个战旗村的农业产业布局以及招商引资计划。"企"是指集体企业和个人企业。"社"则是指战旗村土地股份合作社,主要通过合作社土地所有权、经营权的流转,实现土地在流转中的收益权,同时从事餐饮娱乐、休闲、观光旅游等服务增值项目经营。在"村—企—社"体系中,以土地流转为契机,引导农民以土地入股土地股份合作社,成立正式的村级经济组织,再通过经济组织对外进行招商引资,布局战旗村现代农业和旅游观光农业。

遵循"依法、有偿、自愿"原则,战旗村村集体和农户分别以 50 万元现金和 1760 亩土地为股本,共同组建战旗村土地股份合作社。其中,村集体 695 股,农户 450 股,农户把土地经营权转换为股权,委托合作社来经营,而合作社的收入由土地租金和合作社自行经营收入组成(土地的租赁价格随行就市,每年进行调整,从 2007 年的 720 元/亩,上涨到 2012 年的 1200 元/亩),用于支付农户的 720 元/亩的保底分红,超出保底分红部分的 50% 按照村集体和农户入股比例进行二次分红。截至 2019 年年底,97% 的村民把土地入股到了土地股份合作社②。

决定农民参与度的核心因素是利益,只有让农民获得利益、尝到甜头,才能够对其有足够的吸引力,才可能推进土地流转,为产业深度融合打造新载体。在"村—企—社"阶段中,随着大规模的土地流转,农民以土地入股合作社,战旗村集中全村的农耕地发展农业产业园区以及旅游观光园区,将土地租赁给龙头企业。引入妈妈农庄后,通过利益联结机制与农户相联系,妈妈农庄带动乡村旅游观光项目发展,同时也为合作社成员持续分享土地增值收益提供了途径。

---

① 童洁,李宏伟. 村级农业产业化经营体系的变迁路径分析——基于成都市郫县战旗村的实证研究[J]. 西南石油大学学报(社会科学版),2015(3):32-38.
② 四川省社科院课题组. 农村土地股份合作社的实践与探索——基于唐昌镇战旗村土地股份合作社的个案分析[J]. 西部经济管理论坛,2013(3):7-9.

（四）总结评价

战旗村以整合土地资源为核心，在基层党组织的带领下推动土地制度改革，引入社会资金，农户和企业的利益分配问题依托新型经营主体的调节得到妥善解决，将村庄的资源优势、生态优势转化为经济优势、发展优势。

乡村振兴的顺利推进离不开资金支持，单纯依靠乡村自身的资金积累，很难做到产业升级。通过战旗村招商引资的成功经验我们可以看到，企业作为乡村振兴的主体之一，其具有的资源整合力、市场开拓力是乡村产业发展的重要载体。通过企业的纽带，可以把城乡的资本要素、技术要素、人力要素、文化要素流动起来，形成最优的城乡要素配置[1]。在借鉴战旗村招商引资的成功经验时也应注意到，大规模的土地整合以及实施农村产业融合，很可能会触碰基本农田保护的红线，这一问题必须引起重视。此外，倘若在市场经济不发达的地区强力推进土地流转，一方面可能会产生农民就业问题；另一方面可能会出现农村集体经济组织的可持续运营问题，这些都需要统筹考虑、稳妥解决。

---

[1] 涂圣伟.工商资本参与乡村振兴的利益联结机制建设研究[J].经济纵横,2019(3):23-30.

参考文献

[1]白永秀,王颂吉. 马克思主义城乡关系理论与中国城乡发展一体化探索[J]. 当代经济研究,2014(2):22-27.

[2]陈冬生. 国外特色水果品牌营销经验与启示——以美国"新奇士"柑橘和新西兰"佳沛"奇异果为例[J]. 世界农业,2017(10):15-21.

[3]陈放. 乡村振兴进程中农村金融体制改革面临的问题与制度构建[J]. 探索,2018(3):163-169.

[4]陈慧芝. 我国农村基础设施建设项目融资问题研究[J]. 财经问题研究,2015(SI):24-27.

[5]陈江涛,张巧惠,吕建秋. 中国省域农业现代化水平评价及其影响因素的空间计量分析[J]. 中国农业资源与区划,2018(2):205-213.

[6]陈俊红,陈慈,陈玛琳. 关于农村一、二、三产融合发展的几点思考[J]. 农业经济,2017(1):3-5.

[7]陈磊,曲文俏. 解读日本的造村运动[J]. 当代亚太,2006(6):29-35.

[8]陈晓莉,钟海. 在全面从严治党中优化农村基层政治生态[J]. 理论探讨,2017(5):126-131.

[9]陈晓霞. 乡村振兴战略下的乡村文化建设[J]. 理论学刊,2021(1):141-149.

[10]陈学云,程长明. 乡村振兴战略的三产融合路径:逻辑必然与实证判定[J]. 农业经济问题,2018(11):91-100.

[11]陈雪钧. 国外乡村旅游创新发展的成功经验与借鉴[J]. 重庆交通大学学报(社会科学版),2012(5):56-59.

[12]陈秧分,钱静斐."十四五"中国农业对外开放:形势、问题与对策[J].华中农业大学学报(社会科学版),2021(1):49-56.

[13]陈义媛.组织化的土地流转:虚拟确权与农村土地集体所有权的激活[J].南京农业大学学报(社会科学版),2020(1):13-23.

[14]成德宁,汪浩,黄杨."互联网+农业"背景下我国农业产业链的改造与升级[J].农村经济,2017(5):52-57.

[15]程国强,朱满德.中国农业实施全球战略的路径选择与政策框架[J].改革,2014(1):109-123.

[16]崔卫杰.开放形势下的中国农业产业安全[J].国际经济合作,2015(1):46-50.

[17]董翀.产业兴旺:乡村振兴的核心动力[J].华南师范大学学报(社会科学版),2021(5):137-150.

[18]杜鑫.我国农村金融改革与创新研究[J].中国高校社会科学,2019(5):85-94.

[19]杜宇能,潘驰宇,宋淑芳.中国分地区农业现代化发展程度评价——基于各省份农业统计数据[J].农业技术经济,2018(3):79-89.

[20]段超.中华优秀传统文化当代传承体系建构研究[J].中南民族大学学报(人文社会科学版),2012(2):1-6.

[21]范昕墨.乡村振兴战略背景下的农村基础设施建设——基于公共经济学的视角[J].改革与战略,2018(9):70-73.

[22]高青莲,于书伟."三治合一"乡村治理体系的逻辑演绎与实现机理[J].学习论坛,2020(11):77-83.

[23]高荣.公众参与社会保障治理的理论逻辑、现实困境与有效路径[J].学习论坛,2020(12):76-83.

[24]龚天婴.由表及里——多视角探索战旗村背后的成功因素[J].资源与人居环境,2019(1):14-19.

[25]巩前文,李学敏.农业绿色发展指数构建与测度:2005—2018年[J].改革,2020(1):133-145.

[26]关振国.破除乡村振兴中人才发展的"紧箍咒"[J].人民论坛,2019(6):66-67.

[27]管宁.导入产业意识 激活乡村文化——关于农村文化产业发展的一个视角[J].东岳论丛,2009(10):157-162.

[28]桂华.迈向强国家时代的农村基层治理——乡村治理现代化的现状、问题与未来[J].人文杂志,2021(4):122-128.

[29]郭海红,刘新民.中国农业绿色全要素生产率时空演变[J].中国管理科学,2020(9):66-75.

[30]郭焕成,韩非.中国乡村旅游发展综述[J].地理科学进展,2010(12):1597-1605.

[31]韩春蕾,王昱瑾,曲德鑫,等.基于状态空间模型的我国城乡医疗卫生资源配置差距的动态影响研究[J].中国卫生统计,2020(5):757-760.

[32]韩鹏云.农业现代化的实现路径及优化策略[J].现代经济探讨,2021(6):111-118.

[33]和龙,葛新权,刘延平.我国农业供给侧结构性改革:机遇、挑战及对策[J].农村经济,2016(7):29-33.

[34]何凌霄,张忠根,南永清,等.制度规则与干群关系:破解农村基础设施管护行动的困境——基于IAD框架的农户管护意愿研究[J].农业经济问题,2017(1):9-18.

[35]何广文,何婧,郭沛.再议农户信贷需求及其信贷可得性[J].农业经济问题,2018(2):38-49.

[36]何广文,刘甜.基于乡村振兴视角的农村金融困境与创新选择[J].学术界,2018(10):46-55.

[37]贺涛,孙华贵.关于推进乡村振兴中市场化生态补偿机制的思考[J].环境保护,2018(17):52-54.

[38]胡海,庄天慧.共生理论视域下农村产业融合发展:共生机制、现实困境与推进策略[J].农业经济问题,2020(8):68-76.

[39]胡小君.从维持型运作到振兴型建设:乡村振兴战略下农村党组

织转型提升研究[J].河南社会科学,2020(1):52-59.

[40]胡月,田志宏.如何实现乡村的振兴?——基于美国乡村发展政策演变的经验借鉴[J].中国农村经济,2019(3):128-144.

[41]黄浩明.建立自治法治德治的基层社会治理模式[J].行政管理改革,2018(3):39-44.

[42]霍军亮,吴春梅.乡村振兴战略背景下农村基层党组织建设的困境与出路[J].华中农业大学学报(社会科学版),2018(3):1-8.

[43]蒋和平.改革开放四十年来我国农业农村现代化发展与未来发展思路[J].农业经济问题,2018(8):51-59.

[44]蒋和平.中国农业转型升级与现代农业发展——新常态下农业转型升级研讨会综述[J].中国农村经济,2017(4):88-95.

[45]江泽林.农村一、二、三产业融合发展再探索[J].农业经济问题,2021(6):8-18.

[46]金波.在美丽乡村建设过程中构建农村参与式生态补偿机制[J].贵州社会科学,2016(1):163-168.

[47]孔祥利,夏金梅.乡村振兴战略与农村三产融合发展的价值逻辑关联及协同路径选择[J].西北大学学报(哲学社会科学版),2019(2):10-18.

[48]匡远配,陆钰凤.我国农地流转"内卷化"陷阱及其出路[J].农业经济问题,2018,(9):33-43.

[49]李繁荣,戎爱萍.生态产品供给的PPP模式研究[J].经济问题,2016(12):11-16.

[50]李奋生,李娜.我国农业技术引进中政府行为优化对策研究[J].科技管理研究,2015(10):26-31.

[51]李国祥.中国遵守WTO农业规则面临的矛盾及应对建议[J].中州学刊,2019(5):24-30.

[52]李国祥.论中国农业发展动能转换[J].中国农村经济,2017(7):2-14.

[53]李金哲.困境与路径:以新乡贤推进当代乡村治理[J].求实,2017

(6):87-96.

[54]李敏.大众创业背景下农民工返乡创业问题探究[J].中州学刊,2015(10):79-82.

[55]李明贤,刘宸璠.农村一、二、三产业融合利益联结机制带动农民增收研究——以农民专业合作社带动型产业融合为例[J].湖南社会科学,2019(3):106-113.

[56]李牧,李丽.当前乡村法治秩序构建存在的突出问题及解决之道[J].社会主义研究,2018(1):131-137.

[57]李乾文.日本的"一村一品"运动及其启示[J].世界农业,2005(1):32-35.

[58]李清泽.日本大分县的"一村一品"运动发展情况[J].世界农业,2006(3):35-36.

[59]李新兴,蔡海龙.中国农产品贸易角色变迁:1949—2019年[J].中国农业资源与区划,2021(1):160-167.

[60]李莺莉,王灿.新型城镇化下我国乡村旅游的生态化转型探讨[J].农业经济问题,2015(6):29-34.

[61]李颖.中国二元经济结构:特征、演进及其调整[J].农村经济,2011(9):83-87.

[62]李玉恒,阎佳玉,宋传垚.乡村振兴与可持续发展——国际典型案例剖析及其启示[J].地理研究,2019(3):595-604.

[63]李治,王东阳.交易成本视角下农村一、二、三产业融合发展问题研究[J].中州学刊,2017(9):54-59.

[64]梁瑞华.我国农村三产融合发展的实践探索与推进建议[J].中州学刊,2018(3):51-55.

[65]梁小民."新奇士"柑橘的启示[J].改革与理论,2001(9):34-35.

[66]刘宝林.治理学视域下的乡村"厕所革命"[J].西北农林科技大学学报(社会科学版),2019(2):28-34.

[67]刘刚.农业绿色发展的制度逻辑与实践路径[J].当代经济管理,

2020(5):35-40.

[68]刘合光.激活参与主体积极性,大力实施乡村振兴战略[J].农业经济问题,2018(1):14-20.

[69]刘洪银.构建人才返乡下乡的有效机制论析[J].中州学刊,2021(4):34-40.

[70]刘建芳,王伟新,肖建中,等.田园综合体商业模式创新的国际经验及启示[J].世界农业,2018(9):34-38.

[71]刘天琦,宋俊杰.财政支农政策助推乡村振兴的路径、问题与对策[J].经济纵横,2020(6):55-60.

[72]刘彦随,龙花楼,陈玉福,王介勇,等.中国乡村发展研究报告——农村空心化及其整治策略[M].北京:科学出版社,2011.

[73]刘依杭.新时代构建我国现代农业产业体系的若干思考[J].中州学刊,2018(5):45-49.

[74]刘渊.西部农村党组织组织力建设的内涵解析、现实反思与实践进路——基于三个行政村的调研[J].探索,2019(6):120-128.

[75]龙文军,张莹,王佳星.乡村文化振兴的现实解释与路径选择[J].农业经济问题,2019(12):15-20.

[76]陆岷峰.关于乡村金融供给侧结构性改革支持乡村振兴战略研究[J].当代经济管理,2019(10):84-90.

[77]吕宾.乡村振兴视域下乡村文化重塑的必要性、困境与路径[J].求实,2019(2):97-108.

[78]罗哲,唐迩丹.农村公共文化服务的结构转型:从"城市文化下乡"到"乡村文化振兴"[J].四川师范大学学报(社会科学版),2019(5):129-135.

[79]马克思恩格斯选集(第1卷)[M].北京:人民出版社,2012.

[80]马晓强,丁沛文,王颂吉.中国城乡二元经济结构的转化趋势及其解释[J].开发研究,2013(3):1-4.

[81]倪洪兴.开放视角下的我国农业供给侧结构性改革[J].农业经济问题,2019(2):9-15.

[82] 庞丽娟. 统筹推进城乡义务教育一体化发展[J]. 教育研究,2020(5):16-19.

[83] 彭超,刘合光. "十四五"时期的农业农村现代化:形势、问题与对策[J]. 改革,2020(2):20-29.

[84] 彭超,张琛. 农村人居环境质量及其影响因素研究[J]. 宏观质量研究,2019(3):66-78.

[85] 皮俊锋,陈德敏. 农村人居环境整治的实践经验、问题检视与制度建构——以重庆市地方实践为切入视角[J]. 中国行政管理,2020(10):153-155.

[86] 蒲实,孙文营. 实施乡村振兴战略背景下乡村人才建设政策研究[J]. 中国行政管理,2018(11):90-93.

[87] 钱再见,汪家焰. "人才下乡":新乡贤助力乡村振兴的人才流入机制研究——基于江苏省L市G区的调研分析[J]. 中国行政管理,2019(2):92-97.

[88] 乔惠波. 德治在乡村治理体系中的地位及其实现路径研究[J]. 求实,2018(4):88-97.

[89] 秦富,钟钰,张敏,等. 我国"一村一品"发展的若干思考[J]. 农业经济问题,2009(8):4-7.

[90] 曲卫东,斯宾德勒. 德国村庄更新规划对中国的借鉴[J]. 中国土地科学,2012(3):91-96.

[91] 冉昊. 资本主义多样性背景下的"国家—社会协作"模式——以德国巴伐利亚州土地整理为例[J]. 科学社会主义,2015(6):142-145.

[92] 戎乘阳. 我国农村义务教育经费投入研究[J]. 经济问题,2022(1):101-106.

[93] 容恝. 县级财政人才专项资金投入机制分析——以江苏海门为例[J]. 地方财政研究,2019(1):69-75.

[94] 沈安娜. 花海中的普罗旺斯[J]. 中国地名,2018(1):68-71.

[95] 沈冰,李晓玲. 我国农村金融的脆弱性及风险防范[J]. 经济纵横,2006(10):33-35.

[96]沈峥,刘洪波,张亚雷.中国"厕所革命"的现状、问题及其对策思考[J].中国环境管理,2018(2):45-48.

[97]宋海霞.乡村振兴背景下我国农村治理政策的完善和优化[J].农业经济,2021(4):41-43.

[98]宋绍繁,杜锁平,曾浪.与时代同频共振 走改革兴村之路——战旗村农村土地制度改革的经验与启示[J].资源与人居环境,2019(2):10-14.

[99]苏毅清,游玉婷,王志刚.农村一、二、三产业融合发展:理论探讨、现状分析与对策建议[J].中国软科学,2016(8):17-28.

[100]孙喜红,贾乐耀,陆卫明.乡村振兴的文化发展困境及路径选择[J].山东大学学报(哲学社会科学版),2019(5):135-144.

[101]孙慧波,赵霞.中国农村人居环境质量评价及差异化治理策略[J].西安交通大学学报(社会科学版),2019(5):105-113.

[102]汤雪静.美国加州柑橘"新奇士"的市场营销策略[J].世界农业,2014(11):31-33.

[103]涂圣伟.工商资本参与乡村振兴的利益联结机制建设研究[J].经济纵横,2019(3):23-30.

[104]万宝瑞.我国农业三产融合沿革及其现实意义[J].农业经济问题,2019(8):4-8.

[105]王宾,于法稳."十四五"时期推进农村人居环境整治提升的战略任务[J].改革,2021(3):111-120.

[106]王吉鹏,肖琴,李建平.新型农业经营主体融资:困境、成因及对策——基于131个农业综合开发产业化发展贷款贴息项目的调查[J].农业经济问题,2018(2):71-77.

[107]王经绫.文化艺术创新与传统村落的振兴——以韩国釜山甘川洞特色文化村为个案的研究[J].世界民族,2021(2):59-70.

[108]王敬尧,段雪珊.乡村振兴:日本田园综合体建设理路考察[J].江汉论坛,2018(5):133-140.

[109]王曙光,王丹莉.乡村振兴战略的金融支持[J].中国金融,2018(4):69-70.

[110]王颂吉.中国城乡双重二元结构研究[M].北京:人民出版社,2016.

[111]王颂吉,白永秀.城乡要素错配与中国二元经济结构转化滞后:理论与实证研究[J].中国工业经济,2013(7):31-43.

[112]王颂吉,白永秀.城市偏向理论研究述评[J].经济学家,2013(7):95-102.

[113]王颂吉,白永秀.分权竞争与地方政府城市偏向:一个分析框架[J].天津社会科学,2014(1):93-96.

[114]王颂吉,黎思灏.改革开放以来中国城镇化的"规模扩张"到"质量提升"[J].江西社会科学,2018(8):55-65.

[115]王颂吉,魏后凯.城乡融合发展视角下的乡村振兴战略:提出背景与内在逻辑[J].农村经济,2019(1):1-7.

[116]王小华,杨玉琪,程露.新发展阶段农村金融服务乡村振兴战略:问题与解决方案[J].西南大学学报(社会科学版),2021(6):41-50.

[117]王晓宇,原新,成前.中国农村人居环境问题、收入与农民健康[J].生态经济,2018(6):150-154.

[118]王亚华,高瑞,孟庆国.中国农村公共事务治理的危机与响应[J].清华大学学报(哲学社会科学版),2016(2):23-29.

[119]王轶,熊文.返乡创业:实施乡村振兴战略的重要抓手[J].中国高校社会科学,2018(6):31-45.

[120]魏寒宾,唐燕,金世镛."文化艺术"手段下的城乡居住环境改善策略——以韩国釜山甘川洞文化村为例[J].规划师,2016(2):130-134.

[121]魏后凯.走中国特色的新型城镇化道路[M].北京:社会科学文献出版社,2014.

[122]魏后凯.新常态下中国城乡一体化格局及推进战略[J].中国农村经济,2016(1):2-16.

[123] 魏琦,张斌,金书秦. 中国农业绿色发展指数构建及区域比较研究[J]. 农业经济问题,2018(11):11-20.

[124] 魏佐国. 新农村建设中的思想道德诉求[J]. 求实,2006(11):88-92.

[125] 吴本健,王蕾,罗玲. 金融支持乡村振兴的国际镜鉴[J]. 世界农业,2020(1):11-20.

[126] 吴彬. 改革开放以来中国新型农业经营主体:成长、演化与走向[J]. 中国人民大学学报,2018(4):43-55.

[127] 吴理财. 积极推进城乡公共文化服务均等化——基于20省80县(市、区)的问卷调查分析[J]. 湘潭大学学报(哲学社会科学版),2014(4):21-27.

[128] 吴平. 打好"三大攻坚战""污染防治与环保制度创新"系列笔谈之二 生态补偿的实际运作观察[J]. 改革,2017(10):71-74.

[129] 乡村振兴战略规划(2018—2022年)[M]. 北京:人民出版社,2018.

[130] 肖如斐,李碧珍. 田园综合体的实践探索与借鉴[J]. 福建江夏学院学报,2018(6):51-58.

[131] 肖唐镖. 近十年我国乡村治理的观察与反思[J]. 华中师范大学学报(人文社会科学版),2014(6):1-11.

[132] 肖卫东. 美国日本财政支持乡村振兴的基本经验与有益启示[J]. 理论学刊,2019(5):55-63.

[133] 肖卫东,杜志雄. 农村一、二、三产业融合:内涵要解、发展现状与未来思路[J]. 西北农林科技大学学报(社会科学版),2019(6):120-129.

[134] 熊芳芳. 重返乡村:法国普罗旺斯地区休闲旅游业的发展[J]. 经济社会史评论,2018(2):81-87.

[135] 徐旭初,吴彬. 合作社是小农户和现代农业发展有机衔接的理想载体吗?[J]. 中国农村经济,2018(11):80-95.

[136] 闫坤,鲍曙光. 财政支持乡村振兴战略的思考及实施路径[J]. 财经问题研究,2019(3):90-97.

[137]杨涛.农村产业融合的实践特征与提升路径[J].中州学刊,2019(5):37-42.

[138]叶兴庆.加入WTO以来中国农业的发展态势与战略性调整[J].改革,2020(5):5-24.

[139]叶兴庆.新时代中国乡村振兴战略论纲[J].改革,2018(1):65-73.

[140]冀名峰.农业生产性服务业:我国农业现代化历史上的第三次动能[J].农业经济问题,2018(3):9-15.

[141]尹明明.传统文化资源的创新性开发利用[J].江西社会科学,2015(11):236-241.

[142]尤泽凯,桂琳.日本休闲农场六次产业化模式研究和启示[J].农业展望,2020(1):82-88.

[143]于法稳.新时代农业绿色发展动因、核心及对策研究[J].中国农村经济,2018(5):19-34.

[144]余涛.农村一二三产业融合发展的评价及分析[J].宏观经济研究,2020(11):76-85.

[145]俞燕,李艳军.我国传统特色农业集群区域品牌形成机理研究:理论构建与实证分析——以新疆吐鲁番葡萄集群为例[J].财经论丛,2015(4):11-18.

[146]袁志刚,解栋栋.中国劳动力错配对TFP的影响分析[J].经济研究,2011(7):4-17.

[147]张红宇.乡村振兴背景下的现代农业发展[J].求索,2020(1):124-131.

[148]张红宇,禚燕庆,王斯烈.如何发挥工商资本引领现代农业的示范作用——关于联想佳沃带动猕猴桃产业化经营的调研与思考[J].农业经济问题,2014(11):4-9.

[149]张红宇,张海阳,李伟毅,等.中国特色农业现代化:目标定位与改革创新[J].中国农村经济,2015(1):4-13.

[150]张鸿雁."文化治理模式"的理论与实践创新——建构全面深化

改革的"文化自觉"与"文化自为"[J]. 社会科学,2015(3):3-10.

[151]张化楠,葛颜祥,接玉梅. 主体功能区的流域生态补偿机制研究[J]. 现代经济探讨,2017(4):83-87.

[152]张洁妍,陈玉梅. 乡村振兴战略背景下我国农村金融改革路径研究[J]. 学习与探索,2018(12):156-161.

[153]张克俊,张泽梅. 农业大省加快构建现代农业产业体系的研究[J]. 华中农业大学学报(社会科学版),2015(2):25-32.

[154]张帅梁. 乡村振兴战略中的法治乡村建设[J]. 毛泽东邓小平理论研究,2018(5):37-43.

[155]张艳,张勇. 乡村文化与乡村旅游开发[J]. 经济地理,2007(3):509-512.

[156]张亦弛,代瑞熙. 农村基础设施对农业经济增长的影响——基于全国省级面板数据的实证分析[J]. 农业技术经济,2018(3):90-99.

[157]张莹,龙文军. 论农耕文化的传承[J]. 古今农业,2017(4):101-106.

[158]张造群. 文化产业视域下优秀传统文化的现代价值[J]. 社会科学战线,2017(8):18-22.

[159]张尊帅,马泽伟. 工商资本投资农业:理论综述与改革思考[J]. 当代经济管理,2017(5):24-29.

[160]赵丹,郭清扬. 城乡教育一体化背景下乡村小规模学校布局调整与优化建议——基于陕西省宁强县的案例分析[J]. 中国教育学刊,2021(5):70-74.

[161]赵霞. 农村人居环境:现状、问题及对策——以京冀农村地区为例[J]. 河北学刊,2016(1):121-125.

[162]赵霞,韩一军,姜楠. 农村三产融合:内涵界定、现实意义及驱动因素分析[J]. 农业经济问题,2017(4):49-57.

[163]赵秀玲. 乡村振兴下的人才发展战略构想[J]. 江汉论坛,2018(4):10-14.

[164]赵迎芳. 乡村振兴战略下的文化精准扶贫[J]. 西北农林科技大

学学报(社会科学版),2020(6):12-19.

[165]曾福生,蔡保忠.农村基础设施是实现乡村振兴战略的基础[J].农业经济问题,2018(7):88-95.

[166]郑继承.我国医疗卫生资源配置的均衡性研究[J].中国卫生资源,2019(5):362-366.

[167]郑欣.治理困境下的乡村文化建设研究:以农家书屋为例[J].中国地质大学学报(社会科学版),2012(2):131-137.

[168]中央党校访德代表团.德国土地整理和乡村革新的经验及其启示[J].科学社会主义,2006(1):112-114.

[169]中共中央国务院关于实施乡村振兴战略的意见[M].北京:人民出版社,2018.

[170]中共中央国务院关于全面推进乡村振兴加快农业农村现代化的意见[M].北京:人民出版社,2021.

[171]周飞舟,王绍琛.农民上楼与资本下乡:城镇化的社会学研究[J].中国社会科学,2015(1):66-83.

[172]周南南,于文洁.新发展格局下中国农业全球价值链位置测度与提升研究[J].世界农业,2021(12):58-71.

[173]周杉,代良志,雷迪.我国新型职业农民培训效果、问题及影响因素分析——基于西部四个试点县(市)的调查[J].农村经济,2017(4):115-121.

[174]周振.工商资本参与乡村振兴"跑路烂尾"之谜:基于要素配置的研究视角[J].中国农村观察,2020(2):34-46.

[175]周振,涂圣伟,张义博.工商资本参与乡村振兴的趋势、障碍与对策——基于8省14县的调研[J].宏观经济管理,2019(3):58-65.

[176]周振,伍振军,孔祥智.中国农村资金净流出的机理、规模与趋势:1978—2012年[J].管理世界,2015(1):63-74.

[177]朱晶,李天祥,林大燕.开放进程中的中国农产品贸易:发展历程、问题挑战与政策选择[J].农业经济问题,2018(12):19-32.

[178]朱丽娟.农业机械化发展的国际经验及启示[J].世界农业,2013

(8):23-25.

[179]Erich Wei. 联邦德国的乡村土地整理[M]. 贾生华,译. 北京:中国农业出版社,1999.

索 引

C

城乡融合发展 1
城镇化 1
城市群 2
城乡资源配置 12
村容村貌 77
厕所革命 123
财政支农 179
财政补贴 101

D

对口支援 127
代际传递 163

E

二元经济结构 2

F

"放管服"改革 187

G

高质量发展 12

共同富裕 11
规模效益 31
公共文化服务体系 13
干群关系 161
耕地占补平衡 181

H

户籍制度 2
横向补偿 127

J

经济结构 2
金融抑制 6
精准脱贫 60
集约化经营 61
基层党组织建设 144
金融服务需求 182
金融风险防控 184
集体产权制度 184

K

空心化 4

L

老龄化　4
轮作休耕　121

N

农业农村现代化　1
农业适度规模经营　3
农产品统购统销　6
农业绿色发展　14
农业机械化　15
农业现代化　2
农村现代化　1
农业职业经理人　89
农耕文化　82
农业功能区　127
农村普惠金融　182
农村信用支持体系　183
农村金融生态环境　183
农村金融改革　183
农旅综合体　74
农村人居环境　4

P

品牌农业　15

Q

全球价值链分工　66

R

人力资本　4
人民公社　6

S

生产要素配置　6
三次产业融合发展　13
"三支一扶"　86
社会主义核心价值观　106
食品安全　82
生态保护补偿机制　125
熟人社会　150
社会救助兜底　168

T

土地整理　15
碳汇交易　127
田园综合体　15

W

文化能人　89
文化产业　44

X

乡村振兴　1
乡村产业振兴　13
乡村人才振兴　13
乡村文化振兴　13
乡村生态振兴　13

乡村组织振兴　14
乡村更新　10
新型职业农民　13
消费结构升级　64
乡土文化　55
乡村生态文明　78
乡村营商环境　187
乡村旅游　36

现代农业　2

Y

"一村一品"　25

Z

自治、法治、德治有机结合　14